JN075301

Français Espanol Português

フランス語・スペイン語・ポルトガル語 版

日本語単語スピードマスター

BASIC 1800

JLPT N4-N5

Apprentissage Rapide du Vocabulaire Japonais
Aprendizaje Rápido de Vocabulario Japonés
Aquisição Rápida de Palavras Japonesas

倉品 さやか
Kurashina Sayaka

Jリサーチ出版

はじめに

もっと単語を知っていたら、いろいろ話せるのに……と思ったことはありませんか？

この本では、より重要な1,800～1,900の言葉を中心に、約2,000の基本語を取り上げ、それらを場面やテーマごとにまとめました。単語は、いくつかの初級のテキストや従来の日本語能力試験の出題基準をはじめとし、さまざまな資料を使いながら、生活でよく使われているかどうかを考えて選びました。意味だけではなく、関係のある言葉も一緒に学べるようにしています。よく使う表現や例文もあります。例文は会話文が多いですから、覚えてすぐに使ってみましょう。

また、この単語集には、教科書にはあまり出てこない単語も入っています。普段の生活場面でよく使うので、知っていたら役に立つものです。興味があるユニットから始めてください。

単語を覚えたいけど、すぐ飽きるという人もいると思います。この本には、CDが付いていますから、寝る前や電車の中で聞いて覚えることもできます。一緒に言えば、発音の練習にもなります。また、赤いシートを使って、どれだけ覚えたか、チェックしてみましょう。

この本でたくさんの言葉を覚えて、たくさん話してください。

倉品さやか

もくじ Table des matiéres／Índice／Conteúdo

この本の使い方

Mode d'emploi de ce manuel／Cómo usar este libro／Modo de usar este livro

覚えておきたい基本語に□をつけています。

Le signe □ est placé à l'entête des mots importants à retenir.／Se ha colocado la marca □ al lado de las palabras y expresiones básicas más importantes.／As palavras básicas que você precisa lembrar estão marcadas com □ .

❷❹ □ **棚**（F étagère S estante P prateleira）

▶これをあそこの棚に置いてください。

（F Veuillez poser ça sur l'étagère là-bas. S Coloca esto en el estante de allí. P Deixe isto naquela prateleira.）

▶本棚（F une biblitohèque S estantería P estante）

例文や熟語の例などを紹介します。

Des phrases et idiomes d'exemple sont présentés.／Se presentan oraciones, expresiones y frases de ejemplo.／Apresentamos exemplos de frases e expressões idiomáticas.

[　　]で示した言葉と同じグループの言葉などを紹介します。

D'autres termes du même groupe lexical sont présentés pour les mots marqués de [　　].／Las palabras marcadas con [　　] se presentan junto con otras palabras del mismo grupo.／Apresentaremos as palavras do mesmo grupo assinalando-as com o símbolo de [　　]

★ PART1 の見出し語と例文（関連の熟語などは除く）、動詞の活用表など（p.284 ～ p.291）を読んだ音声を聴くことができます。 ⇒音声ダウンロードの案内はこの本の最後

F Il est possible d'écouter la version audio lue du vocabulaire et des exemples (excepté les idiomes) de la PART1 ainsi que celle des tableaux verbaux (p.284 ~ p.291). ⇒ le mode d'emploi de téléchargement des fichiers audio se trouve en fin de livre

S En la PARTE 1 puede escuchar el audio de las palabras clave y oraciones modelo (excluyendo expresiones idiomáticas relacionadas), tablas de conjugación de verbos, etc. (p.284 – p.291). ⇒ La información de descarga de los audios se encuentra al final de este libro.

P Você pode ouvir o áudio da PARTE1 acompanhando a leitura das palavras-chaves, frases de exemplo (excluído os idiomas associados) e tabelas da conjugação de verbos (da pag. 284 até a pág. 291) entre outros. ⇒ Consulte o final deste livro para obter orientações sobre o download do arquivo de áudio.

- 同 同意語 Synonyme／Sinónimo／Sinônimos
- 反 反対語 Antonyme／Antónimo／Antônimos
- 漢 漢字の書き方 Écriture en kanji／Escritura de kanji／Modo de escrever o ideograma
- 話 会話で多い言い方 Langage parlé／Expresiones utilizadas habitualmente en conversaciones／Uso das palavras nas conversações
- ＊ 少し難しい言葉 Vocabulaire légèrement difficile／Palabras un poco difíciles／Palavras difíceis
- て ていねいな言い方 Forme polie／Forma educada／Expressões polidas
- 短 短縮した言い方 Abréviation／Forma abreviada／Expressões contraídas
- 別 別の言い方 Autre formulation／Otra forma de decir lo mismo／Outra maneira de dizer

テーマ別で覚えよう、基本の言葉

Vocabulaire basique, mémoriser par thème

Palabras básicas. Memorización por temas.

Vamos aprender as palavras básicas de acordo com o tema

★ 例文は会話表現が中心で、短縮や変形など、話し言葉の特徴はそのままにしています。
F Les exemples sont principalement tirés de la conversation courante. Les abréviations, variantes, et spécificités de la langue orale sont préservées telles quelles. S Las frases de ejemplo se centran principalmente en expresiones de conversación. Las abreviaturas, variaciones del habla y otras características distintivas del japonés hablado se dejan tal y como son. P Os exemplos citados são, principalmente, expressões usadas nas conversações e as características da linguagem falada, como encurtamento e irregularidades, serão mantidas.

★ 表記については、漢字とひらがなを厳密に統一していません。
F Le choix d'écriture en kanji ou en hiragana n'est pas systématiquement standardisé. S La escritura (si una palabra se escribe en kanji o hiragana) no ha sido estrictamente unificada. P Em relação à notação, os ideogramas e a escrita hiragana não estão exatamente unificadas.

数字（すうじ）

(F Chiffres S Números P Números)

0	ゼロ／れい	10	じゅう				
1	いち	11	じゅういち		10	じゅう	
2	に	12	じゅうに		20	にじゅう	
3	さん	13	じゅうさん		30	さんじゅう	
4	し/よん	14	じゅうよん		40	よんじゅう	
5	ご	15	じゅうご		50	ごじゅう	
6	ろく	16	じゅうろく		60	ろくじゅう	
7	しち／なな	17	じゅうしち		70	ななじゅう	
8	はち	18	じゅうはち		80	はちじゅう	
9	きゅう／く	19	じゅうきゅう		90	きゅうじゅう	

100	ひゃく
200	にひゃく
300	さんびゃく
400	よんひゃく
500	ごひゃく
600	ろっぴゃく
700	ななひゃく
800	はっぴゃく
900	きゅうひゃく

1000	せん/いっせん
2000	にせん
3000	さんぜん
4000	よんせん
5000	ごせん
6000	ろくせん
7000	ななせん
8000	はっせん
9000	きゅうせん

10000	いちまん
20000	にまん
30000	さんまん
40000	よんまん
50000	ごまん
60000	ろくまん
70000	ななまん
80000	はちまん
90000	きゅうまん
100000	じゅうまん
1000000	ひゃくまん

〈れい〉

123　ひゃく にじゅう さん

2345　にせん さんびゃく よんじゅうご

34567　さんまん よんせん ごひゃく ろくじゅうなな

456789　よんじゅうごまん ろくせん ななひゃく はちじゅうきゅう

5678901　ごひゃく ろくじゅうななまん はっせん きゅうひゃく いち

零	ゼロ／れい
一	いち
二	に
三	さん
四	し/よん
五	ご
六	ろく
七	しち／なな
八	はち
九	きゅう／く
十	じゅう
百	ひゃく
千	せん
万	まん

〈れい〉

小数点(.)	1.2　いってんに
	0.5　れいてんご
マイナス(−)	−10　マイナスじゅう
プラス(+)	+20　プラスにじゅう
パーセント(%)	5%　ごパーセント

かぞえかた①

（☞「かぞえかた②」p.135）　※音はありません。（NO SOUND）

	～つ	～人	～さい	～かい	～かい	～こ
1	ひとつ	ひとり	いっさい	いっかい	いっかい	いっこ
2	ふたつ	ふたり	にさい	にかい	にかい	にこ
3	みっつ	さんにん	さんさい	さんがい（かい）	さんかい	さんこ
4	よっつ	よにん	よんさい	よんかい	よんかい	よんこ
5	いつつ	ごにん	ごさい	ごかい	ごかい	ごこ
6	むっつ	ろくにん	ろくさい	ろっかい	ろっかい	ろっこ
7	ななつ	ななにん しちにん	ななさい	ななかい	ななかい	ななこ
8	やっつ	はちにん	はっさい	はちかい はっかい	はちかい はっかい	はちこ はっこ
9	ここのつ	きゅうにん	きゅうさい	きゅうかい	きゅうかい	きゅうこ
10	とお	じゅうにん	じゅっさい じっさい	じゅっかい じっかい	じゅっかい じっかい	じゅっこ じっこ
?	いくつ	なんにん	なんさい	なんかい	なんかい	いくつ

2

UNIT 2

時間（じかん）
(F Temps, Durée S Tiempo P Hora)

① 年（とし）・月（つき）・日（ひ） (F année, mois, jour S año, mes, día P ano, mês, dia)

❶ □ 年 とし (F année S año P ano)

▶新しい年（あたら） (F nouvelle année, nouvel an S año nuevo P ano Novo)

▶日本（にほん）に来（き）たのは何年（なん）ですか。
(F En quelle année êtes-vous arrivé(e) au Japon? S ¿Qué año llegaste a Japón?
P Há quanto tempo você está no Japão?)

❷ □ 月 つき (F mois S mes P mês) ／ ～月 ～がつ

▶月に一度（いちど）、集（あつ）まります。
(F Nous nous réunissons une fois par mois. S Nos reunimos una vez al mes.
P Nós nos encontramos uma vez por rmês.)

▶たんじょう日（び）は何月ですか。
(F À quel mois est votre anniversaire? S ¿Qué mes es tu cumpleaños?
P Que mês é seu aniversário?)

❸ □ 1月 いちがつ

❹ □ 2月 にがつ

❺ □ 3月 さんがつ

❻ □ 4月 しがつ

❼ □ 5月 ごがつ

❽ □ 6月 ろくがつ

❾ □ 7月 しちがつ

❿ □ 8月 はちがつ

⓫ □ 9月 くがつ

⓬ □ 10月 じゅうがつ

⓭ □ 11月 じゅういちがつ

⓮ □ 12月 じゅうにがつ

⑮ □ 日　ひ　(F jour S día P dia) ／ ～日　～にち

▶その日はだめです。
(F Ce n'est pas possible ce jour-là. S Ese día no puedo. P Eu não posso nesse dia.)

▶きょうは何日ですか。
(F Quel jour est-on aujourd'hui? S ¿Qué día es hoy? P Que dia é hoje?)

⑯ □ 日にち　ひにち　(F date S fecha P data)

▶日にちは決(き)まりましたか。
(F Vous avez décidé d'une date? S ¿Se ha decidido la fecha? P Já decidiu a data?)

SUN	MON	TUE	WED	THU	FRI	SAT
	1 ついたち	2 ふつか	3 みっか	4 よっか	5 いつか	6 むいか
7 なのか	8 ようか	9 ここのか	10 とおか	11 じゅういち にち	12 じゅうに にち	13 じゅうさん にち
14 じゅうよっか	15 じゅうご にち	16 じゅうろく にち	17 じゅうしち にち	18 じゅうはち にち	19 じゅうく にち	20 はつか
21 にじゅういち にち	22 にじゅうに にち	23 にじゅうさん にち	24 にじゅう よっか	25 にじゅうご にち	26 にじゅうろく にち	27 にじゅうしち にち
28 にじゅうはち にち	29 にじゅうく にち	30 さんじゅう にち	31 さんじゅういち にち			

3 ② 週（しゅう） (F semaine S semana P semana)

⑰ □ 月曜日　げつようび　(F lundi S lunes P segunda-feira)

⑱ □ 火曜日　かようび　(F mardi S martes P terça-feira)

⑲ □ 水曜日　すいようび　(F mercredi S miércoles P quarta- feira)

⑳ □ 木曜日　もくようび　(F jeudi S jueves P quinta-feira)

㉑ □ 金曜日　きんようび　(F vendredi S viernes P sexta-feira)

㉒ □ 土曜日　どようび　(F samedi S sábado P sábado)

㉓ □ 日曜日　にちようび　(F dimanche S domingo P domingo)

㉔ □ 曜日　ようび　(F jour de la semaine S día de la semana P feira)

▶お休（やす）みは何（なん）曜日ですか。

(F Quel jour de la semaine êtes-vous de repos? S ¿Qué día de la semana tienes vacaciones?
P Que dia é sua folga?)

㉕ □ 週　しゅう　(F semaine S semana P semana)

▶どの週がいいですか。

(F Quelle semaine vous convient? S ¿Qué semana te viene bien?
P Qual é a melhor semana para você?)

㉖ □ 週末　しゅうまつ　(F week-end S fin de semana P fim de semana)

▶週末はいつも何（なに）をしていますか。

(F Que faites-vous en général le week-end? S ¿Qué haces normalmente el fin de semana?
P O que você sempre faz nos fins de semana?)

4 ③ 一日・一年
いちにち　いちねん
(F un jour, un an S un día, un año P um dia, um ano)

㉗ □ ～時間 ～じかん (F ~heure(s) S ~ hora(s) P tempo)

▶ここから東京まで何時間かかりますか。
とうきょう なん
——２時間くらいです。
(F Combien de temps faut-il d'ici à Tokyo? —— Environ deux heures. S ¿Cuántas horas se tarda desde aquí hasta Tokio? —— Se tarda aproximadamente 2 horas. P Quanto tempo leva daqui até Tóquio? —— Leva umas 2 horas.)

㉘ □ ～日間 ～にち/～か かん (F ~jour(s) S ~ día(s) P ...dias)

▶最初の15日間は無料です。
さいしょ むりょう
(F Les 15 premiers jours sont gratuits. S Los primeros 15 días son gratis. P Os primeiros quinze dias são gratuitos.)

▶セールは、土日の２日間です。
どにち
(F Les soldes durent deux jours, samedi et dimanche. S Las rebajas son durante los 2 días del fin de semana. P A promoção durará dois dias, sábado e domingo.)

㉙ □ ～週間 ～しゅうかん (F ~semaine(s) S ~ semana(s) P durante...semana)

▶夏に２週間、国に帰ります。
なつ くに かえ
(F Je rentre au pays deux semaines en été. S Vuelvo a mi país durante 2 semanas en verano. P Eu vou voltar durante 2 semanas no verão.)

㉚ □ ～か月(間) ～かげつ(かん) (F ~mois S ~ mes(es) P ...meses)

▶日本に来て、まだ３か月です。
にほん き
(F Je ne suis au Japon que depuis trois mois. S Todavía solo han pasado 3 meses desde que llegué a Japón. P Cheguei no Japão há apenas três meses.)

㉛ □ ～年(間) ～ねん(かん) (F ~an(s) S ~ año(s) P ...anos)

▶ここに5年住(す)んでいます。

(F J'habite ici depuis cinq ans. S Llevo 5 años viviendo aquí. P Estou morando há 5 anos no Japão.)

▶学生(がくせい)の数(かず)が、3年間で倍(ばい)になりました。

(F Le nombre d'étudiants a doublé en trois ans. S El número de estudiantes se ha duplicado en 3 años. P O número de estudantes duplicou em três anos.)

㉜ □ 一日 いちにち (F un jour S un día P ...dia(s))

▶来月(らいげつ)、一日休(やす)みをとります。

(F Je prendrai un jour de congé le mois prochain. S El mes que viene me tomaré un día de vacaciones. P Vou tirar um dia de folga no mês que vem.)

▶明日(あした)は一日、仕事(しごと)です。

(F Je travaille toute la journée demain. S Mañana trabajo durante todo el día. P Vou trabalhar o dia inteiro amanhã.)

㉝ □ 一年 いちねん (F un an S un año P um ano)

▶日本(にほん)に来(き)て、ちょうど一年がたちました。

(F Exactement un an s'est écoulé depuis mon arrivée au Japon. S Ha pasado justo un año desde que llegué a Japón. P Eu cheguei no Japão há justamente um ano.)

㉞ □ 半年 はんとし (F six mois S medio año P meio ano)

▶この学校(がっこう)に半年通(かよ)いました。

(F J'étais dans cette école pendant six mois. S He asistido a esta escuela durante medio año. P Frequentei esta escola durante meio ano.)

㉟ □ 2、3～ に、さん～ (F deux, trois S dos o tres ~ P dois ou três ...)

▶心配(しんぱい)いりません。2、3日(にち)で治(なお)りますよ。

(F Ne vous inquiétez pas. Cela sera guéri en 2, 3 jours. S No te preocupes. Seguro que te curas en dos o tres días. P Não se preocupe. Vou ficar bom em dois ou três dias.)

hour(s)	day(s)	week(s)	month(s)	year(s)
～時間 ～じかん	～日(間) ～にちかん	～ 週(間) ～しゅうかん	～か月(間) ～かげつかん	～年(間) ～ねんかん
1時間 いちじかん	一 日 いちにち	1週(間) いっしゅうかん	1か月(間) いっかげつかん	一年(間) いちねんかん
2時間 に	2日(間) ふつか かん	2週(間) に	2か月(間) に	2年(間) に
3時間 さん	3日(間) みっか	3週(間) さん	3か月(間) さん	3年(間) さん
4時間 よ	4日(間) よっか	4週(間) よん	4か月(間) よん	4年(間) よ
5時間 ご	5日(間) いつか	5週(間) ご	5か月(間) ご	5年(間) ご
6時間 ろく	6日(間) むいか	6週(間) ろく	6か月(間) ろっ	6年(間) ろく
7時間 しち／なな	7日(間) なのか	7週(間) なな	7か月(間) なな	7年(間) なな
8時間 はち	8日(間) ようか	8週(間) はっ	8か月(間) はち	8年(間) はち
9時間 く	9日(間) ここのか	9週(間) きゅう	9か月(間) きゅう	9年(間) きゅう
10時間 じゅう	10日(間) とおか	10週(間) じゅっ	10か月(間) じゅっ	10年(間) じゅう
11時間 じゅういち	11日(間) じゅういちにち	11週(間) じゅういっ	11か月(間) じゅういっ	11年(間) じゅういち
何時間 なん	何日(間) なんにち	何週(間) なん	何か月(間) なん	何年(間) なん

5 ④ 時刻 じこく (F l'heure S hora P horário)

㊱ □ 時間 じかん (F heure S hora P hora(s))

▶①すみません、時間(じかん)、わかりますか。
　——３時です。
②出発(しゅっぱつ)の時間はわかりますか。
　——３時50分(ぷん)です。

(① F Excusez-moi, vous avez l'heure? — Il est 3h. S Perdone, ¿sabe qué hora es? — Son las 15:00. P Desculpe-me, mas você sabe que horas são? — São 3 horas. ② F Vous connaissez l'heure du départ? — 3h50. S ¿A qué hora salimos? — Salimos a las 15:50. P Você sabe a hora da partida? — Às 3h e 50minutos.)

㊲ □ 時 じ (F heure S hora P hora(s))

▶いま何(なん)時ですか。
　——もうすぐ10時です。

(F Quelle heure est-il? — Il est bientôt 10h. S ¿Qué hora es? — Dentro de nada serán las 10. P Que horas são? — Daqui a pouco serão 10 horas.)

㊳ □ 分 ふん／ぷん (F minute S minuto P minuto(s))

▶あと何分ですか。
　——５分くらいです。

(F Il reste combien de minutes? — Environ 5 minutes. S ¿Cuántos minutos quedan? — Unos 5 minutos. P Faltam quantos minutos? — Mais ou menos 5 minutos.)

㊴ □ 秒 びょう (F seconde S segundo P segundo(s))

▶ここを２～３秒押(お)してください。

(F Appuyez-ici 2, 3 secondes. S Presione aquí durante 2-3 segundos. P Aperte durante 2 ou 3 segundos.)

㊵ □ (N時)～分前 ～ふん／ぷん まえ (F (N heure(s)) moins ~ S (N hora) menos ~ minutos P ~para as N)

▶いま、５時10分前です。

(F Il est cinq heures moins dix. S Ahora, son las cinco menos diez. P Agora, faltam 10 minutos para as 5 horas.)

❹❶ □ (N時)〜分過ぎ　〜ふん/ぷん すぎ　(F (N heure(s)) ~ S (N hora) ~ minutos pasados P Passar ...)

▶９時15分過ぎに家(いえ)を出(で)ました。

(F Je suis parti de chez moi un peu après neuf heures et quart. S Salí de casa pasadas las 09:15 de la mañana. P Passava das 9h e 15min quando saí de casa.)

❹❷ □ (N時)半　はん　(F (N heure(s)) et demie S (N hora) y media P N e meia)

▶あしたは９時半集合(しゅうごう)です。

(F On se retrouve demain à neuf heures et demie. S Mañana nos encontramos a las nueve y media. P Vamos nos encontrar amanhã às 9 e meia.)

❹❸ □ 午前　ごぜん　(F matin S mañana (antes del mediodía) P de manhã)

▶受付(うけつけ)は午前で終(お)わります。

(F Le guichet ferme à midi. S La recepción termina en la mañana. P A recepção se encerra de manhã.)

❹❹ □ 午前中　ごぜんちゅう　(F matin S por la mañana P na parte da manhã)

▶午前中に受付をしてください。

(F Faites les formalités au guichet durant la matinée. S Vaya a recepción por la mañana. P Registre-se na parte da manhã.)

❹❺ □ 正午　しょうご　(F midi S mediodía (12 de la mañana) P meio-dia)

▶あしたの正午までに出(だ)してください。

(F Veuillez rendre ceci avant demain midi. S Entrégalo hasta mañana al mediodía. P Saia até o meio-dia de amanhã.)

❹❻ □ 午後　ごご　(F après-midi S tarde (después del mediodía) P à tarde)

▶きょうは午後、空(あ)いてますか。
—いえ、午後からちょっと出(で)かけます。

(F Êtes-vous disponible cet après-midi? — Non, à partir de l'après-midi je vais m'absenter. S ¿Estás hoy libre por la tarde? — No, por la tarde tengo que salir un momento. P Você tem tempo hoje à tarde? — Não, eu vou dar uma saidinha à tarde.)

～時	(F ~heure(s) S ~ hora(s) P ~ hora (a))
1時	いちじ
2時	にじ
3時	さんじ
4時	よじ
5時	ごじ
6時	ろくじ
7時	しちじ
8時	はちじ
9時	くじ
10時	じゅうじ
11時	じゅういちじ
12時	じゅうにじ
何時	なんじ

～分	(F ~minute(s) S ~ minuto(s) P ~ minuto (s))
1分	いっぷん
2分	にふん
3分	さんぷん
4分	よんぷん
5分	ごふん
6分	ろっぷん
7分	ななふん
8分	はっぷん
9分	きゅうふん
10分	じゅっぷん/じっぷん
11分	じゅういっぷん
12分	じゅうにふん
13分	じゅうさんぷん
14分	じゅうよんぷん
15分	じゅうごふん
16分	じゅうろっぷん
17分	じゅうななふん
18分	じゅうはっぷん
19分	じゅうきゅうふん
20分	にじゅっぷん
30分	さんじゅっぷん
40分	よんじゅっぷん
50分	ごじゅっぷん
何分	なんぷん

6 ⑤ 春・夏・秋・冬
はる　なつ　あき　ふゆ
(F printemps, été, automne, hiver S primavera, verano, otoño, invierno P primavera, verão, outono, inverno)

㊼ □ 今日　きょう　(F aujourd'hui S hoy P hoje)

㊽ □ 明日　あした／あす　(F demain S mañana P amanhã)

★会話では「あした」を使うことが多い。
(F A l'oral c'est "あした" qui est le plus souvent utilisé. S En conversación se suele usar "あした". P Na conversação se usa "あした".)

㊾ □ 明後日　あさって　(F après-demain S pasado mañana P depois de amanhã)

㊿ □ 昨日　きのう　(F hier S ayer P ontem)

51 □ 一昨日　おととい　(F avant-hier S anteayer P anteontem)

52 □ 今週　こんしゅう　(F cette semaine S esta semana P esta semana)

53 □ 来週　らいしゅう　(F la semaine prochaine S la semana que viene P semana que vem)

54 □ 再来週　さらいしゅう　(F dans deux semaines S dentro de dos semanas P daqui a duas semanas)

55 □ 先週　せんしゅう　(F la semaine dernière S la semana pasada P semana passada)

56 □ 今月　こんげつ　(F ce mois-ci S este mes P este mês)

57 □ 来月 らいげつ（F le mois prochain S el mes que viene P mês que vem）

58 □ 再来月 さらいげつ（F dans deux mois S dentro de dos meses P daqui a dois meses）

59 □ 先月 せんげつ（F le mois dernier S el mes pasado P mês passado）

60 □ 今年 ことし（F cette année S este año P este ano）

61 □ 来年 らいねん（F l'année prochaine S el año que viene P ano que vem）

62 □ 再来年 さらいねん（F dans deux ans S dentro de dos años P daqui a um ano）

63 □ 去年 きょねん（F l'année dernière S el año pasado P ano passado）

別 昨年（さくねん）（F l'année dernière S el año pasado P ano passado）

64 □ 一昨年 おととし（F il y a deux ans S hace dos años P há dois anos）

65 □ 朝 あさ（F matin S mañana P de manhã）

▶朝は何時（なんじ）から開（あ）いていますか。
（F A quelle heure ouvrez-vous le matin? S ¿Desde qué hora abren por la mañana?
P De manhã, a partir de que horas está aberto?）

▶明日（あした）の朝、日本（にほん）を出発（しゅっぱつ）します。
（F Je pars du Japon demain matin. S Mañana por la mañana parto de Japón.
P Amanhã de manhã, eu vou partir do Japão.）

66 □ 昼 ひる（F journée S mediodía P ao meio-dia）

▶昼はたいてい外（そと）にいます。
（F Je suis généralement à l'extérieur en journée. S Suelo estar fuera al mediodía.
P Geralmente, ao meio-dia, eu estou fora.）

67 □ 晩 ばん (F soir S noche P à noitinha)

▶昨日の晩ご飯は何でしたか。
(F Qu'avez-vous mangé au dîner hier soir? S ¿Qué comiste ayer para cenar? P O que você comeu na janta?)

68 □ 夜 よる (F nuit S noche P à noite)

▶夜はかなり寒いです。
(F Les nuits sont plutôt froides. S Hace bastante frío por la noche. P Vai esfriar muito à noite.)

▶昨日の夜、日本に着きました。
(F Je suis arrivé(e) au Japon hier soir. S Llegué a Japón ayer por la noche.
P Eu cheguei no Japão ontem à noite.)

69 □ 夕方 ゆうがた (F soirée S tarde P à tarde)

▶夕方までに戻ります。
(F Je reviens avant le début de soirée. S Volveré antes de la tarde. P Eu vou voltar até a tarde.)

70 □ 今朝 けさ (F ce matin S esta mañana P hoje de manhã)

▶今朝は何を食べましたか。
(F Qu'avez-vous mangé ce matin? S ¿Qué has comido esta mañana?
P O que você comeu hoje de manhã?)

71 □ 今晩 こんばん (F ce soir S esta noche P hoje à tardinha)

▶今晩、カラオケに行きませんか。
(F Voulez-vous aller au karaoké ce soir? S ¿Por qué no vamos al karaoke esta noche?
P Vamos ao karaokê esta noite?)

72 □ 今夜 こんや (F cette nuit S esta noche P hoje à noite)

▶今夜遅くに東京に着きます。
(F J'arrive à Tokyo tard ce soir (cette nuit). S Llego hoy a altas horas de la noche.
P Vou chegar a Tóquio hoje, tarde da noite.)

(73) □ 春 はる (F printemps S primavera P primavera)

(74) □ 夏 なつ (F été S verano P verão)

(75) □ 秋 あき (F automne S otoño P outono)

(76) □ 冬 ふゆ (F hiver S invierno P inverno)

(77) □ 季節 きせつ (F saison S estación P estação do ano)

▶また寒(さむ)い季節がやって来(き)ますね。

(F La saison froide arrive à nouveau. S Ya viene de nuevo la estación fría.

P Está chegando mais uma estação de frio, não é mesmo?)

(78) □ 毎～ まい～ (F chaque ~ S cada ~ P todos (as))

(79) □ 毎朝 まいあさ (F chaque matin S cada mañana P todas as manhãs)

▶毎朝、牛乳(ぎゅうにゅう)を飲(の)んでいます。

(F Chaque matin, je bois du lait. S Bebo leche de vaca cada mañana.

P Eu bebo leite todas as manhãs.)

(80) □ 毎週 まいしゅう (F chaque semaine S cada semana P todas as semanas)

▶毎週、日本語(にほんご)教室(きょうしつ)に通(かよ)っています。

(F Je vais dans une école de japonais chaque semaine. S Voy a clases de japonés todas las semanas.

P Eu vou para as aulas de japonês todas as semanas.)

(81) □ 毎月 まいつき (F chaque mois S cada mes P todos os meses)

(82) □ 毎年 まいとし (F chaque année S cada año P todos os anos)

(83) □ 毎日 まいにち (F chaque jour S cada día P todos os dias)

(84) □ 毎晩 まいばん (F chaque soir S cada noche P todas as noites)

(the year before last) 一昨年 おととし （いっさくねん）	(last year) 去年／昨年 きょねん／さくねん	(this year) 今年 ことし	(next year) 来年 らいねん	(the year after next) 再来年 さらいねん
(the month before last) 先々月 せんせんげつ	(last month) 先月 せんげつ	(this month) 今月 こんげつ	(next month) 来月 らいげつ	(the month after next) 再来月 さらいげつ
(the week before last) 先々週 せんせんしゅう	(last week) 先週 せんしゅう	(this week) 今週 こんしゅう	(next week) 来週 らいしゅう	(the week after next) 再来週 さらいしゅう
(the day before yesterday) 一昨日 おととい （いっさくじつ）	(yesterday) 昨日 きのう （さくじつ）	(today) 今日 きょう	(tomorrow) 明日 あした／あす （みょうにち）	(the day after tomorrow) 明後日 あさって （みょうごにち）

7

UNIT 3

人・家族 ひと かぞく (F Personnes, Famille S Personas, Familia P Pessoas, Família)

① 人 (F personne(s) S personas P pessoa)

❶ □ 私 わたし (F je S yo P eu)

❷ □ 私たち わたしたち (F nous S nosotros P nós (a gente))

❸ □ あなた (F tu, vous S tú, usted P você)

▶あなたに聞(き)いているんじゃありません。

(F Ce n'est pas à vous que je parle. S No te he preguntado. P Eu não estou perguntando para você.)

★ストレートな言い方で、主に、自分と同じか、自分より下の人に使う。普段の会話では、あまり使われない。また、妻が夫を呼ぶときの言い方の一つ。使い方に注意。
(F Formulation très directe adressée à un interlocuteur d'un niveau social identique ou inférieur au sien. Peu usité en conversation courante. Utilisé également par les épouses pour s'adresser à leur mari. Prendre garde à son utilisation. S Es un modo directo de hablar, que se utiliza principalmente para hablar con aquellos que están al mismo nivel o en uno inferior respecto a uno mismo. Apenas se suele usar en conversaciones. También, es uno de los pronombres con el que las mujeres llaman a sus maridos. Hay que tener precaución en su uso. P Usa-se em linguagem direta, principalmente para pessoas iguais ou abaixo de você. Não é usado com muita frequência na conversa cotidiana. Além disso, é uma das maneiras pela qual a esposa chama seu marido. Atenção ao uso.)

❹ □ あなたたち (F vous S vosotros, ustedes P vocês)

❺ □ 彼 かれ (F il S él, novio P ele)

▶わたしの彼もそうです。

(F Mon petit ami aussi. S Mi novio también es así.
P Parece que meu namorado também.)

★「恋人」の意味もある。
(F peut également signifier "petit ami"
S También tiene el significado de "pareja".
P Também significa "namorado".)

❻ □ 彼女　かのじょ（F elle S ella, novia P ela）

▶田中(たなか)さんにも、彼女がいます。
（F M. Tanaka aussi a une petite amie. S Tanaka-san también tiene novia.
P Tanaka-San também tem namorada.）

★「恋人」の意味もある。

❼ □ 彼ら　かれら（F ils S ellos P eles ）

❽ □ 彼女ら　かのじょら（F elles S ellas P elas）

❾ □ みんな（F tout le monde S todos P todos）

▶公園(こうえん)はみんなのものです。
（F Le parc appartient à tout le monde. S El parque es de todos. P O parque é de todos.）

▶みんな、聞(き)いてください。
（F Veuillez tous écouter. S Todo el mundo, atención. P Escutem todos.）

❿ □ 皆さん　みなさん（F (à) tous S todos P todos）

▶皆さん、静(しず)かにしてください。
（F Merci à tous d'être silencieux.
S Por favor, estén todos en silencio.
P Todos façam silêncio, por favor.）

★「みんな」のていねいな言い方。
（F forme polie de "みんな"
S Es la forma honorífica de "みんな".
P "みんな" é uma maneira polida de dizer.）

⓫ □ 全員　ぜんいん（F tous S todos P todos）

▶ここの生徒(せいと)は全員、合格(ごうかく)しました。
（F Tous les élèves ici ont réussi leur examen. S Todos los alumnos de esta clase han aprobado.
P Todos os alunos daqui passaram.）

⓬ □ 人　ひと（F (une) personne S persona P pessoa）

▶その人はどんな人ですか。
（F Quel genre de personne est-il(elle)? S ¿Qué clase de persona es él? P Que tipo de pessoa é essa pessoa?）

▶あそこに人がたくさんいますね。
（F Il y a beaucoup de monde là-bas! S Allí hay un montonazo de personas. P Tem muitas pessoas ali.）

⑬ □ 人々　ひとびと　(F (les) personnes　S personas, gente　P pessoas)

▶この事件は、多くの人々の関心を集めた。
(F Cet incident a attiré l'attention de nombreuses personnes. S Este incidente recibió el interés de un montón de gente. P Este caso atraiu a atenção de muitas pessoas.)

⑭ □ 同人たち　ひとたち　(F gens　S personas, gente　P pessoas)

▶おもしろい人たちですね。
(F Ces gens sont amusants non?
S Son un grupo de personas interesantes.
P Que pessoas interessantes!)

★会話では「人たち」を使うことが多い。
(F A l'oral on utilise plus souvent "人たち".
S En conversación se suele usar "人たち".
P "人たち" é muito usado nas conversações.)

⑮ □ 男　おとこ　(F homme　S hombre　P homem)

⑯ □ 同男の人　おとこのひと　(F homme　S hombre　P homem)

⑰ □ 男の子　おとこのこ　(F garçon　S chico, niño　P menino)

▶あの男の子を知っていますか。
(F Vous connaissez ce garçon? S ¿Conoces a ese chico? P Você conhece aquele menino?)

▶彼女には、５歳の男の子がいます。
(F Elle a un garçon de cinq ans. S Ella tiene un hijo de 5 años. P Ela tem um menino de 5 anos.)

⑱ □ 男性　だんせい　(F homme　S hombre, masculino　P homem)

▶わたしの周りには、若い男性がいないんです。
(F Il n'y a pas de jeunes hommes dans mon entourage. S En mi entorno no conozco ningún hombre joven. P Não há homens jovens ao meu redor.)

⑲ □ 同男子　だんし　(F homme　S hombre, chico　P homem, masculino)

▶男子トイレ　(F toilettes pour homme　S baño de hombres　P banheiro masculino)

⑳ □ 女　おんな　(F femme　S mujer　P mulher)

㉑ □ 同女の人　おんなのひと　(F femme　S mujer　P mulher)

▶女の人なら、わかるはずです。
(F Une femme peut comprendre ça sans problème. S Si eres mujer, seguro que lo comprendes.
P Se for sobre mulher, claro que você entende.)

㉒ □ **女の子** おんなのこ（F fille S chica, niña P menina）

▶ここは今(いま)、若(わか)い女の子に人気(にんき)のお店(みせ)です。

（F Ce magasin est très en vogue auprès des jeunes femmes. S Esta es una tienda que goza actualmente de popularidad entre las chicas jóvenes. P Recentemente, esta loja é popular entre as meninas.）

㉓ □ **女性** じょせい（F femme S mujer, femenino P mulher）

▶どんな人(ひと)でしたか。—知(し)らない女性でした。

（F Comment était cette personne? — C'était une femme que je ne connaissais pas. S ¿Cómo era? — Era una mujer que no conocía. P Era que tipo de pessoa? — Era uma mulher que eu nunca vi.）

㉔ □ 同女子 じょし（F femme S mujer, chica P mulher, feminino）

▶女子学生(がくせい)（F étudiante S estudiante femenina P aluna）

㉕ □ **友達** ともだち（F ami S amigo P amigo）

㉖ □ **恋人** こいびと（F petit(e) ami(e) S pareja (novio, novia) P namorado）

㉗ □ **大人** おとな（F adulte S adulto P adulto）

▶もう大人なんだから、自分(じぶん)で決(き)めなさい。

（F Tu es un adulte maintenant alors décide par toi-même. S Ya eres todo un adulto, así que decide por ti mismo. P Decida sozinho porque você já é um adulto.）

㉘ □ **子供** こども（F enfant S niño P criança）

▶これは、子供が読(よ)む本(ほん)じゃない。

（F Ce n'est pas un livre pour les enfants. S Este no es un libro que lean los niños. P Isso não é um livro para uma criança ler.）

㉙ □ **赤ちゃん** あかちゃん（F bébé S bebé P bebê）

㉚ □ 同赤ん坊 あかんぼう

㉛ □ お年寄り　おとしより　(F personne âgée S persona mayor P idoso,velho)

▶あのお年寄り、大丈夫かなあ。
(F Je m'inquiète pour cette personne âgée. S Esa persona mayor, ¿estará bien?
P Será que aquele idoso está bem?)

㉜ □ 若者　わかもの　(F jeune S joven P jovem,novo)

▶ここは、若者に人気があるんですね。
(F C'est très prisé par les jeunes ici!
S Así que este lugar es popular entre los jóvenes.
P Aqui é um lugar popular entre os jovens.)

★会話では「若い人」を使うことが多い。
(F A l'oral on utilise plutôt "若い人".
S En conversación se suele usar "若い人".
P Na conversação se usa muito "若い人".)

㉝ □ ～たち　(F les~ S (plural para personas) P termo para pluralizar)

▶あの人たち
(F ces gens S esas personas P aquelas pessoas)

★複数の人を表すことば。
(F Pluriel pour les personnes S Se usa para referirse a un grupo de múltiples personas.
P Termo que descreve mais de uma pessoa.)

㉞ □ ～さん　(F Mme, Mlle, M.~ S ~ san P san (forma de respeito))

▶スミスさん、妹さん、お医者さん
(F M. Smith, petite sœur, Dr S Sr.,Sra. Smith, su hermana menor, el doctor P Sumisu-san, irmã, doutor)

★人を呼ぶときに付けることば。人以外にも使う（例：本屋さん）。
(F Suffixe pour appeller une personne. Il s'utilise aussi pour dénommer d'autres choses (ex.: 本屋さん pour librairie). S Se añade para llamar a una persona. Aparte de para personas, también es usado para referirse a lugares y objetos (p. ej. 本屋さん en referencia a la librería). P Termo usado para chamar as pessoas respeitosamente. Não é usado apenas para as pessoas, por exemplo: livraria (本屋さん))

㉟ □ ～ちゃん　(F (suffixe de familiarité) S ~ chan P tyan)

▶マリちゃん
(F Mari (prénom) S Mari-chan P Mari-tyan)

★親しみを込めた呼び方。
(F Suffixe familier impliquant une forte proximité avec l'interlocuteur S Implica familiaridad o cercanía. P Termo usado para chamar as pessoas as quais se tem intimidade.)

② 家族 (F famille S familia P família)

❶ □ 家族 かぞく (F famille S familia P família)

❷ □ 私 わたし (F je S yo P eu)

❸ □ 父 ちち (F (mon) père S padre P pai)

▶わたしの父は、普通(ふつう)の会社員(かいしゃいん)です。
(F Mon père est un simple employé de bureau. S Mi padre es un empleado de empresa raso. P Meu pai é um mero funcionário de uma empresa.)

❹ □ 母 はは (F (ma) mère S madre P mãe)

▶子(こ)どものころ、母によく注意(ちゅうい)されました。
(F Enfant, ma mère me faisait souvent des remontrances. S Cuando era niño mi madre siempre me rectificaba mi conducta. P Quando eu era criança, minha mãe sempre chamava minha atenção.)

❺ □ 兄 あに (F (mon) grand frère S hermano mayor P irmão (mais velho))

❻ □ 姉 あね (F (ma) grande sœur S hermana mayor P irmã (mais velha))

❼ □ 妹 いもうと (F (ma) petite sœur S hermana menor P irmã (mais nova))

❽ □ 弟 おとうと (F (mon) petit frère S hermano menor P irmão (mais novo))

★一般的に、親や兄弟には「父・母・兄・姉・弟・妹」は使わない。「お〜さん」や名前などを使う。「祖父・祖母」なども、直接的には使わない。
(F "父・母・兄・姉・弟・妹" ne sont généralement pas utilisés pour s'adresser directement à ses parents ou ses frères et sœurs. On privilégiera l'utilisation des prénoms ou de ces mots insérés dans la formule "お〜さん". "祖父・祖母" ne sont pas non plus utilisés de façon directe. S Por lo general, "父・母・兄・姉・弟・妹" no se usan cuando se habla a los padres y hermanos. Se añade la fórmula honorífica "お〜さん" o se les llama por su nombre. "祖父・祖母" y similares, tampoco se usan directamente. P Geralmente, pais e irmãos não usam "pai, mãe, irmão, irmã, irmão e irmã". Use-se "お〜さん" ou o nome da pessoa. Nós não usamos "avô , avó" diretamente.)

❾ □ 祖父 そふ (F (mon) grand-père S abuelo P avô)

❿ □ 祖母 そぼ (F (ma) grand-mère S abuela P avó)

⓫ □ おじ (F (mon) oncle S tío P tio)

⓬ □ おば (F (ma) tante S tía P tia)

▶東京(とうきょう)におばが住んでいます。
(F Ma tante habite à Tokyo. S Mi tía vive en Tokio. P Minha tia mora em Tóquio.)

★漢字で書くと、父か母の兄は「伯父」、姉は「伯母」、弟は「叔父」、妹は「叔母」だが、普段はあまり区別されていない。
(F A l'écrit, les oncles et tantes paternels sont exprimés par les kanji "伯父" et "伯母", et les maternels par "叔父" et "叔母". Toutefois, cette distinction est peu souvent respectée. S Cuando se escribe en kanji, según los hermanos de los padres (tíos o tías) sean: sus hermanos mayores son "伯父", sus hermanas mayores son "伯母", sus hermanos menores son "叔父", y sus hermanas menores son "叔母". Pero normalmente no se suele hacer distinción. P Quando se escreve em kanji, o irmão mais velho do meu pai ou da minha mãe é "伯父", a irmã mais velha é "伯母", o irmão mais novo é "叔父" e a irmã mais nova é "叔母", mas geralmente não há diferenciações.)

⓭ □ 親 おや (F (mes) parents S padres P pai, mãe, pais)

▶留学(りゅうがく)のことは、親にはまだ言(い)ってません。
(F Je n'ai pas encore dit à mes parents que j'allais étudier à l'étranger. S Todavía no les he dicho a mis padres sobre lo de estudiar en el extranjero. P Ainda não contei a meus pais sobre estudar no exterior.)

⓮ □ 父親 ちちおや (F (mon) père S padre P pai)

⓯ □ 母親 ははおや (F (ma) mère S madre P mãe)

▶男(おとこ)の子(こ)は母親に似(に)るんですか。
(F Vous pensez que les garçons ressemblent plus à leur mère? S ¿El chico se parece a su madre? P O menino se parece com a mãe?)

⓰ □ 両親 りょうしん (F parents S padres P pais)

⑰ □兄弟　きょうだい　(F frères(s) et sœur(s)　S hermanos　P irmãos)

▶兄弟はいますか。
—はい、兄(あに)と妹(いもうと)がいます。
(F Vous avez des frères et sœurs? — Oui, j'ai un grand frère et une petite sœur.　S ¿Tienes hermanos? — Sí, tengo un hermano mayor y una hermana menor.　P Você tem irmãos? — Sim, um irmão mais velho e uma irmã mais nova.)

⑱ □お父さん　おとうさん　(F père　S padre　P pai)

⑲ □お母さん　おかあさん　(F mère　S madre　P mãe)

▶お母さん、わたしのめがね、知(し)らない？
(F Maman, tu n'aurais pas vu mes lunettes?　S Mamá, ¿no sabrás dónde están mis gafas?　P Mãe, você sabe onde estão meus óculos?)

⑳ □お兄さん　おにいさん　(F grand frère　S hermano mayor　P irmão (mais velho))

㉑ □お姉さん　おねえさん　(F grande sœur　S hermana mayor　P irmã (mais velha))

㉒ □おじいさん　(F grand-père　S abuelo　P avô)

㉓ □おばあさん　(F grand-mère　S abuela　P avó)

▶おばあさんは毎年(まいとし)、たんじょう日(び)プレゼントをくれます。
(F Ma grand-mère m'offre un cadeau d'anniversaire chaque année.　S Todos los años recibo un regalo de parte de mi abuela.　P Minha avó me dá presente de aniversário todos os anos.)

㉔ □おじさん　(F oncle　S tío　P tio)

㉕ □ おばさん（F tante S tía P tia）

▶東京（とうきょう）のおばさんを訪（たず）ねるつもりです。

（F Je compte rendre visite à ma tante de Tokyo. S Iré a visitar a mi tía de Tokio.

P Pretendo visitar minha tia em Tóquio.）

㉖ □ 夫 おっと（F (mon) mari S esposo P marido, esposo）

▶夫はわたしより３つ上（うえ）です。

（F Mon mari a trois ans de plus que moi. S Mi esposo es tres años mayor que yo.

P Meu marido é 3 anos mais velho que eu.）

㉗ □妻 つま（F (ma) femme S esposa P esposa, mulher）

▶妻も週（しゅう）に２日（か）、働（はたら）いています。

（F Ma femme travaille deux jours par semaine. S Mi esposa también trabaja dos días a la semana.

P Minha mulher trabalha 2 dias na semana.）

㉘ □ 息子 むすこ（F (mon) fils S hijo P filho）

▶息子さんはもう働いているんですか。
——いえ、息子はまだ学生（がくせい）です。

（F Votre fils travaille déjà? —— Non, il est encore étudiant. S ¿Su hijo ya está trabajando? —— No, mi hijo es todavía estudiante. P Seu filho já está trabalhando? —— Não, ele ainda é estudante.）

㉙ □ 娘 むすめ（F (ma) fille S hija P filha）

㉚ □ 子供 こども（F enfant(s) S hijo P criança, filhos）

▶うちの子供も、これが大好（だいす）きです。

（F Mes enfants aussi adorent ça. S A mi hijo también le encanta. P Os meus filhos gostam disto.）

㉛ □ 同 子 こ（F enfant S niño, hijo P filho, filha）

▶うちの子を見なかったですか。

（F Vous n'auriez pas vu mon fils (ma fille) par hasard? S ¿No habrá visto a mi hijo?

P Você viu meu filho?）

㉜ □ 主人 しゅじん (F (mon) époux S esposo P marido, esposo)

▶主人はいつも、帰り(かえ)が遅(おそ)いんです。
(F Mon époux rentre toujours tard. S Mi esposo siempre vuelve tarde a casa.
P Meu marido sempre volta tarde.)

▶ご主人は、ワインはお好(す)きですか。
(F Votre époux aime-t-il le vin? S ¿Le gusta a su esposo el vino? P Seu esposo gosta de vinho?)

㉝ □ 家内 かない (F mon épouse S esposa P mulher)

▶家内はいま、出(で)かけています。
(F Mon épouse est absente maintenant. S Ahora mi esposa se encuentra fuera de casa.
P Minha mulher não está agora.)

㉞ □ 奥さん おくさん (F épouse (de qqn) S esposa (de un tercero) P esposa)

▶奥さんも働(はたら)いているんですか。
(F Votre épouse travaille-t-elle aussi? S ¿Su esposa también trabaja?
P Sua esposa também trabalha?)

9

UNIT 4 食べる・飲む (F Manger, Boire S Comer, Beber P Comer, Beber)

た の

① 食べ物 (F aliments S comidas P comidas)

もの

❶ □ 食べ物 (F aliment(s) S comida P comida)

❷ □ くだもの (F fruit(s) S fruta P fruta)

❸ □ りんご (F pomme S manzana P maçã)

❹ □ みかん (F clémentine S naranja P laranja)

❺ □ レモン (F citron S limón P limão)

❻ □ バナナ (F banane S plátano P banana)

❼ □ メロン (F melon S melón P melão)

❽ □ いちご (F fraise S fresa P morango)

❾ □ ぶどう (F raisin S uva P uvas)

⑩ □ すいか（F pastèque S sandía P melancia）

⑪ □ 野菜（やさい）（F légume(s) S verdura P legumes e verduras）

⑫ □ にんじん（F carotte S zanahoria P cenoura）

⑬ □ じゃがいも（F pomme de terre S patata P batata）

⑭ □ たまねぎ（F oignon S cebolla P cebola）

⑮ □ きゅうり（F concombre S pepino P pepino）

⑯ □ トマト（F tomate S tomate P tomate）

⑰ □ 肉（にく）（F viande S carne P carne）

⑱ □ 豚肉（ぶたにく）（F du porc S carne de cerdo P carne de porco）

⑲ □ 鶏肉（とりにく）（F du poulet S carne de pollo P carne de frango）

⑳ □ 牛肉（ぎゅうにく）（F du bœuf S carne de vaca P carne de boi (vaca)）

★「ポーク」「チキン」「ビーフ」は、メニューなどによく使われる。
（F "ポーク", "チキン", "ビーフ" apparaissent souvent sur les cartes de menu. S Los términos en katakana "ポーク", "チキン", "ビーフ" se utilizan a menudo en los menús. P "ポーク", "チキン" e "ビーフ" são frequentemente usados nos cardápios.）

㉑ □ 魚（さかな） (F poisson(s) S pescado P peixe)

㉒ □ 卵（たまご）／玉子（たまご） (F œuf(s) S huevo P ovos)

㉓ □ ハム (F jambon S jamón P presunto)

㉔ □ ソーセージ (F saucisse S salchicha P salsicha)

㉕ □ チーズ (F fromage S queso P queijo)

㉖ □ とうふ (F tofu S tofu P tofu)

㉗ □ ご飯（はん） (F riz S arroz P arroz)

㉘ □ 同 米（こめ）／お米

㉙ □ ライス (F riz S arroz P arroz)

★「ごはん」のこと。店でよく使われる。
(F Autre façon de dire "ごはん(riz)" souvent utilisée dans les restaurants.
S Se refiere al arroz "ごはん". Se suele utilizar en restaurantes.
P "ごはん" é um termo usado nos restaurantes com o significado de arroz.)

㉚ □ みそ汁（しる） (F soupe miso S sopa de miso P sopa de soja)

㉛ □ うどん (F udon S fideos udon P udon (tipo de macarrão japonês))

㉜ □ そば (F soba S fideos soba P soba ((tipo de macarrão japonês))

㉝ □ ラーメン (F rāmen S fideos ramen P lamen (tipo de macarrão japonês))

㉞ □ パン (F pain S pan P pão)

㉟ □ サラダ (F salade S ensalada P salada)

㊱ □ スープ (F soupe S sopa P sopa)

▶スープは静(しず)かに飲(の)んでください。
(F Buvez votre soupe en silence. S Bebe la sopa sin hacer ruido. P Tome a sopa sem fazer barulho de sucção.)

㊲ □ カレー (F curry S curri P curry)

㊳ □ 牛丼(ぎゅうどん) (F bol de riz au bœuf S bol de ternera gyudon P gyudon (carne fatiada em cima do arroz))

㊴ □ 寿司(すし) (F sushi S sushi P sushi)

㊵ □ おにぎり (F boulette de riz S onigiri P oniguiri (bolinho de arroz))

㊶ □ さしみ (F sashimi (poisson cru) S sashimi P sashimi (peixe cru em fatias))

㊷ □ 天(てん)ぷら (F tempura (beignet frit) S tempura P tempura (empanado de legumes))

㊸ □ すきやき (F fondue japonaise S sukiyaki P sukiyaki (tipo de cozido de carne))

㊹ □ スパゲティ （F spaghettis S espagueti P espaguete）

㊺ □ ピザ （F pizza S pizza P pizza）

㊻ □ パスタ （F pâtes S pasta P massa）

▶わたしは、ピザよりパスタのほうがいいです。

（F Je préfère les pâtes à la pizza. S Yo prefiero la pasta a la pizza. P Eu prefiro massa à pizza.）

㊼ □ サンドイッチ （F sandwich S sándwich P sanduiche）

㊽ □ ハンバーグ （F steak haché S filete ruso (hamburguesa japonesa) P hambúrguer (no prato)）

㊾ □ ハンバーガー （F hamburger S hamburguesa P hambúrguer (no pão)）

㊿ □ ステーキ （F steak S filete P bife）

51 □ ポテト （F patates(-frites) S patatas P batata）

★特に「フライドポテト」のこと。
（F utilisé principalement pour désigner les "frites". S En especial cuando se refiere a "patatas fritas". P Especialmente referindo-se às "batatas fritas".）

52 □ お菓子（かし） （F friandise S dulce P doces）

53 □ 和菓子（わがし） （F gâteau japonais S dulce japonés P doces japoneses）

54 □ 甘（あま）いもの （F sucrerie S dulce P coisas doces）

▶スーさんは、甘いものは好（す）きですか。

（F Sue, vous aimez les sucreries? S Su-san, ¿te gustan los dulces? P Su-san gosta de coisas doces.）

55 □ アイスクリーム （F glace S helado P sorvete）

56 □ ケーキ （F (un) gâteau S tarta P bolo）

57 □ チーズケーキ （F gâteau au fromage S tarta de queso P torta de queijo）

58 □ チョコレート （F chocolat S chocolate P chocolate）

59 □ クッキー （F (des) gâteau(x) S galleta P biscoito）

60 □ ドーナツ （F donut S donut P rosquinhas）

61 □ ガム （F chewing-gum S chicle P chiclete）

62 □ あめ （F bonbon S caramelo P bala）

63 □ おつまみ （F amuse-gueule S aperitivo P tira gosto, petisco）

▶お酒(さけ)はあるけど、おつまみがないです。
（F J'ai de l'alcool mais pas d'amuse-gueules. S Hay alcohol, pero no aperitivos.
P Tem bebida, mas não tem tira gosto.）

ピザ

ハンバーガー

アイスクリーム

10 ② 飲(の)む (F Boire S Beber P Bebidas)

❶ □ 飲み物(もの) (F boisson S bebidas P bebidas)

❷ □ ホット (F chaud(e) S caliente P quente)

▶ホットとアイス、どちらになさいますか。
——じゃ、私はホットで。
(F Vous désirez chaud ou froid? — Alors, chaud! S ¿Le gustaría caliente o frío? — Para mí caliente.
P Você quer bebida quente ou gelada? — Então, me dá uma quente.)

❸ □ アイス (F froid(e) S frío, helado P gelado)

★アイスクリームを短くした言い方でもある。
(F aussi utilisé comme abréviation pour les "glaces" S Se utiliza como forma acortada de "アイスクリーム". P Também é uma maneira de dizer sorvete.)

❹ □ コーヒー (F café S café P café)

❺ □ アイスコーヒー (F café glacé S café helado P café gelado)

❻ □ 紅茶(こうちゃ) (F thé S té negro P chá preto)

コーヒー

アイスコーヒー

❼ □ アイスティー （F thé glacé S té helado P chá gelado）

❽ □ お茶（ちゃ） （F thé vert S té P chá）

▶どこかでお茶をしませんか。

（F On va prendre un café? S ¿Qué tal si tomamos un té en algún sitio?
P Vamos descansar em algum lugar?）

▶お茶をする：喫茶店（きっさてん）などで飲み物（のみもの）を飲（の）んだり休（やす）んだりすること。

（F "お茶をする" signifie "(aller) prendre un café". S "お茶をする" Tomar una bebida o relajarse en una cafetería o establecimiento similar. P "お茶をする": É uma expressão que indica que a pessoa vai tomar um chá com o intuito de descansar um pouco,.）

▶お弁当（べんとう）とお茶を買（か）う

（F Acheter un bentō et du thé S Comprar una caja de almuerzo y un té P Eu vou comprar um lanche e um chá.）

❾ □ 牛乳（ぎゅうにゅう） （F lait S leche de vaca P leite）

❿ □ ミルク （F lait S leche P leite）

▶コーヒーにミルクは入（い）れますか。

（F Vous voulez du lait avec votre café? S ¿Le echas leche al café? P Você quer colocar leite no café?）

★牛乳のほか、コーヒーに入れるミルクも表す。
（F Outre le lait, cela peut aussi signifier le lait concentré que l'on met dans le café.
S Además de la leche de vaca, también se refiere a la leche que se le echa al café (→Ejemplo). P Além do leite comum, tem um leite próprio para adicionar ao café.）

⓫ □ コーラ （F coca S cola P coca-cola）

⓬ □ ジュース （F jus de fruit S zumo, jugo P suco）

⓭ □ 水（みず） （F (de l') eau S agua P água）

▶すみません、お水をください。

（F Excusez-moi, un verre d'eau s'il vous plaît. S Agua, por favor.
P Por favor, eu gostaria de uma água.）

⓮ □ お湯(ゆ) (F (de l') eau chaude S agua caliente P água quente)

▶今(いま)、お湯をわかしています。
(F Je suis en train de faire bouillir de l'eau. S Ahora estoy hirviendo agua caliente.
P Agora, eu vou esquentar a água.)

⓯ □ ビール (F bière S cerveza P cerveja)

⓰ □ 酒(さけ) (F alcool, saké S alcohol, sake P bebida alcoolica, saquê)

▶①今日(きょう)は車(くるま)で来(き)たから、お酒は飲(の)めません。
②ビールとお酒、どっちのほうが好(す)きですか。
(①F Je suis en voiture aujourd'hui donc je ne peux pas boire d'alcool. S Como he venido en coche hoy no puedo beber alcohol. P Eu vim de carro hoje, por isso não posso beber.
②F Vous préférez la bière ou le saké? S ¿Qué te gusta más la cerveza o el sake? P O que você prefere? Cerveja ou saquê?)

⓱ □ ワイン (F vin S vino P vinho)

▶赤(あか)ワイン、白(しろ)ワイン(F vin rouge, vin blanc S vino tinto, vino blanco P vinho tinto, vinho branco)

⓲ □ アルコール (F alcool S alcohol P bebida alcoolica)

⓳ □ ドリンク (F boisson S bebida P bebida)

★主に、メニューで使われる。
(F Principalement utilisé sur les cartes de menu. S Se usa principalmente en menús. P Usado principalmente em cardápios.)

11 ③ 料理（りょうり）・味（あじ）　(F Cuisine, Goût S Comida, Sabores P Culinária,Sabores)

❶ □ 砂糖（さとう）　(F sucre S azúcar P açúcar)

❷ □ 塩（しお）　(F sel S sal P sal)

❸ □ こしょう　(F poivre S pimienta P pimenta do reino)

❹ □ しょう油（ゆ）　(F sauce soja S salsa de soja P molho de soja (shoyu))

▶それは、しょう油をかけて食（た）べてください。

(F Veuillez y verser de la sauce soja avant de déguster. S Cómetelo echándole salsa de soja.
P Coma isso com molho de soja.)

❺ □ みそ　(F sauce miso S miso P pasta de misô)

❻ □ バター　(F beurre S mantequilla P manteiga)

▶パンにバターを塗（ぬ）ってあげましょうか。

(F Tu veux que je te beurre ton pain? S ¿Le unto mantequilla a tu pan?
P Quer que eu passe manteiga no pão?)

❼ □ ジャム　(F confiture S mermelada P geleia)

❽ □ ソース（F sauce aigre-douce S salsa P molho）

▶〈食堂（しょくどう）で〉そっちがしょうゆで、こっちがソースです。
（F <au restaurant> Voici la sauce soja, et là la sauce aigre-douce. S (En el comedor) Esa es la salsa de soja y esta es la salsa. P (No refeitório) O molho de soja está aí e o molho (inglês) está aqui.）

▶トマトソースのスパゲティが食（た）べたい。
（F Je veux manger des spaghettis à la sauce tomate. S Quiero comer espagueti con salsa de tomate. P Eu quero comer espaguete ao molho de tomate.）

> ★日本のレストランでは、しょう油とソース（ウスターソース）が置かれることが多い。（F De la sauce soja et de la sauce aigre-douce “Worcestershire” sont généralement à disposition sur les tables des restaurants au Japon. S En los restaurantes en Japón es habitual que se ofreza salsa de soja y salsa occidental. P Nos restaurantes japoneses costumam ter molho inglês “ウスターソース” e molho de soja.）

❾ □ 油（あぶら）（F huile S aceite P óleo）

❿ □ ケチャップ（F ketchup S ketchup P ketchup）

⓫ □ マヨネーズ（F mayonnaise S mayonesa P maionese）

⓬ □ 味（あじ）（F goût S sabor P sabor）

▶それはどんな味ですか。
（F Ça a quel goût? S ¿A qué sabe eso? P Que sabor tem?）

⓭ □ 甘（あま）い（F sucré(e) S dulce P doce）

⓮ □ 辛（から）い（F épicé(e) S picante P apimentado）

⓯ □ すっぱい（F acide S ácido P azêdo）

⑯ □ 塩辛い（しおから）（F salé(e) S salado P salgado）

⑰ □ 苦い（にが）（F amer (amère) S amargo P amargo）

▶その薬（くすり）はそんなに苦くないよ。

（F Ce médicament n'est pas si amer que ça. S Esa medicina no está tan amarga. P Esse remédio não é tão amargo.）

⑱ □ 濃い（こ）（F fort S espeso P forte）

▶それは、ちょっと味が濃いかもしれない。

（F Le goût est peut-être un petit peu fort. S Tal vez su sabor está demasiado espeso. P Talvez o sabor esteja um pouco forte.）

⑲ □ 薄い（うす）（F léger S soso P fraco）

▶薄かったら、しょう油（ゆ）を足（た）して。

（F Si le goût est trop léger, rajoutez de la sauce soja. S Si está soso, añádele salsa de soja. P Se tiver com o sabor fraco, coloque o molho de soja.）

⑳ □ 香り（かお）（F parfum S olor, fragancia P cheiro, fragrância）

▶このバターの香りが好（す）きなんです。

（F J'adore le parfum de ce beurre. S Me gusta el olor de esta mantequilla. P Eu gosto do cheiro desta manteiga.）

㉑ □ におい（F odeur S olor P cheiro）

▶カレーのにおいがする。となりの家（いえ）かなあ。

（F Je sens une odeur de curry! Cela doit venir d'à côté. S Huele a curri. Vendrá el olor de la casa de al lado. P Estou sentindo cheiro de curry. Será que vem da casa do vizinho?）

㉒ □ おいしい（F bon S delicioso, rico P gostoso）

㉓ □ まずい（F mauvais S asqueroso, malo P ruim）

▶この店（みせ）はやめたほうがいい。まずいから。

（F Il vaudrait mieux éviter ce restaurant, il est vraiment mauvais. S Deberíamos ir a otro sitio. Aquí está todo asqueroso. P É melhor não ir a esse restaurante. É ruim.）

㉔ □ 料理(りょうり)(する)　(F cuisine(r)　S cocinar　P cozinhar)

▶彼女(かのじょ)は料理が得意(とくい)です。
(F Elle est très douée en cuisine.　S Ella es buena en la cocina.　P Ela cozinha bem.)

㉕ □ 焼(や)く　(F cuire　S asar, a la parilla　P assar)

㉖ □ 揚(あ)げる　(F frire　S freír　P fritar)

㉗ □ ゆでる　(F bouillir　S hervir　P cozinhar)

㉘ □ 冷(ひ)やす　(F faire refroidir　S enfriar　P esfriar)

㉙ □ 冷凍(れいとう)(する)　(F congeler　S congelar　P congelar)

㉚ □ フライパン　(F poêle　S sartén　P frigideira)

㉛ □ なべ　(F casserole　S cazuela　P panela)

㉜ □ 包丁(ほうちょう)　(F couteau de cuisine　S cuchillo de cocina　P faca)

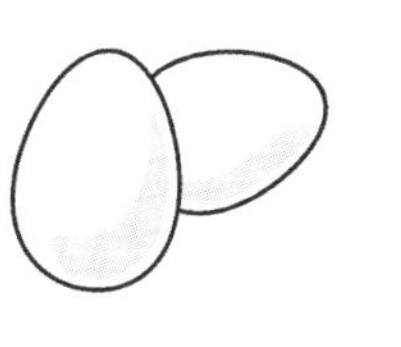

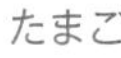

たまご

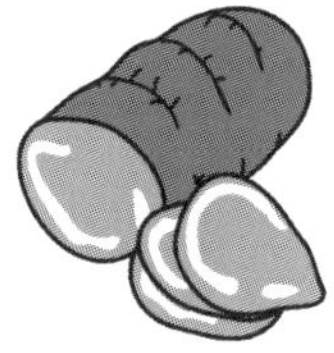

ハム

12 ④ 食事(しょくじ) (F Repas S Comidas P Refeição)

❶ □ ご飯(はん) (F repas S arroz, comida P comida, arroz)

▶これからご飯ですか。
(F Vous allez manger? S ¿Vas a comer después de esto? P Você vai comer agora?)

❷ □ 食事 (F repas S comida P refeição)

▶食事の前(まえ)に手(て)を洗(あら)いましょう。
(F Il faut se laver les mains avant le repas. S Lavémonos las manos antes de comer.
P Lave as mãos antes das refeições.)

❸ □ 朝(あさ)ご飯(はん) (F petit déjeuner S desayuno P café da manhã)

❹ □ 昼(ひる)ご飯(はん) (F déjeuner S almuerzo P almoço)

❺ □ 同お昼／お昼ご飯 (F déjeuner S almuerzo P almoço)

❻ □ ランチ (F déjeuner S almuerzo P almoço)

▶ホテルでランチをするのもいいですね。
(F C'est une bonne idée aussi de déjeuner à l'hôtel.
S También está bien si almorzamos en el hotel.
P Nós poderíamos almoçar em algum hotel.)

★特に、店で食べる場合に使う。
(F Principalement utilisé quand on mange à l'extérieur S En especial se usa como expresión de almorzar en restaurantes. P Especialmente quando você come em algum restaurante.)

❼ □ ランチタイム (F pause midi S hora del almuerzo P hora do almoço)

▶ランチタイムは、きっと混(こ)みますよ。
(F Cela doit être plein à la pause midi. S Seguro que está todo lleno a la hora del almuerzo.
P Com certeza estará cheio na hora do almoço.)

❽ □ 晩(ばん)ご飯(はん) (F dîner S cena P janta)

❾ □ 夕食（ゆうしょく） (F dîner S cena P janta)

❿ □ 夕飯（ゆうはん） (F dîner S cena P janta)

▶きょうの夕飯は何（なに）がいい？

(F Qu'est-ce que tu veux manger pour le dîner? S ¿Qué quieres cenar hoy?
P O que você quer jantar hoje?)

⓫ □ 和食（わしょく） (F nourriture japonaise S comida japonesa P comida japonesa)

⓬ □ 洋食（ようしょく） (F nourriture occidentale S comida occidental P comida ocidental)

⓭ □ 中華（ちゅうか）／中華料理（ちゅうかりょうり） (F nourriture chinoise S comida china P comida chinesa)

▶お昼（ひる）は中華にしませんか。

(F Cela vous dit de manger chinois à midi? S ¿Qué tal comida china para almorzar?
P Vamos comer uma comida chinesa?)

⓮ □ イタリアン (F nourriture, restaurant italien(ne) S comida italiana P italiana)

▶きのう、中華だったから、きょうはイタリアンがいい。

(F J'ai mangé chinois hier donc aujourd'hui je préfère italien. S Como ayer tuvimos comida china, hoy prefiero comida italiana. P Ontem eu comi comida chinesa, então hoje eu prefiro uma comida italiana.)

▶駅（えき）ビルのイタリアンに行（い）きませんか。

(F Pourquoi n'irions-nous pas à l'italien dans le bâtiment de la gare? S ¿Vamos al restaurante italiano del edificio de la estación? P Vamos a um restaurante italiano que fica no prédio da estação?)

⓯ □ メニュー (F menu, carte S menú P cardápio)

▶すみません。メニューを見（み）せてください。

(F Excusez-moi, la carte s'il vous plaît. S Perdone, ¿nos podría mostrar el menú?
P Por favor, poderia me mostrar o cardápio?)

⑯ □ おすすめ (F recommandation S recomendaciones P sugestão)

▶どれがおすすめですか。

(F Vous avez une recommandation? S ¿Cuáles son las recomendaciones?

P Qual é a sua sugestão?)

⑰ □ デザート (F dessert S postre P sobremesa)

▶デザートはどうする？　つける？

—うん、つけよう。

(F On fait quoi pour le dessert? On en prend? —— Oui, prenons-en. S ¿Qué hacemos con el postre? ¿Lo añadimos? —— Sí, añadámoslo. P E a sobremesa? Vai pedir? —— Sim, vamos pedir.)

⑱ □ 定食（ていしょく） (F formule S menú de comida P refeição completa (arroz, salada e sopa))

▶ハンバーグ定食

(F formule steak haché S menú de filete ruso (hamburguesa japonesa)

P Hamburguer acompanhado com uma salada, arroz e sopa.)

⑲ □ おかわり (F un(e) autre ~ S repetir (añadir otra ración de arroz, pan, o similar) P repetição)

▶おかわりはどうですか。

—はい、お願（ねが）いします。

(F Vous en voulez un(e) autre? —— Oui, s'il vous plaît. S ¿Quiere repetir? —— Sí, por favor.

P Vai querer repetir? —— Sim, por favor.)

⑳ □ 弁当（べんとう） (F bentō S fiambrera (caja de almuerzo japonés) P lanche (marmita)) 話お弁当

▶毎朝（まいあさ）、お弁当を作（つく）っているんですか。

(F Vous préparez un bentō tous les matins? S ¿Te preparas una fiambrera todas las mañanas?

P Você está fazendo marmita para você?)

▶駅（えき）のホームでも、お弁当を売（う）ってますよ。

(F On vend des bentō aussi sur le quai des gares. S Venden cajas de almuerzo también en la estación.

P Nas estações vendem marmitas (lanches).)

㉑ □ 会計（かいけい） (F addition S cuenta P a conta)

▶会計はもう済（す）みましたか。

(F Vous avez fini de payer l'addition? S ¿Ya has pagado la cuenta? P A conta já foi paga?)

㉒ □ おやつ （F encas S merienda, aperitivos P guloseimas (doces)）

▶おやつをたくさん食べると、晩ご飯が食べられなくなるよ。

（F Si tu prends trop d'encas tu ne pourras plus manger ce soir. S Si comes demasiados aperitivos, no podrás comerte la cena. P Se comer muitas guloseimas, não conseguirá jantar.）

㉓ □ 食器 （F vaisselle S vajilla P louças）

㉔ □ はし （F baguettes S palillo P palitinhos (pauzinhos)） 話おはし

㉕ □ 茶わん （F tasse S bol de té P cumbuca）

㉖ □ 皿 （F assiette S plato P prato） 話お皿

㉗ □ フォーク （F fourchette S tenedor P garfo）

㉘ □ ナイフ （F couteau S cuchillo P faca）

㉙ □ スプーン （F cuillère S cuchara P colher）

㉚ □ グラス （F verre S copa P taça）

▶ワインをグラスで２杯飲んだだけです。

（F Je n'ai bu que deux verres de vin. S Solo me he bebido dos copas de vino. P Eu só bebi 2 taças de vinho.）

㉛ □ コップ（F gobelet S vaso P copo）

▶このコップに水(みず)を入(い)れてきてください。

（F Pouvez-vous mettre de l'eau dans ce gobelet? S Por favor, ponme agua en este vaso. P Coloque água neste copo, por favor.）

▶紙(かみ)コップ（F gobelet en carton S vaso de papel P copo de papel）

㉜ □ ストロー（F paille S pajita, popote P canudo）

㉝ □ ナプキン（F serviette S servilleta P guardanapo）

▶紙(かみ)ナプキン（F serviette en papier S servilleta de papel P guardanapo de papel）

13

UNIT 5

家 いえ (F Maison S Casa P Casa, Habitação)

❶ □ 家 (F maison S casa, hogar P casa)

▶①いつか広い家に住みたい。

▶②家に電話しなければなりません。

(① F Je souhaite habiter un jour dans une grande maison. S Me gustaría vivir en una casa grande. P Um dia eu quero morar em uma casa grande.

② F Je dois appeller la maison. S Debo llamar a mi casa. P Eu tenho que telefonar para minha casa.)

❷ □ 部屋 (F pièce, appartement S habitación P quarto, apartamento)

❸ □ トイレ (F toilettes S baño P banheiro)

❹ □ 同お手洗い (F toilettes S baño P banheiro)

❺ □ 風呂 (F baignoire, (salle de) bain S bañera P banheira) 話お風呂

▶お風呂が付いている部屋がいいです。

(F Je veux un appartement avec baignoire. S Me gustaría una habitación que tenga bañera. P É bom ter um apartamento com banheira.)

▶わたしはいつも、夕飯のあとにお風呂に入ります。

(F Je prends toujours mon bain après le dîner. S Siempre me tomo un baño después de cenar. P Eu sempre tomo banho de banheira depois da janta.)

❻ □ 台所 (F cuisine S cocina P cozinha)

❼ □ 同キッチン (F cuisine S cocina P cozinha)

❽ □ 洗面所 (F cabine de toilette S lavabo P lavatório)

❾ □ 玄関（げんかん） (F entrée S pasillo P entrada)

❿ □ 門（もん） (F porte, portail S puerta P portão)

⓫ □ 居間（いま） (F salle de séjour S sala de estar P sala de estar)

⓬ □ 同リビング (F salle de séjour S sala de estar P sala de estar)

⓭ □ ベランダ (F véranda, balcon S balcón P varanda)

⓮ □ 庭（にわ） (F jardin S jardín P jardim)

⓯ □ ドア (F porte S puerta P porta)

▶ドアを開（あ）ける、ドアを閉（し）める

(F ouvrir la porte, fermer la porte S abrir la puerta, cerrar la puerta P abrir a porta, fechar a porta)

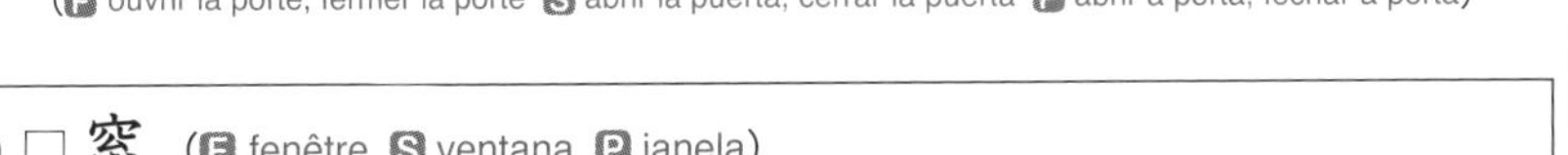

⓰ □ 窓（まど） (F fenêtre S ventana P janela)

⓱ □ 天井（てんじょう） (F plafond S techo P teto)

⓲ □ 床（ゆか） (F sol S suelo P chão)

▶床がすべりやすいので、気（き）をつけてください。

(F Le sol est glissant, alors faites attention. S El suelo está resbaladizo, ten cuidado.

P Cuidado porque o chão está escorregadio.)

⓳ □ 壁（かべ） (F mur S pared P parede)

⑳ □ 屋根（やね） (F toît S tejado P telhado)

㉑ □ 家具（かぐ） (F meuble(s) S mueble P móveis)

㉒ □ 机（つくえ） (F bureau S escritorio, pupitres P mesa, carteira escolar)

▶では、テストを始（はじ）めます。机の上（うえ）には何（なに）も置（お）かないでください。
(F Nous allons commencer l'examen. Enlevez tout ce qui se trouve sur les bureaux. S Da comienzo el examen. No dejen nada encima de sus pupitres. P Então, vamos começar o teste. Não deixe nada em cima da mesa.)

★一つのいすとセットになっている場合に、「つくえ」を使うことが多い。
(F Lorsqu'il s'agit de l'ensemble "chaise-bureau" on utilise souvent "つくえ".
S "つくえ" se suele usar cuando el escritorio va en conjunto con una silla.
P Geralmente, "つくえ" significa carteira escolar.)

㉓ □ いす (F chaise S silla P cadeira)

㉔ □ 棚（たな） (F étagère S estante P prateleira)

▶これをあそこの棚に置（お）いてください。
(F Veuillez poser ça sur l'étagère là-bas. S Coloca esto en el estante de allí.
P Deixe isto naquela prateleira.)

▶本棚（ほんだな） (F une bibliothèque S estantería P estante)

㉕ □ テーブル (F table S mesa P mesa)

▶あそこの丸（まる）いテーブルを使（つか）いましょう。
(F Utilisons donc la table ronde là-bas. S Usemos esa mesa redonda de allí.
P Vamos usar aquela mesa redonda.)

㉖ □ ソファー (F canapé S sofá P sofá)

㉗ □ ベッド (F lit S cama P cama)

㉘ □ 家電（かでん） (F électroménager S electrodoméstico P eletrodomésticos)

▶家電を買（か）うときは、どこに行（い）きますか。
(F Où allez-vous acheter vos appareils électroménagers?
S ¿Dónde vas para comprar electrodomésticos?
P Onde devo ir para comprar eletrodomésticos?)

★家庭電気製品などを短くした言い方。(F abréviation de "家庭電気製品" S Abreviación de "家庭電気製品". P Abreviação de aparelhos eletrodomésticos.)

㉙ □ エアコン (F climatiseur S aire acondicionado P ar-condicionado)

㉚ □ クーラー (F climatiseur S aire acondicionado P ar-condicionado)

㉛ □ 空調（くうちょう） (F aération S sistema de aire acondicionado P sistema de ventilação de ar)

★「エアコン」が最も一般的。「クーラー」は少し古い言い方。「空調」はビル全体や大きな部屋などについて使われる。
(F "エアコン" est plus souvent utilisé alors que "クーラー" est un terme plus ancien. "空調" se réfère quant à lui plutôt à l'ensemble du sytème de conditionnement d'air des immeubles ou de grandes pièces.
S "エアコン" es el término más utilizado. "クーラー" es un término anticuado. "空調" se utiliza para sistemas de aire acondicionado que dan servicio a la totalidad de un edificio o a habitaciones grandes.
P "エアコン" é mais usado. "クーラー" é uma forma antiga de dizer ar-condicionado."空調" é o sistema de ventilação de ar que tem nos edifícios e nos apartamentos.)

㉜ □ 冷房（れいぼう） (F climatiseur S frío, refrigeración P refrigeração)

㉝ □ 暖房（だんぼう） (F chauffage S calor, calefacción P aquecimento)

㉞ □ ストーブ (F radiateur S estufa P fogão)

㉟ □ テレビ (F téléviseur S televisión P televisão)

㊱ □ ラジオ (F radio S radio P rádio)

㊲ □ ビデオ （F vidéo S vídeo P vídeo）

▶①写真だけじゃなく、ビデオもありますよ。見ますか。
（F Outre les photos, nous avons aussi des vidéos. Vous voulez les voir? S Aparte de las fotografías, también hay vídeos. ¿Quieres verlos? P Não tem só fotos, tem vídeo também.Você quer ver?）

▶②結婚式の様子は、ビデオにとりました。
（F Nous avons pris des vidéos du mariage. S Grabamos la ceremonia de boda en vídeo. P Nós gravamos a cerimônia de casamento.）

▶③テレビと一緒に、ビデオも買いました。
（F J'ai acheté un lecteur vidéo aussi avec la télé. S Compramos un equipo de vídeo junto con la televisión. P Eu comprei um aparelho de vídeo junto com a televisão.）

㊳ □ リモコン （F télécommande S control remoto, mando a distancia P controle remoto）

㊴ □ 冷蔵庫（れいぞうこ） （F réfrigérateur S frigorífico, refrigerador P geladeira）

㊵ □ 洗濯機（せんたくき） （F machine à laver S lavadora P máquina de lavar）

㊶ □ 掃除機（そうじき） （F aspirateur S aspiradora P aspirador de pó）

㊷ □ ポット （F bouilloire électrique S tetera eléctrica P garrafa térmica）

㊸ □ ドライヤー （F sèche-cheveux S secadora P secador de cabelo）

㊹ □ ふとん （F futon S futón P cobertor） 漢布団

㊺ □ カーテン （F rideau(x) S cortina P cortina）

❻ □ スリッパ （F chaussons S zapatillas de estar por casa P chinelos）

❼ □ カレンダー （F calendrier S calendario P calendário）

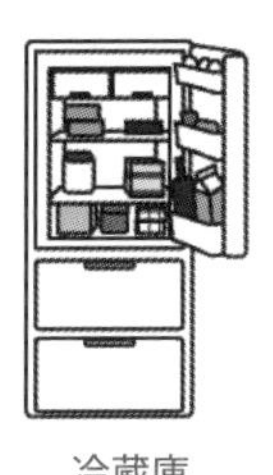

冷蔵庫（れいぞうこ）

掃除機（そうじき）

リモコン

テレビ

机（つくえ）／いす

棚（たな）

カーテン

ふとん

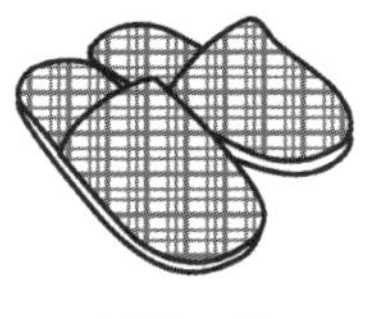

スリッパ

ポット

14

UNIT 6 服・くつ (F Vêtements, Chaussures S Ropa, Zapatos P Roupas, Calçados)

ふく

❶ □ 服 (F vêtement S ropa P roupas)

▶あしたは、どんな服を着て行きますか。
きい

(F Qu'est-ce que vous allez porter (comme vêtements) demain? S ¿Qué ropa te vas a poner mañana? P Com que roupa que você vai amanhã?)

「**〜を着る**」の例；
{服・着物・シャツ・スーツ・コート}を着る

❷ □ 洋服 (F vêtement (occidental) S vestido occidental P roupas)
ようふく

▶結婚式には、着物じゃなく、洋服で行こうと思っています。
けっこんしき　きもの　い　おも

(F Je pense porter des vêtements occidentaux à la cérémonie de mariage, pas un kimono. S Creo que voy a ir a la boda, no con kimono, sino con un vestido occidental. P Para a cerimônia de casamento, eu estou pensando em ir de roupa comum e não de quimono.)

❸ □ 着物 (F kimono S kimono P quimono)
きもの

❹ □ シャツ (F chemise S camisa P camisa)

❺ □ ワイシャツ (F chemise (blanche, de col blanc) S camisa P camisa)

❻ □ ズボン (F pantalon S pantalones P calça)

❼ □ スカート (F jupe S falda P saia)

▶ときどき、スカートもはきます。

(F Parfois,je porte une jupe. S A veces también llevo falda. P Às vezes, eu visto uma saia.)

「**〜をはく**」の例；
{ズボン・パンツ・ジーンズ・スカート・くつ・くつした・スリッパ}をはく

❽ □ パンツ (🄵 pantalon, caleçon, sous-vêtement 🅂 pantalones, ropa interior 🄿 calças, roupa íntima)

▶①白(しろ)いパンツが似合(にあ)いますね。
(① 🄵 Ce pantalon blanc vous va bien. 🅂 Te quedan muy bien los pantalones blancos. 🄿 Você combina com calça branca.)

▶②パンツをはいたまま、温泉(おんせん)に入(はい)らないでください。
(② 🄵 Ne gardez pas vos sous-vêtements pour entrer dans la source chaude. 🅂 No entres al onsen con la ropa interior puesta. 🄿 Não entre na piscina de águas termais vestindo suas roupas íntimas.)

❾ □ Tシャツ (🄵 t-shirt 🅂 camiseta 🄿 camiseta)

❿ □ セーター (🄵 pull 🅂 suéter, jersey 🄿 suéter)

⓫ □ コート (🄵 manteau 🅂 abrigo 🄿 casaco)

▶寒(さむ)いから、コートを着(き)たほうがいい。
(🄵 Il fait froid, tu devrais mettre un manteau. 🅂 Hace frío, deberías ponerte un abrigo. 🄿 É melhor vestir um casaco porque está frio.)

⓬ □ 上着(うわぎ) (🄵 veste 🅂 chaqueta 🄿 casacos)

▶暑(あつ)くなったから、上着を脱(ぬ)いだ。
(🄵 Comme cela s'est réchauffé j'ai enlevé ma veste. 🅂 Me quité la chaqueta porque empezó a hacer calor. 🄿 Eu tirei o casaco porque começou a esquentar.)

★上に着るもので、服の種類は決まっていない。
(🄵 Fait référence à n'importe quel vêtement porté en extérieur. 🅂 Hace referencia a cualquier prenda exterior, sin ninguna especificación de la clase de ropa. 🄿 Não tem um padrão, pode ser qualquer tipo de casaco que se coloca por cima da roupa.)

⓭ □ スーツ (🄵 costume 🅂 traje 🄿 terno)

▶あしたは面接(めんせつ)だから、スーツを着(き)て行(い)きます。
(🄵 J'ai un entretien demain, alors je vais porter un costume. 🅂 Mañana tengo una entrevista, así que iré con traje. 🄿 Eu vou ter uma entrevista de emprego, então vou vestir um terno.)

⑭ □ ネクタイ (F cravate S corbata P gravata)

▶赤(あか)いネクタイをしているのが、森(もり)さんです。
(F Celui qui porte une cravate rouge, c'est M. Mori. S El que lleva una corbata roja es Mori-san. P O Mori San é o que está de gravata vermelha.)

⑮ □ くつ (F chaussures S zapatos P sapatos)

⑯ □ サンダル (F sandales S sandalias P sandálias)

⑰ □ 下着(したぎ) (F sous-vêtements S ropa interior P roupas íntimas)

⑱ □ くつ下(した) (F chaussettes S calcetines P meias) 同ソックス

⑲ □ ジーンズ (F jeans S vaqueros P calça Jeans)

▶マリアさんは、ジーンズが似合(にあ)いますね。
(F Maria, les jeans vous vont bien. S María, te quedan muy bien los vaqueros. P Maria, você combina com calça jeans.)

⑳ □ スニーカー (F baskets S zapatillas deportivas P tênis)

▶休(やす)みの日(ひ)は、いつもスニーカーです。
(F Je porte toujours des baskets mes jours de congé. S Siempre uso zapatillas deportivas en mis días de vacaciones. P Eu sempre coloco tênis nos dias de folga.)

㉑ □ 帽子(ぼうし) (F chapeau S sombrero P chapéu)

▶帽子をかぶっている人(ひと)が、先生(せんせい)です。
(F La personne qui porte un chapeau, c'est mon professeur. S La persona que lleva sombrero es el profesor. P A pessoa que está de chapéu é professora.)

㉒ □ マフラー (F écharpe S bufanda P cachicol)

▶このマフラーは、自分(じぶん)で編(あ)みました。
(F J'ai tricoté cette écharpe moi-même. S Yo mismo he tejido esta bufanda. P Eu mesma tricotei este cachicol.)

㉓ □ 手袋（てぶくろ） (F gants S guantes P luvas)

▶寒（さむ）いから、手袋をしたほうがいいですよ。
(F Il fait froid, vous devriez mettre des gants. S Hace frío, deberías ponerte guantes.
P É melhor colocar as luvas porque está frio.)

㉔ □ 眼鏡（めがね） (F lunettes S gafas, lentes P óculos)

▶映画（えいが）を見（み）るとき、めがねをかけます。
(F Je porte des lunettes quand je regarde un film. S Uso gafas cuando veo una película.
P Quando vejo um filme, eu coloco os óculos.)

㉕ □ サングラス (F lunettes de soleil S gafas de sol P óculos de sol)

㉖ □ 指輪（ゆびわ） (F bague S anillo P anel)

▶指輪をする、指輪をつける
(F porter une bague S llevar, ponerse anillo P Usar o anel, colocar o anel)

㉗ □ ボタン (F bouton S botón P botão)

㉘ □ ポケット (F poche S bolsillo P bolso)

㉙ □ サイズ (F taille S tamaño P tamanho)

㉚ □ M（サイズ） (F (taille) M S (tamaño) M P tamanho médio)

㉛ □ S（サイズ） (F (taille) S S (tamaño) S P tamanho pequeno)

㉜ □ L（サイズ） (F (taille) L S (tamaño) L P tamanho grande)

❸❸ □ 着る(き) (F porter (vêtements du haut) S vestir (prendas sobre la cintura) P vestir)

❸❹ □ はく (F porter (vêtements du bas) S ponerse (prendas debajo de la cintura) P calçar, vestir)

▶たまにジーンズをはきます。

(F Je porte des jeans parfois. S A veces me pongo vaqueros. P Às vezes eu uso calça jeans.)

❸❺ □ かぶる (F porter (un chapeau) S ponerse (gorro, sombrero) P colocar)

▶外(そと)は暑(あつ)いから帽子(ぼうし)をかぶったほうがいいですよ。

(F Il fait chaud dehors, vous devriez mettre un chapeau. S Hace calor fuera, es mejor que te pongas una gorra. P É melhor usar chapéu porque lá fora está muito quente.)

❸❻ □ かける (F porter (des lunettes) S ponerse (gafas, lentes) P colocar)

▶めがねをかけないと見(み)えません。

(F Je ne vois rien sans lunettes. S Si no llevo las gafas puestas, no puedo ver. P Eu não consigo enxergar se não colocar os óculos.)

❸❼ □ 試着(しちゃく)(する) (F essayer (un vêtement) S probarse P experimentar)

▶これ、試着してもいいですか。

(F Est-ce que je peux essayer ça? S ¿Me puedo probar esto? P Eu posso experimentar esta roupa?)

❸❽ □ 脱ぐ(ぬ) (F enlever (un vêtement, des chaussures) S quitarse (la ropa) P tirar)

▶ここでくつを脱いでください。

(F Je peux poser mes chaussures ici? S ¿Me puedo quitar los zapatos aquí? P Posso tirar meu sapatos aqui?)

> **「〜を脱ぐ」**の例；
> {服・くつ・ぼうし}を脱ぐ

❸❾ □ する (F porter (un accessoire) S llevar pequeños completos (corbata, reloj, etc.) P usar)

▶きょうは、変(か)わったネクタイをしていますね。

(F Vous portez une cravate originale aujourd'hui! S Hoy llevas una divertida corbata. P Você está usando uma gravata diferente hoje!)

> **「〜をする」**の例；
> {ネクタイ・マフラー・手ぶくろ・ゆびわ・ベルト} をする

㊵ □ とる (F enlever (un accessoire) S quitarse P tirar)

▶お風呂(ふろ)に入(はい)るときは、めがねをとります。

(F J'enlève mes lunettes pour prendre un bain. S Me quito las gafas al entrar a la bañera.

P Eu tiro os óculos quando entro na banheira.)

帽子(ぼうし)をかぶる

ズボンをはく

くつをはく

スニーカー

くつした

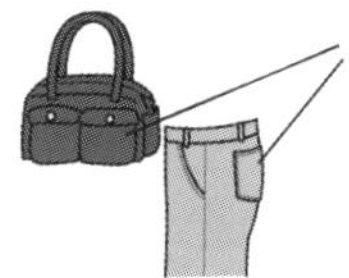
ポケット

指輪(ゆびわ)

セーター

シャツを着(き)る

コートを脱(ぬ)ぐ

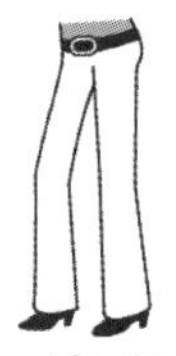
パンツ

スカート

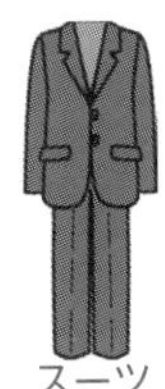
スーツ

ネクタイ

試着(しちゃく)／試着(を)する

めがねをかける

15

UNIT 7 乗(の)り物(もの)・交通(こうつう)

(F Véhicules S Vehículos P Meios de transporte)

❶ □ 交通(こうつう) (F transport S transporte P tráfego)

▶交通事故(じこ) (F accident de la circulation S accidente de tráfico P acidente de trânsito)

▶交通の便(べん) (F facilité d'accès (aux transports) S facilidades de acceso P transporte)

▶ここは交通の便がいいから、人気(にんき)があります。

(F Ici, c'est facile d'accès, donc c'est un endroit prisé. S Este sitio es popular porque tiene un fácil acceso. P Aqui é um lugar muito visitado porque o transporte é conveniente.)

▶交通費(ひ) (F frais de transport S gastos de transporte P despesas de transporte)

❷ □ 車(くるま) (F voiture S coche, carro P carro)

▶車の免許(めんきょ)は持(も)っていますか。

(F Avez-vous le permis de conduire? S ¿Tienes carné de conducir de coche? P Você tem a carteira de habilitação?)

❸ □ 同 自動車(じどうしゃ) (F automobile S automóvil P automóvel)

▶来週(らいしゅう)、自動車工場(こうじょう)を見学(けんがく)します。

(F La semaine prochaine, je vais visiter une usine automobile. S La semana que viene voy de visita a una fábrica de coches. P Na semana que vem visitaremos uma fábrica de automóveis.)

★会話では、「自動車」より「車」を使う。
(F À l'oral, on utilise plus "車" que "自動車". S En la conversación se usa con mayor frecuencia "車" que "自動車". P Na conversação usamos mais a palavra "車" do que "自動車".)

❹ □ タクシー (F taxi S taxi P táxi)

▶フロントに電話(でんわ)して、タクシーを呼(よ)んでもらいましょう。

(F Appelons la réception pour qu'elle nous commande un taxi. S Llama por teléfono a la recepción y pidamos un taxi. P Poderia ligar para a recepção e pedir um táxi, por favor?)

❺ □ バス (F bus S autobús P ônibus)

❻ □ バス停(てい) (F arrêt de bus S parada de autobús P ponto de ônibus)

▶観光(かんこう)バス (F car de tourisme S autobús turístico P ônibus de turismo)

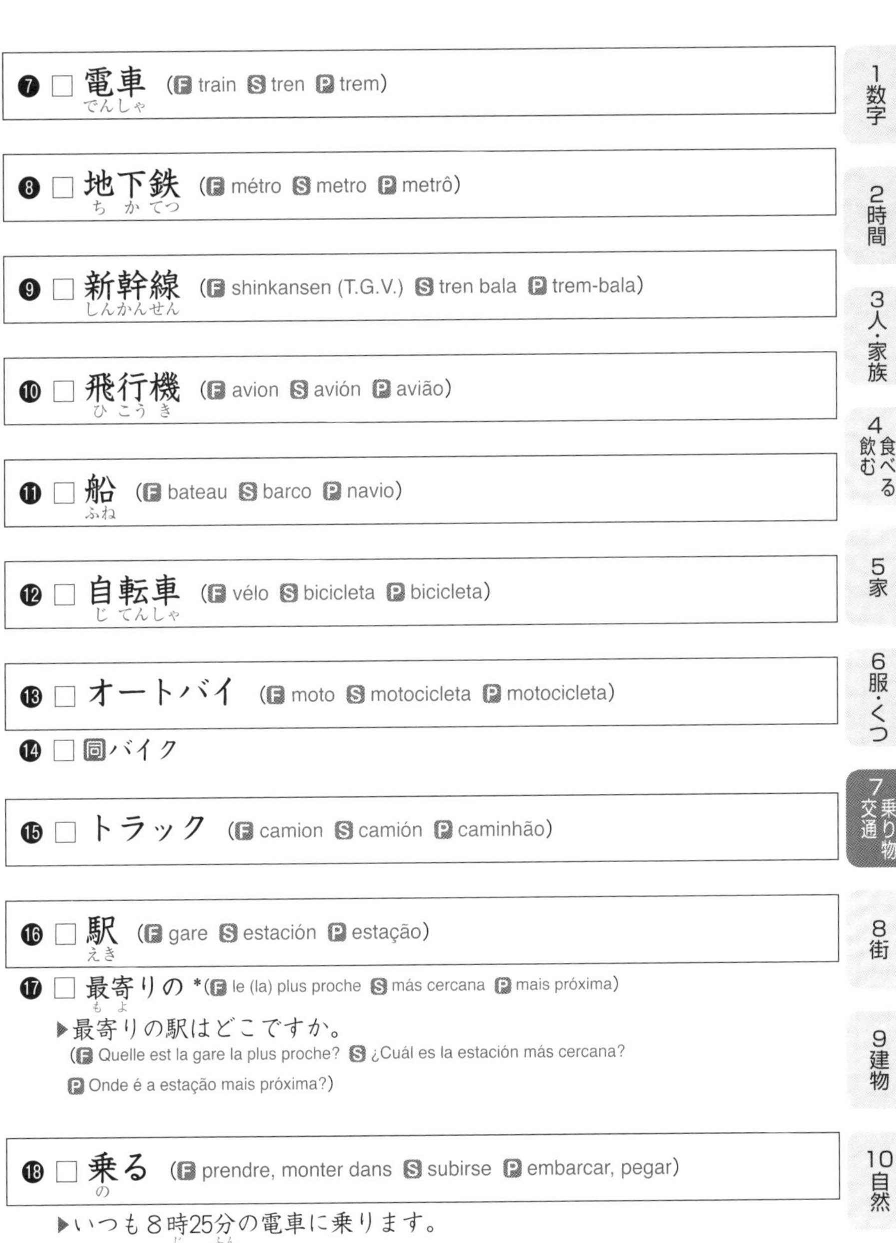

❼ □ 電車（でんしゃ） (F train S tren P trem)

❽ □ 地下鉄（ちかてつ） (F métro S metro P metrô)

❾ □ 新幹線（しんかんせん） (F shinkansen (T.G.V.) S tren bala P trem-bala)

❿ □ 飛行機（ひこうき） (F avion S avión P avião)

⓫ □ 船（ふね） (F bateau S barco P navio)

⓬ □ 自転車（じてんしゃ） (F vélo S bicicleta P bicicleta)

⓭ □ オートバイ (F moto S motocicleta P motocicleta)

⓮ □ 同 バイク

⓯ □ トラック (F camion S camión P caminhão)

⓰ □ 駅（えき） (F gare S estación P estação)

⓱ □ 最寄（もよ）りの *(F le (la) plus proche S más cercana P mais próxima)

▶最寄りの駅はどこですか。

(F Quelle est la gare la plus proche? S ¿Cuál es la estación más cercana?

P Onde é a estação mais próxima?)

⓲ □ 乗（の）る (F prendre, monter dans S subirse P embarcar, pegar)

▶いつも８時（じ）25分（ふん）の電車に乗ります。

(F Je prends toujours le train de 8h25. S Siempre me subo al tren de las 08:25.

P Eu sempre pego o trem das 8 horas e 25 minutos.)

⑲ □ 降りる (F descendre S bajarse P desembarcar)

▶お金は、バスを降りるときに払います。

(F Vous payez quand vous descendez du bus. S Se paga al bajarse del autobús. P Você paga quando desembarca do ônibus.)

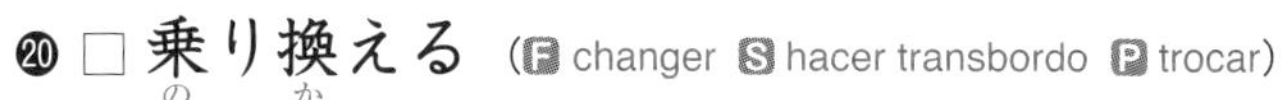

⑳ □ 乗り換える (F changer S hacer transbordo P trocar)

▶次の駅で急行に乗り換えてください。

(F Veuillez changer pour un express à la prochaine gare. S Haga transbordo al tren exprés en la siguiente estación. P Troque para um trem expresso na próxima estação.)

㉑ □ 乗り換え (F changement S transbordo P troca)

▶これだと、乗り換えなしで行けるので、便利です。

(F C'est pratique car on peut y aller sans changement. S Este tren es muy conveniente ya que puede ir sin transbordo. P Você embarcando neste é mais conveniente porque não vai precisar trocar de transporte.)

㉒ □ 乗り場 (F arrêt S plataforma P ponto de embarque)

▶バス乗り場、新幹線乗り場

(F arrêt de bus, terminal du Shinkansen S plataforma de autobús, plataforma de tren bala P Ponto de ônibus / Ponto de embarque do trem-bala)

㉓ □ ホーム (F quai S andén P plataforma)

▶駅のホームにも売店があります。

(F Il y a une échoppe sur le quai de la gare. S También hay tiendas en el andén de la estación. P Nas plataformas da estação também têm bilheterias.)

㉔ □ ～番線 (F quai N. S línea N.º P linha)

▶２番線の電車は、急行横浜行きです。

(F Le train en quai N.2 est à destination de Yokohama. S El tren de la línea N.º 2 es un tren exprés en dirección Yokohama. P O trem da linha 2 é um expresso para Yokohama.)

㉕ □ 切符（きっぷ） (F ticket, billet S billete, boleto P passagem)

▶切符売り場（うりば） (F point de vente de billets S taquilla de billetes/boletos P bilheteria)

㉖ □ チケット (F billet S ticket P ingresso)

★「切符」…主に乗り物に使われる。
「チケット」…映画やイベント、乗り物では新幹線や飛行機などに使われる。
"切符"…F s'utilise essentiellement pour les moyens de transport. "チケット"…F désigne les billets de cinéma, événements, et moyens de transports tels que les shinkansen et les avions.
"切符"…S se utiliza principalmente para vehículos. "チケット"…S se utiliza para películas y eventos, así como en el caso de vehículos para trenes bala o aviones, entre otros.
"切符"…P é usado principalmente para transportes; "チケット"…P é usado para cinemas ou eventos, além de ser usado também para trem-bala ou avião.

㉗ □ 改札（かいさつ） (F portillon d'accès S barrera de acceso P roleta da estação)

▶3時に駅（えき）の改札で会（あ）いましょう。
(F Retrouvons nous à 15h aux portiques de la gare. S Nos vemos a las 15:00 en la barrera de acceso de la estación. P Vamos nos encontrar às 3 horas na roleta da estação.)

㉘ □ 急行（きゅうこう） (F express S exprés P expresso)

㉙ □ 特急（とっきゅう） (F super-express S súper exprés P expresso especial)

㉚ □ 快速（かいそく） (F rapide S rápido P rápido)

▶この駅には快速は止（と）まりません。
(F Le train rapide ne s'arrête pas à cette gare. S El tren rápido no se detiene en esta estación. P Os trens rápidos não param nesta estação.)

㉛ □ 各駅（かくえき）／各駅停車（かくえきていしゃ） (F train local (qui s'arrête à chaque gare) S local P parador) 同普通列車（ふつうれっしゃ）

▶各駅だと、1時間以上（じかんいじょう）かかります。
(F Cela prend plus d'une heure si vous prenez un train local. S El tren local tarda más de una hora. P Se for de parador, vai levar mais de 1 hora.)

㉜ □ 席(せき) (F place, siège S asiento P assento)

▶指定席(していせき)、自由席(じゆうせき)
(F sièges réservés, sièges non réservés S asiento reservado, asiento sin reservar P assento reservado, Assento não reservado)

▶お金(かね)がないから、自由席で行(い)きます。
(F Je n'ai pas d'argent, alors je vais y aller en siège non réservé S Como no tengo dinero, voy en un asiento sin reservar. P Eu vou de assento não reservado porque eu não tenho dinheiro.)

㉝ □ 道(みち) (F route (chemin) S carretera, camino P caminho)

▶住所(じゅうしょ)はわかるけど、道がわかりません。
(F Je connais l'adresse, mais je ne connais pas le chemin. S Conozco la dirección, pero no conozco el camino. P Eu sei o endereço, mas não sei o caminho.)

▶道がせまくて、車(くるま)が通(とお)れないみたいですね。
(F La route est si étroite qu'on dirait que les voitures ne peuvent pas passer. S La carretera es demasiado estrecha, parecen que los coches no pueden pasar. P O caminho é estreito e parece que o carro não vai passar.)

▶近道(ちかみち) (F raccourci S atajo P atalho)

㉞ □ 道路(どうろ) (F route S carretera P estrada)

▶新(あたら)しい道路ができたら、渋滞(じゅうたい)がかなり減(へ)るでしょう。
(F Une fois la nouvelle route terminée, il y aura probablement moins d'embouteillages. S Los atascos probablemente disminuirán cuando se haya completado la nueva carretera. P Novas estradas reduzirão consideravelmente o congestionamento no trânsito.)

▶高速道路(こうそくどうろ) (F autoroute S autopista P rodovia)

㉟ □ 通(とお)り (F route, rue S calle P rua)

▶～通(どお)り、大通(おおどお)り (F rue ~ , boulevard ~ S calle, avenida P rua..., avenida)

▶お店(みせ)はＡＢＣ通りにあります。
(F La boutique est sur la rue ABC. S La tienda está en la calle ABC. P A loja fica na rua ABC.)

▶この道をまっすぐ行(い)くと、大通りに出(で)ます。
(F Continuez tout droit sur cette route, vous arriverez à la rue principale. S Si sigue todo recto esta calle, saldrá por una gran avenida. P Indo em frente por esta rua, você sairá na avenida.)

★「通り」……人や車が通るための町の中の道。特に、店や建物が並ぶ道。「道路」……交通（特に車）のために作った道。
"通り"…F rue ou route en ville où passent les gens et les voitures, souvent bordée de magasins et de bâtiments. "道路"…F route faite pour la ciculation (des voitures). "通り"…S Se refiere a una vía que recorre el medio de la ciudad para el paso de personas y automóviles. En especial se refiere a aquellas vías en la que se alinean tiendas y edificios. S "道路"…Una vía creada especialmente para el tráfico (en especial para automóviles). P "通り(Rua)" é por onde pessoas e carros passam. Principalmente, estradas alinhadas com lojas e edifícios. P "道路(Estrada)" é feita para tráfego (especialmente carros).

㊱ □ 交差点（こうさてん）（F croisement S cruce P cruzamento）

▶すみません、地下鉄（ちかてつ）の入り口（いりぐち）はどこでしょうか。
——この先（さき）の交差点にありますよ。
（F Excusez-moi, où est l'entrée du métro? —— Elle se trouve au prochain croisement.
S Perdone, ¿dónde está la entrada al metro? —— Está en el cruce siguiente.
P Com licença, onde fica a entrada do metrô? —— Fica no cruzamento à frente.）

㊲ □ 角（かど）（F coin S esquina P esquina, canto）

▶四つ角（よつかど）（F carrefour S cruce de caminos P Cruzamento）

㊳ □ 信号（しんごう）（F feu de signalisation S semáforo P semáforo, sinal）

㊴ □ 踏切（ふみきり）（F passage à niveau S paso a nivel P travessia ferroviária）

㊵ □ 駐車場（ちゅうしゃじょう）（F parking S aparcamiento P estacionamento）

㊶ □ 橋（はし）（F pont S puente P ponte）

㊷ □ 歩道橋（ほどうきょう）（F passerelle S puente peatonal P passarela）

㊸ □ トンネル（F tunnel S túnel P túnel）

44 □ 港(みなと) (F port S puerto P porto)

45 □ 空港(くうこう) (F aéroport S aeropuerto P aeroporto)

46 □ 遅(おく)れる (F être retardé S retrasarse P atrasar)

▶電車(でんしゃ)が遅れて、遅刻(ちこく)してしまった。
(F Le train était retardé, donc je suis arrivé(e) en retard. S El tren se retrasó, así que llegué tarde.
P Acabei me atrasando por causa do atraso do trem.)

47 □ 乗(の)り遅(おく)れる (F manquer S perder (un medio de transporte) P perder o embarque)

▶飛行機(ひこうき)に乗り遅れたら、困(こま)ります。
(F Nous aurons de gros ennuis si nous manquons l'avion. S Será un gran problema si perdemos el avión. P Eu vou estar em apuros se perder o embarque no avião.)

48 □ 出発(しゅっぱつ)(する) (F partir S salir, partir P partida)

▶あしたは何時(なんじ)に出発しますか。
(F À quelle heure partez-vous demain? S ¿A qué hora sales mañana?
P A que horas você partirá amanhã?)

49 □ 着(つ)く (F arriver S llegar P chegada)

▶東京(とうきょう)へは何時(なんじ)ごろに着きますか。
(F Vers quelle heure arrivez-vous à Tokyo? S ¿A qué hora llegas a Tokio?
P A que horas você chegará em Tóquio?)

50 □ 止(と)まる (F s'arrêter S parar (intr.) P parar)

▶電車(でんしゃ)が急(きゅう)に止まって、びっくりしました。
(F J'ai été surpris(e) quand le train s'est arrêté soudainement.
S Me asusté cuando el tren se detuvo repentinamente.
P Eu me assustei com a parada brusca do trem.)

51 □ 止める／停める (F garer S parar, aparcar (tr.) P estacionar, parar)

とめる / とめる

▶ここに自転車を止めないでください。

(F Ne garez pas votre vélo ici. S No aparques tu bicicleta aquí. P Não estacione a bicicleta aqui.)

52 □ 運転(する) (F conduire S conducir P conduzir, dirigir)

うんてん

53 □ ～目 (F ème S o (número ordinal) P ...(números ordinais))

め

▶「元町」は、ここから３つ目です。

(F "Motomachi" est le 3ème arrêt à partir d'ici. S "Motomachi" es la tercera parada desde aquí. P "Motomachi",daqui deste lugar,é a terceira parada.)

54 □ 通る (F passer par S pasar, atravesar P passar)

とお

▶このバスは「さくら公園」を通りますか。

(F Est-ce que ce bus passe par "Parc Sakura"? S ¿Este autobús pasa por "parque Sakura"? P Este ônibus passa pelo "Parque Sakura"?)

▶この細い道を通って行くんですか。

(F Vous passez par ce chemin étroit? S ¿Vas a pasar atravesando esta estrecha senda? P Nós vamos passar por este caminho estreito?)

55 □ 曲がる (F tourner S girar (a izquierda/derecha) P virar, dobrar)

ま

▶駅はどこですか。 ―あの角を左に曲がるとすぐです。

(F Où est la gare? ― C'est tout de suite après avoir tourné à gauche au coin. S ¿Dónde está la estación? ― Está justo girando a la izquierda en esa esquina. P Onde fica a estação? ― Você vira naquela esquina à esquerda e segue reto.)

56 □ 渡る (F traverser S cruzar P atravessar)

わた

▶道路を渡る時、車に気をつけてください。

(F Faites attention aux voitures lorsque vous traversez la route. S Ten cuidado con los coches cuando cruces la carretera. P Tenha cuidado com os carros quando atravessar a rua.)

自転車
じてんしゃ

車／自動車
くるま　じどうしゃ

バス

電車
でんしゃ

トラック

飛行機
ひこうき

船
ふね

駐車場
ちゅうしゃじょう

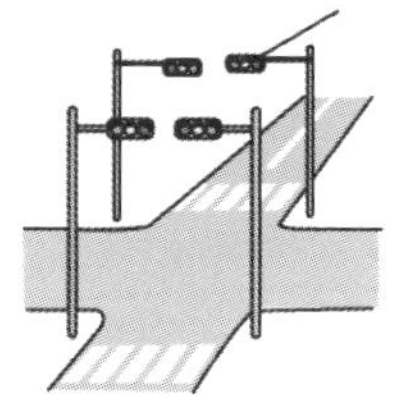

交差点／信号
こうさてん　しんごう

16

UNIT 8

街（まち）

(F Ville S Ciudades P Cidade)

❶ □ 町（まち/ちょう） (F ville S ciudad, barrio P cidade)

市·町·村と区別され、「町」は、「市」より小さく、「村」より大きい。
(F Les villes et villages sont classés en 市, 町 ou 村. “町” est plus petit que “市” et plus grand que “村”. S Las ciudades y pueblos son clasificados en “市”, 町 o “村”, siendo “町” de menor tamaño que 市 y de mayor tamaño que 村. P Há diferença entre Shi, Machi, Mura: “町” é menor do que “市”, mas é maior do que “村”.)

❷ □ 街（まち/がい） (F ville S ciudad, distrito P cidade, área)

▶学生街（がくせいがい） (F quartier étudiant S distrito estudiantil P área de estudantes)
▶オフィス街 (F quartier de bureaux S distrito de oficinas P área de escritórios)

★店が多く、にぎやかなところに使うことが多い。
F Désigne souvent un quartier animé où se trouvent beaucoup de commerces. S Se utiliza a menudo para aquellas zonas bulliciosas con un montón de tiendas y restaurantes. P É frequentemente usado em locais com muitas lojas ou lugares agitados.

❸ □ 銀行（ぎんこう） (F banque S banco P banco)

❹ □ 銀行員（いん） (F employé de banque S empleado de banca P funcionário do banco)

❺ □ 郵便局（ゆうびんきょく） (F bureau de poste S oficina de correos P correios)

❻ □ レストラン (F restaurant S restaurante P restaurante)

▶この階（かい）には、レストランはありませんね。
(F Il n'y a pas de restaurant à cet étage. S No hay restaurantes en esta planta. P Não tem restaurante neste andar.)

❼ □ 食堂（しょくどう） (F cantine S comedor P refeitório)

❽ □ 学生（がくせい）食堂 (F cafétéria étudiante S comedor de estudiantes P refeitório para estudantes)

❾ □ 社員（しゃいん）食堂 (F cafétéria des employés S comedor de empleados P refeitório para funcionários)

⑩ □ 喫茶店（きっさてん） (F café S cafetería P cafeteria)

▶駅前（えきまえ）の喫茶店で打（う）ち合（あ）わせをしました。
(F Nous nous sommes donné rendez-vous au café en face de la gare. S Tuve una reunión en la cafeteróa ìe enfrente de la estación. P Eu tive uma reunião em uma cafeteria em frente à estação.)

⑪ □ カフェ (F café S cafetería P cafeteria)

▶インターネットカフェ (F cybercafé S café con internet P cibercafé)
▶おしゃれなカフェですね。ここでちょっと休（やす）みましょうか。
(F Ce café est vraiment coquet. On s'y repose un peu? S Qué café tan moderno. ¿Qué tal si descansamos un rato? P Que cafeteria chique! Vamos entrar um pouco?)

⑫ □ ファーストフード店（てん） (F fast-food S cadena de comida rápida P Loja de fast-food.)

⑬ □ ファーストフード (F fast-food S comida rápida P fast-food)
▶時間（じかん）がないから、その辺（へん）のファーストフードのお店（みせ）にしよう。
(F Nous n'avons pas le temps, alors allons dans un fast-food près d'ici. S No tenemos tiempo, vayamos a cualquier sitio de comida rápida por aquí cerca. P Já que a gente não tem muito tempo, vamos comer em um fast-food.)

⑭ □ スーパー／スーパーマーケット (F supermarché S súper, supermercado P mercado, supermercado)

⑮ □ コンビニ (F supérette S tienda de conveniencia P loja de conveniência) 同コンビニエンスストア

⑯ □ ～屋（や） (F magasin de S tienda de P loja de ...)

⑰ □ パン屋 (F boulangerie S panadería P padaria)

⑱ □ 本屋（ほんや） (F librairie S librería P livraria)

⑲ □ 薬屋（くすりや）（F pharmacie S farmacia P drogaria）

⑳ □ 同 薬局（やっきょく）（F pharmacie S farmacia P farmácia）

㉑ □ 同 ドラッグストア（F droguerie S droguería P drogaria）

㉒ □ 花屋（はなや）（F fleuriste S floristería P florista）

㉓ □ 電気店（でんきてん）（F magasin d'électronique S tienda de artículos eléctricos P loja de eletrônicos） 同 電気屋 電器屋

㉔ □ 不動産屋（ふどうさんや）*（F agent immobilier S inmobiliaria P imobiliária）

㉕ □ 店（みせ）（F magasin S tienda P loja）

▶そのお店（みせ）は、どこに あるんですか。

（F Où se trouve ce magasin? S ¿Dónde está esa tienda? P Onde fica essa loja?）

★店の呼び方には、「～屋」「～店」「～ショップ」がある。
F Les magasins sont appelés "～屋", "～店"ou "～ショップ". S Hay múltiples formas de llamar a una tienda "～屋" "～店" o "～ショップ". P Tem várias formas de dizermos loja; por exemplo: "...屋", "...店", "...ショップ".

㉖ □ 商店街（しょうてんがい）（F rue commerçante S calle comercial P área de concentração de lojas）

▶その 店は、さくら商店街の 中（なか）に あります。

（F Le magasin est situé dans la rue commerçante Sakura. S Esa tienda está en la calle comercial Sakura. P Essa loja fica na área de Sakura.）

㉗ □ 病院（びょういん）（F hôpital S hospital P hospital）

㉘ □ 歯医者（はいしゃ）（F dentiste S dentista P dentista）

▶あしたは 歯医者に 行かなければ なりません。

（F Je dois aller chez le dentiste demain. S Mañana tengo que ir al dentista P Eu tenho que ir ao dentista amanhã.）

㉙ □ 美容院（びよういん） (F salon de coiffure S peluquería, salón de belleza P salão de beleza)

▶美容院は予約（よやく）した？

(F As-tu réservé le salon de coiffure? S ¿Reservaste en la peluquería?
P Você marcou o salão de beleza?)

㉚ □ マンション (F appartement S apartamento P apartamento)

▶もう少（すこ）し広（ひろ）いマンションに引（ひ）っ越（こ）したいです。

(F Je veux déménager dans un appartement un peu plus grand. S Me quiero mudar a un apartamento un poco más grande. P Eu quero me mudar para um apartamento maior.)

㉛ □ アパート (F appartement S apartamento P apartamento)

▶学生（がくせい）の時（とき）は、古（ふる）くて小（ちい）さいアパートに住（す）んでいました。

(F Quand j'étais étudiant, je vivais dans un vieil appartement tout petit. S Cuando era estudiante vivía en un apartamento viejo y pequeño. P Eu morava em um apartamento velho e pequeno quando era estudante universitário.)

㉜ □ 家（いえ/うち） (F maison S casa P casa)

▶どんな家（いえ）に住（す）みたいですか。

(F Dans quel genre de maison voulez-vous vivre? S ¿En qué clase de casa te gustaría vivir?
P Que tipo de casa você quer morar?)

▶家に電話（でんわ）しないといけません。

(F Je dois téléphoner à la maison. S Debo llamar a mi casa. P Eu não posso deixar de ligar para casa.)

▶今度（こんど）、家（うち）に遊（あそ）びに来（き）て。

(F Viens à la maison la prochaine fois. S Espero que visites mi casa la próxima vez.
P Da próxima vez, venha até a minha casa.)

㉝ □ 警察（けいさつ） (F police S policía P polícia)

▶警察に連絡（れんらく）したほうがいいですよ。

(F Vous devriez contacter la police. S Deberías contactar a la policía. P É melhor você comunicar a polícia.)

㉞ □ 警察官（かん） (F policier S agente de policía P policial)

㉟ □ おまわりさん (F policier S agente de policía P policial)

㊱ □ 交番（こうばん） (F poste de police S comisaría de policía P guarita policial)

▶場所（ばしょ）、よくわからないですね。
——あそこに交番があるから、聞（き）いてみましょう。
(F Je ne sais pas où c'est. — Il y a un poste de police là-bas, allons demander. S No estoy seguro dónde es. — Hay una comisaría de policía cerca, preguntemos. P Eu não conheço bem o lugar. — Logo ali tem uma guarita policial e você pode perguntar lá.)

㊲ □ 役所（やくしょ） (F bureau du gouvernement S oficina gubernamental P repartição do governo)

▶市（し）役所 (F hôtel de ville S ayuntamiento P prefeitura)

㊳ □ 大使館（たいしかん） (F ambassade S embajada P embaixada)

㊴ □ 公園（こうえん） (F parc S parque P parque)

㊵ □ ベンチ (F banc S banco (para sentarse) P banco)

▶あそこのベンチでちょっと休（やす）まない？
(F Tu ne veux pas te reposer un peu sur le banc là-bas? S ¿Descansamos un momento en ese banco? P Vamos sentar um pouco naquele banco?)

㊶ □ 図書館（としょかん） (F bibliothèque S biblioteca P biblioteca)

㊷ □ スポーツジム／ジム (F salle de sport, gym S gimnasio P academia de ginástica)

㊸ □ 神社（じんじゃ） (F sanctuaire S santuario sintoísta P santuário)

㊹ □ 寺（てら） (F temple S templo budista P templo)

㊺ □ デパート (F grand magasin S grandes almacenes P loja de departamentos)

㊻ □ 映画館(えいがかん) (F cinéma S cine P cinema)

㊼ □ 美術館(びじゅつかん) (F musée S museo de arte P museu)

㊽ □ 駅(えき) (F gare, station S estación P estação)

㊾ □ 駅前(まえ) (F devant la gare S zona de delante de la estación P em frente à estação)

▶ATM なら、駅前にいくつかありますよ。

(F Il y a plusieurs distributeurs automatiques de billets devant la gare. S Hay algunos cajeros en la zona de delante de la estación. P Se for caixa eletrônico, tem muitos em frente à estação.)

㊿ □ ホテル (F hôtel S hotel P hotel)

51 □ 売店(ばいてん) (F échoppe S quiosco, puesto P loja)

▶駅の売店でも売ってます。

(F Ils sont également vendus dans les échoppes des gares. S Los venden también en el quiosco de la estación. P Vende até em banca da estação.)

52 □ ビル (F immeuble S edificio P prédio)

53 □ 駅(えき)ビル (F bâtiment de gare S edificio de la estación P prédio da estação)

▶駅ビルにパン屋ができたそうです。

(F Il paraît qu'une boulangerie a ouvert dans le bâtiment de la gare. S Han abierto una panadería en el edifico de la estación. P Parece que inaugurou uma padaria no prédio da estação.)

54 □ 駐車場(ちゅうしゃじょう) (F parking S aparcamiento P estacionamento)

55 □ 会社(かいしゃ) (F société S empresa P empresa)

▶会社員(いん) (F employé(e) de bureau S empleado de empresa P funcionário da empresa)

56 □ 工場(こうじょう) (F usine S fábrica P fábrica)

▶あした、ビール工場を見学(けんがく)します。
(F Demain nous visitons une usine de bière. S Mañana iré de visita a la fábrica.
P Amanhã vou visitar uma cervejaria.)

57 □ 空港(くうこう) (F aéroport S aeropuerto P aeroporto)

▶空港までどうやって行(い)きますか？
(F Comment allez-vous à l'aéroport? S ¿Cómo se va al aeropuerto? P Como eu vou para o aeroporto?)

58 □ パン屋(や) (F boulangerie S panadería P padaria)
59 □ 八百屋(やおや) (F marchand de fruits et légumes S verdulería P verdureiro)
60 □ くだもの屋 (F marchand de fruits S frutería P loja de frutas)
61 □ 肉屋(にく) (F boucherie S carnicería P açougue)
62 □ 魚屋(さかな) (F poissonnerie S pescadería P peixaria)
63 □ 酒屋(さか) (F magasin d'alcool S licorería P loja de bebidas)
64 □ 寿司屋(すし) (F restaurant de sushi S restaurante de sushi P restaurante de sushi)
65 □ 牛丼屋(ぎゅうどん) (F restaurant de gyūdon S restaurante de gyudon P restaurante de "gyudon")
66 □ 文具店(ぶんぐてん)／文房具屋(ぶんぼうぐや) (F papeterie S papelería P papelaria)
67 □ くつ屋 (F magasin de chaussures S zapatería P sapataria)
68 □ クリーニング屋 (F pressing S tintorería P lavanderia)
69 □ コインランドリー (F laverie automatique S lavandería autoservicio P lavanderia de moedas)
70 □ 床屋(とこや) (F barbier S barbero P barbeiro)
71 □ カメラ屋 (F magasin d'appareils photo S tienda de fotografía P loja de câmeras)
72 □ めがね屋／メガネ屋 (F opticien S óptica P ótica)
73 □ スポーツ用品店(ようひんてん) (F magasin d'articles de sport S tienda de productos de deportes P loja de esportes)
74 □ ＣＤショップ (F magasin de CD S tienda de CD P loja de CDs)
75 □ レンタルショップ (F magasin de location S tienda de alquiler P lojas que emprestam alguma coisa)
76 □ 携帯(けいたい)ショップ (F magasin de téléphones portables S tienda de telefonía móvil P loja de celulares)
77 □ 古本屋(ふるほんや) (F librairie d'occasion S tienda de libros de segunda mano P sebo)

公園
こうえん

ベンチ

交番
こうばん

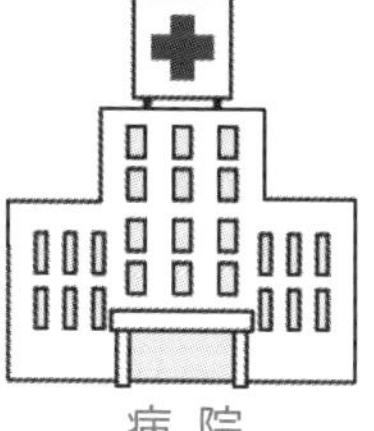

病 院
びょういん

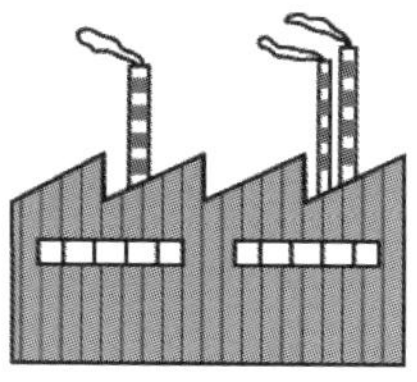

工 場
こうじょう

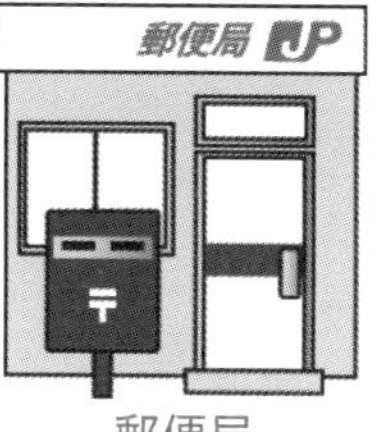

郵便局
ゆうびんきょく

17

建物 たてもの

(F Immeubles S Edificio P Prédio)

❶ □ 建物 (F immeuble S edificio P prédio)

❷ □ 建てる（た） (F construire S edificar P construir)

❸ □ 建つ (F être construit(e) S edificarse P construido)

❹ □ 入口（いりぐち） (F entrée S entrada P entrada)

❺ □ 出口（でぐち） (F sortie S salida P saída)

❻ □ 玄関（げんかん） (F vestibule S zaguán P entrada)

❼ □ ロビー (F lobby S vestíbulo P lobby)

❽ □ 受付（うけつけ） (F réception S recepción P recepção)

❾ □ 階段（かいだん） (F escaliers S escaleras P andar)

❿ □ エスカレーター (F escalator S escaleras mecánicas P escada rolante)

⓫ □ エレベーター (F ascenseur S ascensor P elevador)

⓬ □ ろうか (F couloir S pasillo P corredor)

⓭ □ 非常口（ひじょうぐち） (F sortie de secours S salida de emergencia P saída de emergência)

18

UNIT 10

自然 しぜん (F Nature S Naturaleza P Natureza)

❶ □ 自然（しぜん） (F nature S naturaleza P natureza)

▶短（みじか）い間（あいだ）でしたが、北海道（ほっかいどう）の自然を楽（たの）しむことができました。
(F C'était court, mais j'ai pu profiter de la nature d'Hokkaido. S Aunque estuvimos poco tiempo, pudimos disfrutar de la naturaleza de Hokkaido. P Embora tenha sido por pouco tempo, pude apreciar a natureza de Hokkaido.)

▶子（こ）どものころ、アメリカに住（す）んでいたので、英語（えいご）は自然に覚（おぼ）えました。
(F Enfant, j'habitais aux États-Unis, j'ai donc appris l'anglais naturellement. S Viví en Estados Unidos cuando era niño, por lo que aprendí inglés de forma natural. P Eu aprendi o inglês,naturalmente, porque morei nos Estados Unidos quando era criança.)

❷ □ 山（やま/さん） (F montagne S montaña, monte P montanha, monte)

▶富士山（ふじさん） (F mont Fuji S monte Fuji P monte Fuji)

❸ □ 川（かわ） (F rivière S río P rio)

❹ □ 海（うみ） (F mer S mar P mar)

❺ □ 波（なみ） (F vague S ola P onda)

❻ □ 海岸（かいがん） (F côte S costa P praia)

❼ □ 空（そら） (F ciel S cielo P céu)

❽ □ 雲（くも） (F nuage S nube P nuvem)

⑨ ☐ 太陽（たいよう） (F soleil S sol P sol)

⑩ ☐ 同 日（ひ）

⑪ ☐ 月（つき） (F lune S luna P lua)

⑫ ☐ 星（ほし） (F étoile S estrella P estrela)

⑬ ☐ 宇宙（うちゅう） (F univers S espacio P espaço)

⑭ ☐ 湖（みずうみ） (F lac S lago P lagoa)

⑮ ☐ 池（いけ） (F étang S estanque P lago)

⑯ ☐ 島（しま） (F île S isla P ilha)

⑰ ☐ 森（もり） (F forêt S bosque P floresta)

⑱ ☐ 林（はやし） (F bois (petite forêt) S arboleda P floresta)

⑲ ☐ 石（いし） (F pierre S piedra P pedra)

⑳ ☐ 砂（すな） (F sable S arena P areia)

㉑ ☐ 丘（おか） (F colline S colina P colina)

19

UNIT 11

教育・学校 (F Éducation, École S Educación, Escuela P Educação, Escola)
きょういく　がっこう

❶ □ 学校 (F école S escuela P escola)
がっこう

❷ □ 小学校 (F école primaire S escuela primaria P escola primária)
しょうがっこう

❸ □ 小学生 (F élève de primaire S estudiante de primaria P estudante do primário)
しょうがくせい

❹ □ 中学校 (F collège S escuela secundaria P escola ginasial)
ちゅうがっこう

❺ □ 中学生 (F collégien(ne) S estudiante de secundaria P estudante do ginásio)
ちゅうがくせい

❻ □ 高校 (F lycée S instituto de bachillerato P escola do ensino médio)
こうこう

❼ □ 高校生 (F lycéen(ne) S estudiante de bachillerato P estudante do ensino médio)
こうこうせい

❽ □ 大学 (F université S universidad P universidade)
だいがく

❾ □ 大学生 (F étudiant à l'université S estudiante universitario P universitário)
だいがくせい

❿ □ 大学院 (F troisième cycle S escuela de posgrado P escola de pós-graduação)
だいがくいん

⓫ □ 学生 (F élève, étudiant S estudiante P estudante)
がくせい

▶妹は働いていますが、弟はまだ学生です。
いもうと はたら　おとうと

(F Ma petite sœur travaille déjà, mais mon petit frère est encore étudiant.

S Aunque mi hermana menor trabaja, mi hermano menor es todavía estudiante.

P Minha irmã trabalha, mas meu irmão é estudante.)

⓬ □ 生徒（F élève S alumno P aluno）
せいと

▶彼女も、この料理教室の生徒です。
(F Elle aussi est une élève de cette école de cuisine. S Ella también es alumna de esta clase de cocina. P Ela também é aluna do curso de culinária.)

⓭ □ 教師（F professeur S maestro, profesor P professor）
きょうし

▶日本語教師（F professeur de japonais S profesor de japonés P professor de japonês）

⓮ □ 先生（F professeur S maestro, profesor P professor）
せんせい

★「教師」…学校などで、職業として学問の指導をしている人。「先生」…高い知識や技術を持つ人、指導する立場の人などに使う（例：教師、医者、作家など）。尊敬の気持ちを表す。
F "教師" est utilisé pour désigner des personnes dont la profession est d'enseigner, pricipalement en école."先生" est plus une marque de respect qui s'adresse à des personnes dont le statut implique un haut niveau technique ou de connaissances (Ex.: enseignant, docteur, écrivain). S "教師"...Persona cuyo trabajo es facilitar el aprendizaje en una escuela u otra institución. "先生"...Se usa para referirse a personas con un alto nivel de conocimiento o maestría, o alguien en una posición de liderazgo (p. ej. profesores, médicos, escritores, etc.). Expresa un sentimiento de respeto. P "教師" é uma pessoa que ensina academicamente como profissão em uma escola ou algo semelhante."先生" é usado para pessoas com alto conhecimento e habilidades, para quem é instrutor (por exemplo, professores, médicos, escritores, etc.). Esta palavra expressa respeito.

⓯ □ 教授（F professeur S profesor universitario P professor）
きょうじゅ

⓰ □ ～年生（F en ~ème année S estudiante de ~.o año P aluno do (número ordinal) ano）
ねんせい

★4年生は「よねんせい」と読む。

⓱ □ 図書館（F bibliothèque S biblioteca P biblioteca）
としょかん

⓲ □ 図書室（F bibliothèque S sala biblioteca P sala de leitura）
としょしつ

⓳ □ 教室（F école, salle de classe S aula P sala de aula）
きょうしつ

▶土曜日は、市の日本語教室に通っています。
(F Le samedi, je me rends à l'école publique de japonais de ma ville. S Los sábados voy a las clases de japonés organizadas por el ayuntamiento. P Eu frequento as aulas de japonês da cidade aos sábados.)

▶ダンス教室（F école de danse S academia de baile P aulas de dança）

⑳ □ 寮 (F internat, dortoir S residencia de estudiantes P alojamento)
りょう

㉑ □ 体育館 (F gymnase S gimnasio P ginásio)
たいいくかん

㉒ □ 授業 (F cours S clase P aula)
じゅぎょう

▶これから森先生の授業に出ます。
もりせんせい で
(F Je vais assister au cours du professeur Mori. S Ahora después tengo la clase de Mori-sensei.
P Eu vou assistir a aula do professor Mori agora.)

▶授業料 (F frais de scolarité S tasas de matrícula P preço da aula)
りょう

㉓ □ 教える (F enseigner S enseñar P ensinar)
おし

▶国に帰ったら、子供たちに日本語を教えたい。
くに かえ こども にほんご
(F Après être rentré dans mon pays, je souhaite enseigner le japonais aux enfants.
S Quiero enseñar japonés a los niños cuando regrese a mi país.
P Quando eu voltar ao meu país, eu quero ensinar japonês para as crianças.)

▶すみません、やり方／住所を教えてもらえませんか。
かた じゅうしょ
(F Excusez-moi, pouvez-vous m'apprendre comment faire, m'indiquer l'adresse?
S Perdone, ¿me podría indicar cómo se hace esto, la dirección?
P Com licença, você poderia me ensinar o endereço e como eu faço para ir?)

㉔ □ 学ぶ (F étudier S aprender, estudiar P aprender)
まな

▶大学で法律を学んでいます。
だいがく ほうりつ
(F J'étudie le droit à l'université. S Estoy estudiando derecho en la universidad.
P Estou aprendendo leis na universidade.)

㉕ □ 習う (F apprendre S aprender, estudiar P aprnder)
なら

▶日本の料理を習ってみたいです。
にほん りょうり なら
(F J'aimerais apprendre la cuisine japonaise. S Me gustaría aprender cocina japonesa.
P Eu gostaria de aprender a fazer comida japonesa.)

㉖ □ 勉強(する) (F devoirs, étudier S estudio P estudo)
べんきょう

▶日本語を勉強しています。
にほんご
(F J'étudie le japonais. S Estoy estudiando japonés. P Estou estudando japonês.)

㉗ □ 入学(する) (F entrer à ~ S acceso, matrícula P ingressar)

にゅうがく

▶大学に入学する

だいがく

(F entrer à l'université S acceder a la universidad P Eu vou ingressar na universidade.)

㉘ □ 卒業(する) (F finir ~ S graduación P formar-se)

そつぎょう

▶大学を卒業する

(F finir l'université S graduarse de la universidad P Eu vou me formar na universidade.)

㉙ □ 研究(する) (F recherche S investigación P estudo)

けんきゅう

▶大学院で日本の文化を研究しています。

だいがくいん　ぶんか

(F Je fais de la recherche en culture japonaise en troisième cycle.

S Estoy investigando acerca de la cultura japonesa en la escuela de posgrado.

P Eu estou estudando sobre a cultura do Japão na pós-graduação.)

㉚ □ クラス (F classe S clase P turma)

▶わたしたちは同じクラスです。

おな

(F Nous sommes dans la même classe. S Nosotros estamos en la misma clase.

P Nós somos da mesma turma.)

▶クラスメート (F camarade de classe S compañero de clase P colega de turma)

㉛ □ 教育(する) (F éducation, éduquer S educación P educar)

きょういく

▶若い人をもっと教育しなければならない。

わか　ひと

(F Il faut mieux éduquer les jeunes. S Debemos educar más a los jóvenes.

P Nós temos que educar mais os jovens.)

▶教育に問題があると思います。

もんだい　おも

(F Je pense qu'il y a un problème d'éducation. S Creo que hay un problema en el sistema de educación. P Eu acho que existem muitos problemas na educação.)

UNIT 12

20

趣味・芸術・スポーツ (F Passions, Arts, Sports S Afición, Arte, Deporte P Passatempo, Arte, Esportes)

しゅみ げいじゅつ

❶ □ 趣味 (F passion S afición, pasatiempo P passatempo)

▶私はお菓子をつくるのが趣味です。
わたし かし
(F Ma passion est de faire des gâteaux. S Mi afición es preparar dulces.
P Meu passatempo é fazer doces.)

❷ □ 映画 (F cinéma S cine P filme)
えいが

❸ □ 音楽 (F musique S música P música)
おんがく

❹ □ 絵 (F dessin S dibujo P desenho)
え

▶昔から絵をかくのが好きなんです。
むかし す
(F J'ai toujours adoré dessiner. S Desde siempre me ha gustado dibujar.
P Eu sempre gostei de desenhar.)

❺ □ 写真 (F photographie S fotografía P fotografia)
しゃしん

❻ □ 写真を撮る (F prendre des photos S tomar fotografías P fotografar)
と

▶ここで写真を撮りましょう。
(F Prenons une photo ici! S Tomemos unas fotografías aquí. P Vamos tirar uma foto aqui.)

❼ □ 歌う (F chanter S cantar P cantar)
うた

❽ □ 歌 (F chanson S canción P canto)

❾ □ 踊(おど)る (F danser S bailar P dançar)

❿ □ 踊り (F danse S baile P dança)

▶私(わたし)は歌も踊りも苦手(にがて)なんです。
(F Je ne suis à l'aise ni en chant ni en danse. S No se me da bien ni cantar ni bailar.
P Eu sou ruim tanto em canto como em dança.)

⓫ □ ダンス (F danse S baile P dançar)

▶見(み)て。あの鳥(とり)、ダンスをしているみたい。
(F Regarde cet oiseau, on dirait qu'il danse. S ¡Mira! Ese pájaro parece que estuviera bailando.
P Olha! Parece que aquele cavalo está dançando.)

⓬ □ ジャズ (F jazz S jazz P jazz)

⓭ □ ポップス (F variété S pop P popular)

▶日本(にほん)のポップスにも興味(きょうみ)があります。
(F Je suis aussi intéressé par la variété japonaise. S También me interesa el pop japonés.
P Eu também tenho interesse pela música popular japonesa.)

⓮ □ ロック (F rock S rock P rock)

⓯ □ クラシック (F musique classique S música clásica P música clássica)

⓰ □ レコード (F disque S disco P disco)

⓱ □ ＣＤ (F CD S CD P CD)

▶友達(ともだち)にジャズのＣＤを借(か)りました。
(F J'ai emprunté un CD de jazz à un(e) ami(e). S Mi amigo me prestó un CD de jazz.
P Eu peguei um CD de jazz emprestado com meu amigo.)

⑱ □ ピアノ (F piano S piano P piano)

⑲ □ ギター (F guitare S guitarra P guitarra)

⑳ □ 楽器(がっき) (F instrument de musique S instrumento musical P instrumento musical)

㉑ □ 弾く(ひく) (F jouer (d'un instrument) S tocar (un instrumento musical) P tocar)

▶石井(いしい)さん、ピアノが弾けるんですか。いいですね。
(F M.(Mme) Ishii, vous jouez du piano? C'est super! S Ishii-san, ¿puedes tocar el piano? ¡Qué bueno! P Ishii-San, você toca piano? Que legal!)

㉒ □ カラオケ (F karaoke S karaoke P karaoke)

▶土曜(どよう)の夜(よる)、みんなでカラオケに行(い)かない?
(F Pourquoi on n'irait pas tous au karaoké samedi soir? S ¿Por qué no vamos todos juntos al karaoke la noche del sábado? P Vocês não querem ir ao karaoke no sábado à noite?)

㉓ □ 漫画(まんが) (F manga S manga P mangá)

▶日本人(にほんじん)は大人(おとな)も漫画を読(よ)むので、びっくりしました。
(F J'étais étonné que les adultes aussi lisent des mangas au Japon. S Me sorprendió que en Japón incluso los adultos leen manga. P Eu me assustei porque até os adultos japoneses leem mangá.)

㉔ □ アニメ (F dessin(s) animé(s) S anime P animê (desenhos animados japoneses))

▶日本(にほん)のアニメが好(す)きで、よく見(み)ます。
(F J'aime beaucoup les dessins animés japonais et en regarde souvent. S Me gusta el anime japonés. Lo veo a menudo. P Eu sempre assisto aos desenhos animados japoneses porque eu gosto muito.)

㉕ □ ゲーム (F jeu(x) vidéo(s) S videojuegos P jogo)

▶ひまなときは、たいていゲームをします。

(F Dès que j'ai du temps libre, en général je joue aux jeux vidéos. S En mi tiempo libre suelo jugar a videojuegos. P Geralmente, quando estou sem fazer nada, fico jogando.)

㉖ □ ジョギング (F jogging S salir a correr P caminhada)

▶毎朝(まいあさ)、家(いえ)の近(ちか)くをジョギングしています。

(F Tous les matins, je fais du jogging près de chez moi. S Todas las mañanas salgo a correr cerca de mi casa. P Todas as manhãs, eu faço uma caminhada perto de casa.)

㉗ □ 散歩(さんぽ)(する) (F promenade S pasear P passear, caminhar)

▶天気(てんき)がよかったので、近くの公園(こうえん)を散歩しました。

(F Comme il faisait beau, je me suis promené(e) dans le parc à côté.

S Como hacía buen tiempo, salí a pasear al parque de cerca de mi casa.

P O tempo estava bom, por isso fui caminhar no parque aqui perto.)

㉘ □ ハイキング (F randonnée S senderismo P subir as montanhas)

▶今度(こんど)、「たかお山(さん)」にハイキングに行(い)きませんか。

(F Pourquoi n'irions-nous pas en randonnée au "Mont Takao" prochainement? S ¿Qué tal si la próxima vez vamos a hacer senderismo al "Monte Takao"? P Da próxima vez, vamos subir o "Monte Takao"?)

㉙ □ 旅行(りょこう)(する) (F voyage S viaje P viagem)

▶どこか旅行に行きたいです。

(F J'ai envie de partir en voyage. S Me gustaría ir de viaje a algún lugar.

P Eu quero viajar para algum lugar.)

㉚ □ ツアー (F voyage organisé S recorrido turístico P passeio)

▶旅行会社(りょこうがいしゃ)で安(やす)くていいツアーを見(み)つけました。

(F J'ai trouvé un super voyage organisé pas cher dans une agence de voyages.

S He encontrado un buen y barato recorrido turístico en la agencia de viajes.

P Eu achei em uma agência de viagem um passeio bom e barato.)

㉛ □ 温泉（おんせん） (F source(s) chaude(s) S balneario onsen, aguas termales P água termais)

㉜ □ スポーツ (F sport(s) S deportes P esporte)

㉝ □ サッカー (F football S fútbol P futebol)

㉞ □ テニス (F tennis S tenis P tênis)

㉟ □ 野球（やきゅう） (F baseball S béisbol P beisebol)

㊱ □ ゴルフ (F golf S golf P golfe)

㊲ □ スキー (F ski S esquí P esqui)

㊳ □ 卓球（たっきゅう） (F tennis de table S tenis de mesa P tênis de mesa) 同ピンポン

㊴ □ 柔道（じゅうどう） (F judo S judo P judô)

㊵ □ 相撲（すもう） (F sumo S sumo P sumô)

㊶ □ 運動（うんどう） (F activité(s) sportive(s) S ejercicio P exercício físico)

UNIT 13

21

文房具
ぶんぼうぐ

(F Papeterie S Material de escritorio P Artigos de papelaria)

❶ □ 鉛筆（えんぴつ） (F crayon S lápiz P lápis)

❷ □ ペン (F stylo S bolígrafo P caneta)

❸ □ ボールペン (F stylo-bille S bolígrafo P caneta esferográfica))

❹ □ 万年筆（まんねんひつ） (F stylo plume S pluma estilográfica P caneta tinteiro)

❺ □ シャープペンシル/シャーペン (F porte-mine S portaminas P lapiseira)

❻ □ マーカー (F marqueur S rotulador P caneta permanente)

❼ □ ノート (F cahier S cuaderno P caderno)

❽ □ 手帳（てちょう） (F agenda S libreta P agenda)

❾ □ メモ(する) (F noter S tomar notas P anotar)

▶これから試験（しけん）のことを言（い）いますから、メモしてください。
(F Je vais donner des informations sur l'examen, prenez des notes. S Voy a hablar acerca del examen, por favor, tomen nota. P Anote porque a partir de agora falarei sobre assuntos relacionados à prova.)

▶しまった！ メモをなくしてしまった。
(F Mince! J'ai perdu mon mémo! S ¡Vaya! He perdido mis notas. P Que droga! Perdi as anotações.)

▶メモ帳 (F carnet de notes S bloc de notas P caderno de anotações)

⑩ □ 用紙(ようし) (F feuille S hoja de papel P papel)

▶コピー用紙、メモ用紙
(F papier photocopie, feuille mémo S hoja para copias, hoja para notas
P papel para fotocópias, papel para anotações)

⑪ □ 消(け)しゴム (F gomme S goma de borrar P borracha)

⑫ □ はさみ (F ciseaux S tijeras P tesoura)

⑬ □ カッター (F cutter S cúter P estilete)

⑭ □ クリップ (F pince S clip P clipe)

⑮ □ ふせん (F post-it S pósit P etiqueta adesiva)

⑯ □ 定規(じょうぎ) (F règle S regla graduada P régua)

⑰ □ インク (F encre S tinta P tinta)

▶もうすぐインクがなくなりそうです。
(F Il n'y aura bientôt plus d'encre. S Parece que se va a acabar pronto la tinta.
P Daqui a pouco a tinta vai acabar.)

⑱ □ しん (F mine(s), agrafe(s) S recambio P grafite)

▶シャーペン/ホッチキスのしん
(F mine de crayon (changeable), agrafe S recambio del portaminas, grapadora
P lapiseira, grampo para o grampeador)

⑲ □ 消(け)す （F effacer S borrar P apagar）

▶〈教室(きょうしつ)で、先生(せんせい)が〉これはもう消していいですか。

（F (Le professeur, en classe) C'est bon je peux effacer? S (El profesor en el aula) ¿Puedo ya borrar esto? P (O professor na sala de aula) Eu já posso apagar isto?）

⑳ □ 消(き)える （F s'effacer S borrar P sumir）

▶これを使(つか)うと、きれいに消えますよ。

（F Cela s'efface facilement en utilisant ceci. S Si usas esto, se borra perfectamente. P Se usar isto, some tudo.）

㉑ □ 切(き)る （F couper S cortar P cortar）

㉒ □ とめる （F fixer S grapar, pegar P juntar）

▶セロテープでとめる

（F fixer avec du scotch S pegar con cinta adhesiva P prender com o grampeador ou com a fita adesiva.）

㉓ □ 文房具(ぶんぼうぐ) （F papeterie S material de escritorio P artigos de papelaria）

はさみ

カッター

ボールペン

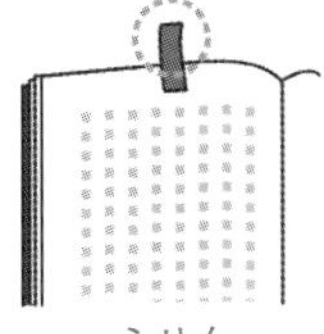
ふせん

シャーペン／しん

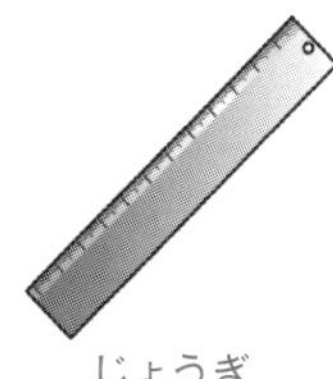
じょうぎ

22

UNIT 14

体 からだ (F Corps S Cuerpo P Corpo)

❶ □ 頭 あたま (F tête S cabeza P cabeça)

❷ □ 髪 かみ (F cheveux S pelo P cabeça)

▶髪を切ったんですか。似合いますね。
(F Vous vous êtes coupé les cheveux? Cela vous va bien! S ¿Te has cortado el pelo? Te queda muy bien. P Voê cortou o cabelo? Combina, né!)

▶髪型 かみがた (F coupe de cheveux S corte de pelo P penteado)

❸ □ 顔 かお (F visage S cara P rosto)

▶顔はよく覚えていません。
(F Je ne me souviens pas bien de son visage. S No me acuerdo bien de su cara. P Eu não me lembro bem do rosto.)

❹ □ 目 め (F œil, yeux S ojos P olho)

❺ □ 鼻 はな (F nez S nariz P nariz)

❻ □ 耳 みみ (F oreille(s) S orejas P orelha)

❼ □ 口 くち (F bouche S boca P boca)

❽ □ のど （F gorge S garganta P garganta）

▶ああ、のどが渇（かわ）いた。

（F Ah, j'ai soif. S Ah, tengo sed. P Estou com sede.）

❾ □ 歯（は） （F dent(s) S dientes P dentes）

▶歯を磨（みが）く （F se brosser les dents S lavarse los dientes P escovar os dentes）

❿ □ 体（からだ） （F corps S cuerpo P corpo）

⓫ □ 体にいい （F bon pour la santé S bueno para la salud P bom para a saúde）

▶これは体にいいから食（た）べて。

（F C'est bon pour la santé, alors mange! S Cómete esto, que es bueno para la salud.
P Coma isso porque é bom para a saúde.）

⓬ □ 首（くび） （F cou S cuello P pescoço）

⓭ □ 腕（うで） （F bras S brazo P braço）

⓮ □ 手（て） （F main S mano P mão）

▶重（おも）いから、両手（りょうて）で持（も）ったほうがいいですよ。

（F C'est lourd donc il vaut mieux le porter des deux bras. S Ya que pesa, deberías llevarlo con ambas manos. P É melhor segurar com as duas mãos porque está pesado.）

⓯ □ 指（ゆび） （F doigt(s) S dedos P dedo）

▶親指（おやゆび） （F pouce S pulgar P dedo polegar）

⓰ □ 胸（むね） （F torse S pecho P braço）

⑰ □ お腹（なか） (F ventre S estómago P estômago)

⑱ □ お腹が空（す）く (F avoir faim S tener hambre P estar com fome)

▶お腹が空きましたね。お昼（ひる）を食（た）べましょう。

(F J'ai faim! Allons déjeuner! S Me ha entrado hambre. Vayamos a almorzar. P Você também está com fome? Vamos almoçar.)

⑲ □ お腹がいっぱい (F être repu S estar lleno P estar satisfeito)

▶これはどうですか。おいしいですよ。
—いえ、もうお腹いっぱいです。

(F Et ça cela ne vous dit pas? C'est bon vous savez! — Merci mais je n'ai plus faim. S ¿Quieres probarlo? Está muy bueno. — No gracias, estoy lleno. P Que tal isto? — É muito bom.Não, obrigado (a). Estou satisfeito (a).)

⑳ □ お腹をこわす (F avoir mal au ventre S tener diarrea P estar com diarreia)

▶昨日（きのう）からお腹をこわしているんです。

(F J'ai mal au ventre depuis hier. S Tengo diarrea desde ayer. P Estou com diarreia desde ontem)

㉑ □ 足（あし） (F pied(s) S piernas, pies P pé)

▶あー、足が疲（つか）れた。ちょっと休（やす）まない？

(F Ah, j'ai mal aux pieds! Tu ne veux pas qu'on se repose un peu? S Ay, me duelen las piernas. ¿Descansamos un momento? P Ah, estou com o pé doendo. Vamos descansar um pouco?)

▶足のサイズはいくつですか。

(F Quelle est votre pointure? S ¿Qué tamaño de pie tienes? P Quanto você calça?)

㉒ □ ひげ (F barbe S barba P bigode)

▶ひげをそる (F se raser S afeitarse la barba P barbear-se)

㉓ □ 肩（かた） (F épaule(s) S hombros P ombro)

㉔ □ 背中（せなか） (F dos S espalda P costas)

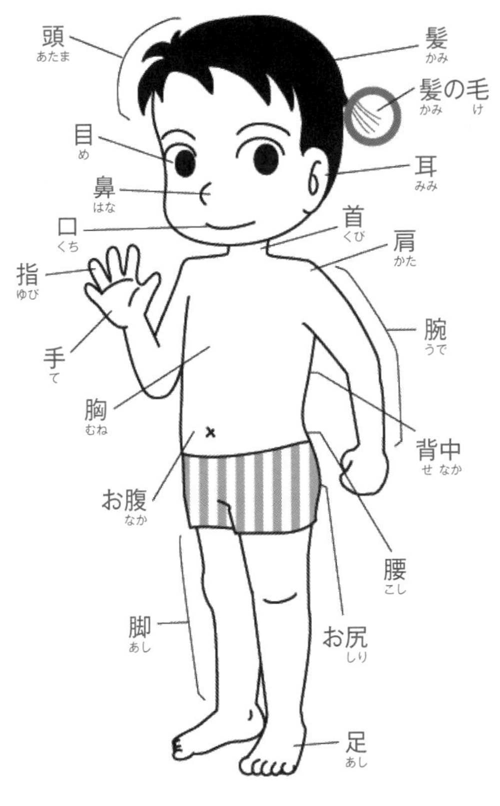
頭 あたま
髪 かみ
髪の毛 かみ け
目 め
耳 みみ
鼻 はな
口 くち
首 くび
肩 かた
指 ゆび
腕 うで
手 て
胸 むね
背中 せ なか
お腹 なか
腰 こし
脚 あし
お尻 しり
足 あし

23

UNIT 15

毎日の生活 まいにち せいかつ (F Vie quotidienne S Vida cotidiana P Cotidiano)

❶ □ 起きる お (F se lever S levantarse P levantar-se)

❷ □ 目が覚める め さ (F se réveiller S despertarse P acordar)

▶けさ、地震で目が覚めました。 じしん

(F Je me suis réveillé à cause du tremblement de terre ce matin. S Esta mañana, me despertó el terremoto. P Hoje de manhã eu acordei com o terremoto.)

❸ □ 目覚まし時計 ざ どけい (F réveil S despertador P despertador)

▶目覚ましをセットするのを忘れました。 わす

(F J'ai oublié de mettre mon réveil. S Se me olvidó configurar el despertador. P Eu esqueci de ligar o despertador.)

❹ □ 洗う あら (F (se) laver S lavar P lavar)

▶顔/食器を洗う かお しょっき

(F se laver le visage, laver la vaisselle S lavarse la cara, lavar los platos P lavar o rosto, a louça)

❺ □ 石けん せっ (F savon S jabón P sabonete)

❻ □ 洗剤 せんざい (F détergent (lessive, liquide vaisselle...) S detergente P sabão)

▶洗剤でよく洗ったほうがいい。

(F Vous devriez bien le laver avec du détergent. S Deberías lavarlo bien con detergente. P É melhor você lavar bem com sabão.)

❼ □ 散歩 さんぽ (F promenade S paseo P passeio)

❽ □ 犬の散歩(をする) いぬ

(F promener le chien S sacar a pasear al perro P passear com o cachorro)

▶毎朝、犬の散歩をしています。 まいあさ

(F Tous les matins, je promène mon chien. S Todas las mañanas saco a pasear a mi perro. P Eu passeio com meu cachorro todas as manhãs.)

⑨ □ お湯（ゆ） (F eau chaude S agua caliente P água quente)

⑩ □ わかす (F faire bouillir S hervir P ferver)

▶いま、お湯を沸かしています。
(F Je suis en train de faire bouillir de l'eau. S Ahora, estoy hirviendo agua caliente.
P Agora eu estou fervendo a água.)

⑪ □ 沸（わ）く (F bouillir S hervir P ferver)

▶お湯が沸いたみたいですね。
(F L'eau a fini de bouillir. S Parece que ya está lista el agua caliente.
P Parece que a água está fervendo.)

⑫ □ ポット (F bouilloire électrique S termo P garrafa térmica)

⑬ □ シャワー (F bouilloire électrique S ducha P chuveiro)

⑭ □ 浴（あ）びる (F prendre une douche S tomarse (una ducha) P tomar banho)

▶シャワーを浴びたらどうですか。
(F Pourquoi ne prendriez-vous pas une douche? S ¿Qué tal si te tomas una ducha?
P Que tal tomar um banho?)

⑮ □ 着替（きが）える (F se changer S cambiarse de ropa P trocar-se)

▶もう出（で）られる？ ―ちょっと待（ま）って。まだ着替えてない。
(F Tu es prêt(e)? ― Attends! Je ne me suis pas encore changé(e). S ¿Estás listo para salir?
― Dame un momento. Todavía no me he cambiado. P Já podemos sair? ― Espere um pouquinho.
Eu ainda não me troquei.)

⑯ □ 化粧（けしょう） (F maquillage S maquillaje, cosméticos P maquiagem)

▶姉（あね）はいつも、化粧に30分（ぷん）くらい時間（じかん）をかけています。
(F Ma sœur prend toujours 30 minutes pour se maquiller. S Mi hermana mayor siempre tarda unos
treinta minutos en maquillarse. P Minha irmã sempre leva uns 30 minutos se maquiando.)

⑰ □ 磨（みが）く (F (se) brosser (les dents) S lavarse (los dientes), pulir P escovar)

▶わたしは朝（あさ）と夜（よる）に、歯（は）を磨いています。
(F Je me brosse les dents le matin et le soir. S Me lavo los dientes por la mañana y por la noche.
P Eu escovo os dentes de manhã e à noite.)

⑱ □ 出(で)る （**F** partir **S** salir **P** sair）

▶いつも8時(じ)ごろに家(いえ)を出ます。
（**F** Je pars généralement de la maison vers 8h. **S** Normalmente salgo de casa sobre las 08:00.
P Eu sempre saio de casa às 8 horas .）

⑲ □ 出かける （**F** sortir **S** salir **P** sair）

▶出かけるときは、窓(まど)を閉(し)めます。
（**F** Je ferme les fenêtres quand je sors. **S** Cierro las ventanas cuando salgo.
P Quando eu saio, sempre fecho as janelas.）

⑳ □ かぎ （**F** clef(s) **S** llave **P** chave）

㉑ □ かぎをかける （**F** fermer à clef **S** cerrar con llave **P** trancar）

▶かぎ、かけてきた？
（**F** Tu as bien fermé à clef? **S** ¿Has cerrado con llave? **P** Você trancou com a chave?）

㉒ □ ごみ （**F** déchets, poubelles **S** basura **P** lixo）

㉓ □ 捨(す)てる （**F** jeter **S** tirar **P** jogar fora）

▶ここには、ごみを捨てないでください。
（**F** Ne jetez pas vos déchets ici. **S** No tires aquí la basura. **P** Não jogue lixo aqui.）

㉔ □ ごみを出(だ)す （**F** sortir les poubelles **S** sacar la basura **P** colocar o lixo fora）

▶出(で)かけるときに、ごみを出してくれない？
（**F** Tu pourras sortir les poubelles quand tu pars? **S** ¿Puedes sacar la basura cuando salgas?
P Você poderia colocar o lixo lá fora quando sair?）

㉕ □ 掃除(そうじ) （**F** faire le ménage **S** limpieza **P** limpar）

▶お客(きゃく)さんが来(く)るから、部屋(へや)を掃除しないと。
（**F** Comme j'ai des invités je dois faire le ménage. **S** Vienen invitados, tenemos que limpiar la casa.
P Eu tenho que limpar a sala porque virá uma visita.）

▶掃除機(き) （**F** aspirateur **S** aspiradora **P** aspirador de pó）

㉖ □ 洗濯（せんたく） (F (faire la) lessive S lavado P lavar)

▶洗たく機 (F machine à laver S lavadora P máquina de lavar)

㉗ □ クリーニング (F pressing S tintorería P mandar para a lavanderia)

▶これもクリーニングに出したほうがいいね。
(F Il vaudrait mieux mettre ça au pressing aussi. S Esta también deberías llevarla a la tintorería.
P É melhor mandar isto também para a lavanderia.)

㉘ □ 料理（りょうり） (F (faire la) cuisine S cocina P culinária, comida)

㉙ □ 留守（るす） (F être absent(e) S estar fuera de casa P ausência)

▶おばさんに電話（でんわ）したけど、留守だった。
(F J'ai appelé chez ma tante mais elle n'était pas là. S Llamé a mi tía, pero no estaba.
P Telefonei para minha tia, mas ela não estava.)

▶留守番（ばん）
(F action de rester dans un lieu pour le surveiller S quedarse vigilando la casa P secretária eletrônica)

㉚ □ 留守番電話（でんわ） (F répondeur S contestador automático P secretária eletrônica)

▶留守番電話にメッセージを残（のこ）してください。
(F Laissez un message sur le répondeur. S Deje su mensaje en el contestador automático.
P Deixe seu recado na secretária eletrônica.)

㉛ □ 働く（はたら） (F travailler S trabajar P trabalhar)

▶一日何時間（いちにちなんじかん）くらい働いているんですか。
(F Vous travaillez combien d'heures par jour? S ¿Cuántas horas trabajas al día?
P Você trabalha quantas horas por dia?)

㉜ □ 休む（やす） (F se reposer S descansar P descansar)

▶疲（つか）れたら、休んでください。
(F Si vous êtes fatigué, reposez vous. S Descansa si estás cansado.
P Descanse caso se sinta cansado (a).)

㉝ □ 片づける(かた) (F ranger S ordenar P arrumar)

▶使(つか)ったら、ちゃんと片づけておいてください。
(F Merci de bien ranger après utilisation. S Déjalo bien ordenado después de usarlo. P Deixe arrumado depois que usar.)

▶後片(あと)づけ (F ranger, remettre en état S poner en orden P limpeza)

㉞ □ 帰る(かえ) (F rentrer S volver P voltar)

▶そろそろ帰りましょう。
(F Ne tardons pas à rentrer. S Vayamos volviendo a casa. P Está na hora de voltar.)

㉟ □ 買い物(か もの) (F (faire) les courses S compras P compras)

㊱ □ 風呂(ふろ) (F bain, baignoire S bañera P banho)

㊲ □ お風呂に入る(はい) (F prendre un bain S tomarse un baño P tomar banho de banheira)

㊳ □ 電気(でんき) (F électricité, lumière S electricidad, luz P luz)

㊴ □ 電気をつける (F allumer la lumière S encender la luz P acender a luz)

㊵ □ 電気を消す(け) (F éteindre la lumière S apagar la luz P apagar a luz)

㊶ □ 寝る(ね) (F dormir S dormir P dormir)

▶きのうはよく寝(ら)れましたか。
(F Vous avez bien dormi hier? S ¿Pudiste dormir bien ayer? P Dormiu bem ontem?)

㊷ □ パジャマ (F pyjama S pijama P pijama)

㊸ □ 生活(せいかつ) (F vie S vida P vida)

▶いまの生活には慣(な)れました。
(F J'ai pris l'habitude de mon style de vie actuel. S Me he acostumbrado a mi vida actual. P Já se acostumou com a vida atual?)

起(お)きる

化粧(けしょう)／化粧(を)する

かぎをかける

ごみを捨(す)てる／ごみを出す

掃除(そうじ)

洗濯(せんたく)

料理(りょうり)

電気(でんき)をつける

24

UNIT 16 人生(じんせい)

(F Vie S Vida P Vida)

❶ □ 生(う)まれる (F naître S nacer P nascer)

▶子(こ)どもが生まれたんですか。よかったですね。
(F Vous avez eu un enfant? C'est très bien! S ¿Ha tenido un hijo? ¡Qué bueno!
P Seu filho nasceu? Que bom!)

❷ □ 生む (F donner naissance S dar a luz P ter filho)

❸ □ 赤(あか)ちゃん (F bébé S bebé P bebê)

❹ □ 名前(なまえ)をつける (F nommer S nombrar P dar um nome)

▶私(わたし)は祖父(そふ)に名前をつけてもらいました。
(F C'est mon grand-père qui a choisi mon nom. S Mi abuelo me puso mi nombre.
P Meu avô que me deu o nome.)

❺ □ 住(す)む (F habiter S vivir P morar)

▶家族(かぞく)は北京(ペキン)に住んでいます。
(F Ma famille habite à Pékin. S Mi familia vive en Pekín. P Minha família mora em Pequim.)

❻ □ 住所(じゅうしょ) (F adresse S dirección P endereço)

❼ □ 引(ひ)っ越(こ)し(する) (F déménagement S mudanza P mudança)

▶いま、引越しの準備(じゅんび)で大変(たいへん)なんです。
(F Je suis débordé en ce moment avec les préparatifs du déménagement. S Ahora estoy muy ocupado con los preparativos de la mudanza. P Estou muito atarefado porque estou me praparando para me mudar.)

❽ □ 引っ越す (F déménager S mudarse P mudar)

▶いつ引っ越す予定(よてい)ですか。
(F Pour quand est prévu votre déménagement? S ¿Cuándo tienes previsto mudarte? P Quando você pretende se mudar?)

❾ □ **慣れる**（な） (F s'habituer S acostumbrarse P acostumar-se)

▶日本の生活に慣れましたか。
(F Vous êtes-vous bien habitué à la vie au Japon? S ¿Te has acostumbrado a la vida en Japón? P Já se acostumou com a vida no Japão?)

❿ □ **習慣**（しゅうかん） (F habitude(s) S costumbre P costume)

⓫ □ **留学(する)**（りゅうがく） (F études à l'étranger S estudiar en el extranjero P intercâmbio)

▶高橋さんは、アメリカに２年間留学していたそうです。
(F Il paraît que M. (Mme) Takahashi a étudié deux ans aux États-Unis. S Me dijeron que Takahashi-san estudió 2 años en Estados Unidos. P Parece que Takahashi -San fez um intercâmbio para os Estados Unidos por 2 anos.)

⓬ □ **留学生**（せい） (F étudiant étranger S estudiante extranjero P intercambista)

⓭ □ **結婚(する)**（けっこん） (F mariage S casarse P casamento)

▶石井さんは結婚しているんですか。
——ええ。彼女はもう、子どももいますよ。
(F Mme Ishii est-elle mariée? —— Oui, elle a même déjà un enfant. S ¿Ishii-san está casada? —— Sí. Ella incluso ya tiene hijos. P Ishii-San é casada? —— Sim, ela já tem até filhos.)

⓮ □ **結婚式**（けっこんしき） (F cérémonie de mariage S ceremonia de boda P cerimônia de casamento)

⓯ □ **独身**（どくしん） (F célibataire S soltero P solteiro (a))

▶弟さんは結婚していますか。 ——いいえ、まだ独身です。
(F Votre frère est-il marié? —— Non, il est encore célibataire. S ¿Su hermano menor está casado? —— No, todavía está soltero. P Seu irmão mais novo é casado? —— Não, ainda é solteiro.)

⓰ □ **離婚(する)**（りこん） (F divorce S divorcio P separação)

⑰ □ 別れる(わか) (F se séparer S separarse P separar-se)

▶あの二人(ふたり)はもう別れたみたいです。
(F Il semble qu'ils se soient séparés. S Parece que ellos dos ya se separaron.
P Parece que aqueles dois já se separaram.)

▶家族(かぞく)と別れて暮(く)らすのは寂(さび)しいです。
(F C'est triste de vivre séparé de sa famille. S Es triste vivir separado de la familia.
P É triste viver separado da família.)

⑱ □ 死(し)ぬ (F mourir S morir P morrer)

▶お腹(なか)が空(す)いて死にそうです。
(F J'ai faim à en mourir. S Tengo un hambre que me muero. P Estou morrrendo de fome.)

⑲ □ 出身(しゅっしん) (F origine S origen P nacionalidade)

▶ご出身は？ ―韓国(かんこく)のプサンです。
(F Vous êtes originaire d'où? — De Pusan en Corée. S ¿De dónde eres originario? — Soy de Busán, Corea del Sur. P Qual é sua nacionalidade? — Sou de Pusan, na Coreia.)

⑳ □ 誕生日(たんじょうび) (F anniversaire S cumpleaños P aniversário)

▶誕生日、おめでとうございます。
(F Joyeux anniversaire! S ¡ Feliz cumpleaños! P Meus parabéns pelo seu aniversário!)

㉑ □ 大人(おとな) (F adulte S adulto P adulto)

▶〈切符(きっぷ)売(う)り場(ば)で〉大人２枚(まい)、子(こ)ども１枚、お願(ねが)いします。
(F <Au guichet> 2 billets adultes et 1 enfant s'il vous plaît. S (En la taquilla) Por favor, dos entradas de adulto y una de niño. P (Na bilheteria) Por gentileza, duas passagens para adulto e uma para criança.)

▶息子(むすこ)さん、ずいぶん大人になりましたね。
(F Votre fils a vraiment grandi. S Tu hijo, se ve hecho ya todo un adulto.
P Seu filho cresceu muito, né!)

㉒ □ 将来（しょうらい） (F avenir S futuro P futuro)

▶将来、通訳（つうやく）になりたいと思（おも）っています。

(F Je souhaite devenir interprète à l'avenir. S En el futuro, me gustaría ser intérprete.

P No futuro eu quero ser tradutor (a).)

㉓ □ 未来（みらい） (F futur S futuro P futuro)

▶この国（くに）の未来は、どうなるのでしょうか。

(F Je me demande ce que va donner le futur de ce pays. S ¿Qué futuro le esperará a este país?

P Como ficará este país no futuro?)

㉔ □ 昔（むかし） (F dans le passé S hace mucho tiempo, en el pasado P antigamente)

▶昔はもっと太（ふと）っていました。

(F J'étais bien plus gros(se) dans le passé. S En el pasado estaba más gordo.

P Antigamente eu era mais gordo (a).)

㉕ □ 夢（ゆめ） (F rêve S sueño P sonho)

▶子どものころの夢は、サッカー選手（せんしゅ）になることでした。

(F Mon rêve d'enfant était de devenir footballeur. S Cuando era niño mi sueño era ser jugador de fútbol.

P O meu sonho de criança era me tornar um jogador de futebol.)

▶けさ、また恐（こわ）い夢を見（み）ました。

(F J'ai encore fait un mauvais rêve ce matin. S Esta mañana tuve de nuevo un aterrador sueño.

P Esta manhã tive, novamente, um sonho ruim.)

㉖ □ 人生（じんせい） (F vie S vida P vida)

25

UNIT 17 店・商品 みせ しょうひん

(F Magasins, Articles S Tiendas, Productos P Loja, Mercadoria)

❶ □ 店（みせ） (F magasin, restaurant S tienda P loja)

❷ □ 開く（あ） (F ouvrir S abrir P abrir)

▶お店は何時（なんじ）から開いているんですか。

(F À quelle heure ouvre ce magasin? S ¿Desde qué hora está abierta la tienda? P A que horas abre esta loja?)

❸ □ 閉まる（し） (F fermer S cerrar P fechar)

▶お店に行（い）ったんだけど、もう閉まってた。

(F Je suis allé au magasin mais c'était déjà fermé. S Fui a la tienda, pero ya estaba cerrada. P Eu fui até a loja, mas já estava fechada.)

❹ □ 商品（しょうひん） (F article, produit S producto P mercadoria)

❺ □ 値段（ねだん） (F prix S precio P preço)

▶値段が書（か）いてないね。いくらだろう。

(F Il n'y a pas le prix, je me demande combien ça coûte. S No está puesto el precio. ¿Cuánto valdrá? P Não tem preço, né. Quanto deve custar?)

❻ □ 高い（たか） (F cher S caro P caro)

❼ □ 安い（やす） (F bon marché S barato P barato)

❽ □ 半額（はんがく） (F moitié prix S mitad de precio P metade do preço)

▶閉店前（へいてんまえ）に行ったら、半額で買（か）えたよ。

(F Comme j'y suis allé juste avant la fermeture je l'ai eu(e) à moitié prix! S Como fui justo antes de que cerrara la tienda, pude comprarlo a mitad de precio. P A loja estava para fechar as portas, então eu consegui comprar mais barato.)

❾ □ 割引（わりびき） (F réduction S descuento P desconto)

❿ □ ～割引 (F réduction de ~ S ~ % descuento (en décimas) P desconto de ...por cento)

▶学生（がくせい）は１（いち）割引です。

(F C'est 10% de réduction pour les étudiants. S Los estudiantes tienen 10 % de descuento. P Estudantes tem 10 por cento de desconto.)

⓫ □ 不良品（ふりょうひん） (F article défectueux S producto defectuoso P produto de má qualidade)

⓬ □ 返品（へんぴん） (F reprise d'articles S devolución P devolução)

⓭ □ 返品する (F retourner un produit S devolver P devolver)

⓮ □ 交換（こうかん）する (F échanger S cambiar P trocar)

▶サイズが大（おお）きすぎたんですが、返品できますか。

(F C'était trop grand, est-ce que je peux échanger? S Me queda grande, ¿puedo devolverlo? P Eu posso fazer a devolução porque ficou grande demais?)

⓯ □ サービス (F service S atención P atendimento)

▶この店（みせ）はサービスがいいですね。

(F Le service ici est vraiment très bien. S La atención al cliente de esta tienda es buena. P O atendimento desta loja é muito bom, não é mesmo?)

⓰ □ サービスする (F offrir S regalar P levar de graça)

▶たくさん買ったら、１個（いっこ）サービスしてくれた。

(F Comme j'en ai acheté beaucoup ils m'en ont offert un(e). S Como compré mucho, me regalaron una unidad. P Se comprar muito, levará um de graça.)

⓱ □ 無料（むりょう） (F gratuit S gratis P grátis, gratuito)

▶子（こ）どもは無料です。

(F C'est gratuit pour les enfants. S Los niños son gratis. P Para criança é grátis.)

⓲ □ レジ (F caisse S caja P caixa)

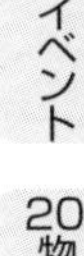

26

UNIT 18 職業（しょくぎょう）

(F Métiers S Profesiones P Profissão)

❶ □ 仕事（しごと） (F travail S trabajo P trabalho)

▶どんな仕事をしているんですか。

(F Quel est votre travail? S ¿Qué clase de trabajo haces? P Que tipo de trabalho você faz?)

❷ □ 職業（しょくぎょう） (F occupation, métier S profesión P profissão)

▶彼（かれ）の職業は何（なん）ですか。 ―高校（こうこう）の教師（きょうし）です。

(F Quel est son métier? ― Il est professeur des lycées. S ¿Cuál es su profesión? ― Es profesor de instituto. P Qual é a profissão dele? ― Professor do ensino médio.)

❸ □ 会社員（かいしゃいん） (F employé d'entreprise S empleado de empresa P funcionário (a) da empresa)

❹ □ サラリーマン

(F employé de bureau S asalariado (empleado de empresa) P trabalhador de escritório)

❺ □ 主婦（しゅふ） (F femme au foyer S ama de casa P dona de casa)

❻ □ 大家（おおや） (F propriétaire immobilier S casero (propietario de la vivienda) P proprietário (a)) 話大家さん

❼ □ 運転手（うんてんしゅ） (F chauffeur S conductor P motorista)

❽ □ 医者（いしゃ） (F médecin S doctor P médico (a)) 話お医者さん

❾ □ 看護婦（かんごふ）／看護師（かんごし） (F infirmier (infirmière) S enfermera P enfermeiro (a))

⑩ □ 通訳(つうやく)(する) (F traducteur interprète S intérprete P tradutor (a))

⑪ □ ガイド (F guide S guía P guia) 話ガイドさん

▶ガイドさんに聞いてみたら？

(F Pourquoi ne pas demander au guide? S ¿Qué tal si preguntas al guía? P Que tal perguntar ao guia?)

⑫ □ 店員(てんいん) (F employé de magasin S empleado de la tienda P vendedor (a))

⑬ □ 駅員(えきいん) (F agent de gare S empleado de la estación P funcionário (a) da estação)

⑭ □ スタッフ (F personnel S personal P empregado(a))

▶ホテル/会場(かいじょう)のスタッフ

(F personnel hôtelier, de salle S personal del hotel, recinto P funcionário do hotel, local)

⑮ □ 係(かかり) (F responsable S encargado P responsável)

▶係の人(ひと)に聞いてみましょう。

(F Demandons au responsable. S Preguntémosle al encargado. P Vamos perguntar para a pessoa responsável.)

⑯ □ プロ (F professionnel S profesional P especialista)

▶プロになりたいと思(おも)ったことはありますか。

(F Avez-vous déjà pensé à devenir professionnel(le)? S ¿Has considerado alguna vez hacerte profesional? P Você já pensou em ser especialista?)

⑰ □ アマチュア (F amateur S aficionado (amateur) P amador) 話アマ

▶あの人(ひと)、うまいですね。アマチュアとは思えないです。

(F Il est vraiment doué. C'est difficile à croire qu'il est amateur. S Qué bien lo hace. No parece que sea un aficionado. P Ele é muito bom! Nem parece ser um amador.)

⑱ □ 選手（せんしゅ）（F joueur, athlète S jugador P atleta）

▶その人は有名（ゆうめい）な選手ですか。
（F Cette personne est un athlète célèbre? S ¿Él es un jugador famoso? P Esse (a) é um(a) atleta famoso (a).）

⑲ □ 画家（がか）（F dessinateur, peintre S dibujante P pintor (a)）

▶漫（まん）画家（F auteur de manga S dibujante de manga P cartunista）

⑳ □ 作家（さっか）（F écrivain(e) S autor P escritor (a)）

㉑ □ 歌手（かしゅ）（F chanteur (chanteuse) S cantante P cantor (a)）

㉒ □ ミュージシャン（F musicien(ne) S músico P músico (a)）

㉓ □ 社長（しゃちょう）（F patron, directeur général S presidente P presidente da empresa）

㉔ □ 部長（ぶちょう）（F manager en chef S jefe de departamento P gerente）

㉕ □ 課長（かちょう）（F chef de section S jefe de sección P gerente de seção）

㉖ □ 社員（しゃいん）（F employé S empleado P funcionário (a) da empresa）

㉗ □ 店長（てんちょう）（F gérant (de magasin) S jefe de tienda P gerente da loja）

㉘ □ アルバイト（F petit boulot S trabajo a tiempo parcial P bico） 話バイト

▶パート（F mi-temps S trabajo a tiempo parcial P Serviço temporário）

UNIT 19 イベント

(F Événements S Eventos P Evento)

❶ □ 正月（しょうがつ） (F nouvel an S año nuevo P ano novo)

❷ □ 花見（はなみ） (F contemplation des fleurs de cerisier S hanami (tradición japonesa de observar la floración) P contemplar as flores de cerejeira)

▶もうすぐ花見の季節（きせつ）ですね。今年（ことし）はどこに行（い）きますか。

(F C'est bientôt la saison des cerisiers, où comptez-vous aller cette année? S Ya pronto será la temporada de hanami. ¿A dónde irás este año? P Daqui a pouco será a época de contemplação das cerejeiras. Para onde vamos este ano?)

❸ □ クリスマス (F noël S navidad P natal)

❹ □ 夏休み（なつやすみ） (F vacances d'été S vacaciones de verano P férias de verão)

❺ □ 祭り（まつり） (F festival S festival P festival)

❻ □ パーティー (F fête S fiesta P festa)

❼ □ 飲み会（のみかい） (F pot S encuentro para beber P encontro com os amigos para beber)

▶きょうは飲み会があるから、帰（かえ）りが遅（おそ）くなると思（おも）う。

(F J'ai un pot ce soir donc je risque de rentrer tard. S Hoy volveré tarde porque tengo un encuentro para beber. P Eu acho que hoje vou chegar tarde em casa porque eu tenho um encontro com os amigos para beber.)

❽ □ セール／バーゲン (F soldes S rebajas P promoção, desconto)

▶いま、さくらデパートでセールをしているから、一緒（いっしょ）に行きませんか。

(F Il y a des soldes au magasin Sakura, pourquoi n'irions-nous pas ensemble? S Ahora son las rebajas en los Almacenes Sakura, ¿qué tal si vamos juntos? P A loja de departamentos Sakura está tendo uma promoção, agora. Você não quer ir comigo?)

❾ □ フリマ (F brocante S mercadillo P feira de usados) 話フリーマーケット

❿ □ 試合（しあい） (F match, tournoi S partido P jogo)

⓫ □ コンサート (F concert S concierto P concerto)

⓬ □ 展示会（てんじかい） (F exposition S exposición P exposição)

⓭ □ 展覧会（てんらんかい） (F exposition S exposición P exposição)

⓮ □ オリンピック (F jeux olympiques S juegos Olímpicos P jogos olímpicos)

⓯ □ ワールドカップ (F coupe du monde S copa Mundial P copa do mundo)

⓰ □ イベント (F événement S evento P evento)

▶今月（こんげつ）はイベントが多（おお）くて、忙（いそが）しい。
(F Il y a beaucoup d'événements ce mois-ci, je suis débordé(e). S Este mes estoy muy ocupado con muchos eventos. P Este mês é de muito eventos, por isso estou ocupado (a).)

⓱ □ 会場（かいじょう） (F salle, hall S recinto, sede P local)

▶会場までの行（い）き方（かた）を教（おし）えてください。
(F Pourriez-vous m'indiquer le chemin jusqu'à la salle? S Dígame cómo se llega al recinto. P Poderia me explicar como eu chego até o local ?)

▶試験（しけん）会場、展示（てんじ）会場、コンサート会場
(F centre d'examen, hall d'exposition, salle de concert S sede de examen, pabellón de exposiciones, pabellón de conciertos P local da prova, local de exibição, local de concertos)

28

UNIT 20 物・荷物（もの にもつ）

(F Objets, Bagages S Objetos, Equipajes P Coisas, Bagagem)

❶ □ 鍵（かぎ） (F clef(s) S llave P chave)

▶家（いえ）を出（で）る時（とき）、ちゃんとかぎをかけた？
(F Tu as bien fermé à clef en quittant la maison? S ¿Has cerrado bien con llave al salir de casa? P Você trancou com a chave, quando saiu de casa?)

▶かぎがかかって（いて）、中（なか）に入（はい）れません。
(F C'est fermé à clef, je ne peux pas rentrer. S No se puede entrar dentro porque está cerrado con llave. P Está trancada, então não podemos entrar.)

❷ □ 財布（さいふ） (F porte-monnaie S cartera P carteira)

▶財布を落（お）とす　同財布をなくす
(F perdre son porte monnaie S perder la cartera P Deixar a carteira cair.)

❸ □ ハンカチ (F mouchoir S pañuelos P lenço)

❹ □ ティッシュ／ティッシュペーパー (F mouchoirs en papier S pañuelos de papel P lenço de papel)

▶ティッシュ、ない？　―ソファの上（うえ）にあるよ。
(F Y a pas de mouchoirs en papier? —— Si, sur le canapé. S ¿No tendrás pañuelos de papel? —— Los tienes encima del sofá. P Não tem lenço de papel? —— Tem em cima do sofá.)

❺ □ ケータイ (F portable S teléfono móvil P celular)

❻ □ 携帯電話（けいたいでんわ） (F téléphone portable S teléfono móvil P celular)

★会話では「ケータイ」だが、書くときはさまざま（主に「ケータイ」「携帯」「携帯電話」の3つ）。
F On utilise "ケータイ" dans la conversation mais 3 formules sont courantes à l'écrit ("ケータイ", "携帯" ou encore "携帯電話").
S En conversación se usa "ケータイ", pero hay diversas formas escritas (principalmente estas tres: "ケータイ" "携帯" y "携帯電話").
P Na conversação usamos "ケータイ", mas quando escrevemos podemos escrever de 3 formas: "ケータイ", "携帯" e "携帯電話".

❼ □ 身分証明書 (F pièce d'identité S documento de identidad P carteira de identificação)
みぶんしょうめいしょ

❽ □ パスポート (F passeport S pasaporte P passaporte)

❾ □ カード ①カード (F carte S tarjeta P cartão)
②クレジットカード (F carte de crédit S tarjeta de crédito P cartão de crédito)

▶①図書館カード、ポイントカード、キャッシュカード
(F carte de bibliothèque, carte de fidélité, carte de retrait S tarjeta de la biblioteca, tarjeta de puntos, tarjeta de cajero automático P Cartão da biblioteca, cartão de pontos, cartão do banco)

▶②カードで払うこともできます。
(F Il est aussi possible de payer par carte. S También puede pagar con tarjeta. P Pode pagar com cartão.)

❿ □ 定期券 (F carte d'abonnement S abono transporte P passe de trem)
ていきけん

⓫ □ かばん (F sac S bolso P bolsa)

⓬ □ バッグ (F sac S mochila P bolsa tiracolo)

⓭ □ハンドバッグ (F sac à main S bolso P bolsa de mão)

⓮ □ 袋 (F sac (plastique, papier) S bolsa P saco)
ふくろ

▶一つずつビニールの袋に入れてください。
ひと い
(F Mettez-en un par sac plastique. S Por favor, meta cada uno en una bolsa de plástico. P Coloque um por um no saco plástico.)

▶紙袋 (F sac en papier S bolsa de papel P saco de papel)
かみぶくろ

⓯ □ 地図 (F carte (géographique) S mapa P mapa)
ちず

⓰ □ 眼鏡 (F lunettes S gafas, lentes P óculos)
めがね

⑰ □ コンタクトレンズ (F lentilles de contact S lentillas, lentes de contacto P lentes de contato)

⑱ □ 化粧品（けしょうひん） (F produits cosmétiques S maquillaje P maquiagem)

⑲ □ 新聞（しんぶん） (F journal S periódico P jornal)

⑳ □ 雑誌（ざっし） (F magazine S revista P revista)

㉑ □ 本（ほん） (F livre S libro P livro)

㉒ □ 辞書（じしょ） (F dictionnaire S diccionario P dicionário)

㉓ □ カメラ (F appareil photo S cámara P câmera)

㉔ □ デジカメ／デジタルカメラ
(F appareil photo digital S cámara digital P câmera digital)

㉕ □ 印（いん）かん (F sceau S sello inkan P selo) 漢印鑑

▶ここに印鑑（いんかん）を押（お）してください。
(F Apposez votre sceau ici s'il vous plaît. S Ponga su sello inkan, aquí. P Cole o selo aqui, por favor.)

㉖ □ はんこ (F tampon, sceau S sello hanko P carimbo) 漢判子

▶ここにはんこかサインをお願（ねが）いします。
(F Merci d'apposer votre sceau ou de signer ici.
S Ponga su sello hanko o firme, aquí.
P Carimbe ou assine aqui, por favor.)

★「はんこ」は「印かん」の簡単なもの。
F Le "はんこ" est une version basique du "印かん". S Un sello "はんこ" es una versión simplificada del sello "印かん". P "はんこ" é um tipo de "印かん" mais simples.

㉗ □ ペットボトル (F bouteille plastique S botella de plástico P garrafa plástica)

㉘ □ たばこ (F tabac, cigarette(s) S tabaco P cigarro)

㉙ □たばこを吸う
(F fumer S fumar P fumar)

▶ここでたばこを吸わないでください。
(F Ne fumez pas ici. S No fume aquí. P Não fume aqui, por favor.)

㉚ □ お土産(みやげ) (F cadeau, souvenir S souvenir P lembrancinha)

▶これ、北海道(ほっかいどう)のお土産です。一(ひと)つ、どうぞ。
(F C'est un souvenir d'Hokkaido. Prenez-en un! S Este es un souvenir de Hokkaido. Por favor, toma uno. P Isto é uma lembrancinha de Hokkaido. Pegue uma, por gentileza.)

▶お土産屋(や)、土産物(もの)
(F magasin de souvenirs, souvenir(s) S tienda de souvenir, souvenirs P loja de lembrancinhas, lembrancinhas)

㉛ □ 腕時計(うでどけい) (F montre S reloj de muñeca P relógio de pulso)

㉜ □ 傘(かさ) (F parapluie S paraguas P guarda-chuva)

㉝ □ スーツケース (F valise S maleta P mala)

㉞ □ 物(もの) (F objet, chose S objeto P coisas)

㉟ □ 荷物(にもつ) (F paquet, bagage S paquete, equipaje P bagagem)

▶さっき、中国(ちゅうごく)から荷物が届(とど)きました。
(F J'ai reçu un paquet de Chine tout à l'heure. S Acaba de llegar un paquete de China. P Suas bagagens acabaram de chegar da China.)

▶マリアさんは、荷物、そのバッグだけ？
(F Maria, tu n'as que ce sac comme bagage? S María-san, ¿solo llevas esa mochila como equipaje? P Maria-San, sua bagagem é apenas esta bolsa?)

財布（さいふ）

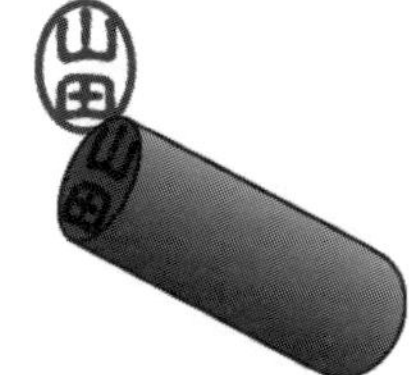

印（いん）かん

かさ

雑誌（ざっし）

新聞（しんぶん）

かばん／バッグ

袋（ふくろ）

ケータイ

29

UNIT 21

色・形 いろ かたち
(F Couleurs, Formes S Colores, Formas P Cores, Formas)

❶ □ 色 いろ (F couleur S color P cor)

❷ □ 形 かたち (F forme S forma P forma)

❸ □ 青(い) あお (F bleu(e) S azul P azul)

▶青い空 そら (F ciel bleu S cielo azul P céu azul)

❹ □ 赤(い) あか (F rouge S rojo P vermelho)

▶赤いバラ、赤のボールペン
(F rose rouge, stylo rouge S rosa de color rojo, bolígrafo rojo P rosa vermelha)

❺ □ 黄色(い) き いろ (F jaune S amarillo P amarelo)

▶黄色い花 はな (F fleur jaune S flor amarilla P flor amarela)

❻ □ 黒(い) くろ (F noir(e) S negro P preto)

▶黒い猫 ねこ、黒い髪 かみ
(F chat noir, cheveux noirs S gato negro, pelo negro P gato preto, cabelo preto)

❼ □ 白(い) しろ (F blanc(he) S blanco P branco)

▶白い馬 うま、白いシャツ
(F cheval blanc, chemise blanche S caballo blanco, camisa blanca P cavalo branco, camisa branca)

❽ □ 茶色(い) ちゃ (F marron S marrón P marrom)

▶茶色いかばん (F sac marron S bolso marrón P bolsa marrom)

❾ □ 丸い まる (F rond(e) S redondo, círculo P redondo)

▶丸いテーブル (F table ronde S mesa redonda P mesa redonda)

▶丸 (F rond S círculo P círculo)

❿ □ 大きい おお (F grand(e) S grande P grande, alto)

▶もう少し大きい声でお願いします。 ねが
(F Parlez un peu plus fort s'il vous plaît. S Por favor, habla un poco más fuerte. P Com a voz mais alta, por favor.)

▶大きいかばん (F grand sac S bolso grande P bolsa grande)

▶聞こえないので、もう少し音を大きくしてください。 き すこ おと
(F Je n'entends pas, mettez le son un peu plus fort s'il vous plaît. S No lo escucho, por favor, pon el volumen un poco más fuerte. P Poderia aumentar o som, mais um pouco, porque eu não consigo escutar.)

⓫ □ 大きさ (F taille S tamaño P tamanho)

⓬ □ 大きな (F grand(e) S grande P grande)

▶大きな家ですね。 いえ
(F C'est une grande maison. S Qué casa más grande. P Que casa grande!)

⓭ □ 小さい ちい (F petit(e) S pequeño P pequeno)

▶小さい子どもには辛すぎると思います。 こ から おも
(F Je pense que c'est trop épicé pour des petits enfants. S Me parece demasiado picante para los niños. P Eu acho que é muito picante para uma criança pequena.)

▶字が小さくて、読めません。 じ よ
(F Je n' arrive pas à lire, c'est écrit trop petit. S La letra es pequeña, no puedo leerlo. P Não consigo ler porque a letra é muito pequena.)

▶野菜を小さく切ってください。 やさい き
(F Coupez les légumes en petits morceaux. S Corta las verduras en trozos pequeños. P Corte o legume em pedaços bem pequenos.)

⓮ □ 小さな (F petit(e) S pequeño P pequeno)

⓯ □ 太い ふと (F gros(se), épais(se) S grueso, gordo P grosso)

▶太いペン (F stylo épais S bolígrafo grueso P caneta grossa)

⑯ □ 細い(ほそ) (F fin(e), étroit(e) S fino, delgado P fino, estreito)

▶細いペン、細い道(みち)
(F stylo fin, route étroite S bolígrafo fino, estrecha senda P caneta fina, rua estreita)

⑰ □ 厚い(あつ) (F épais(se) S grueso P volumoso)

▶厚い本(ほん) (F livre épais S libro grueso P livro volumoso)

⑱ □ 薄い(うす) (F fin(e) S fino P fino)

▶薄い本 (F livre fin S libro fino P livro fino)

⑲ □ 長い(なが) (F long(ue) S largo P comprido)

▶長い髪(かみ) (F cheveux longs S pelo largo P cabelo comprido)

⑳ □ 短い(みじか) (F court(e) S corto P curto)

▶短い髪 (F cheveux courts S pelo corto P cabelo curto)

30

UNIT 22

数・量 かず りょう

(F Quantité, Volume S Unidades, Cantidad P Números, Quantidade)

❶ □ 多い おお (F nombreux (beaucoup de) S mucho, muy P muito)

▶きょうはゴミが多いですね。
(F Il y a beaucoup de déchets aujourd'hui. S Hay mucha basura hoy. P Hoje tem muito lixo, né.)

▶林(はやし)さん、最近(さいきん)、遅刻(ちこく)が多いですよ。どうしたんですか。
(F M. (Mme) Hayashi, vous êtes souvent en retard ces derniers temps. Que se passe-t-il? S Hayashi-san, últimamente llega tarde muy a menudo. ¿Qué le pasa? P Hayashi-San, ultimamente, tem se atrasado muito. O que será que está acontecendo?)

❷ □ 多くの～ (F de nombreux ~ S muchos P muitos)

▶英語(えいご)は多くの国(くに)で話(はな)されています。
(F L'anglais est parlé dans de nombreux pays. S El inglés se habla en muchos países. P O idioma inglês é falado em muitos países.)

❸ □ 少ない すく (F peu de S poco, bajo P pouco)

▶A社(しゃ)は休(やす)みが少ないけど、給料(きゅうりょう)はいいよ。
(F Il y a peu de jours de congés dans l'entreprise A, mais le salaire est élevé. S La empresa A tiene pocas vacaciones, pero el sueldo es bueno. P A empresa A dá poucas folgas, mas o salário é bom.)

❹ □ 少し すこ (F un peu S poco P pouco)

▶これ、少し食(た)べてみてもいいですか？
(F Puis-je goûter un peu de cela? S ¿Puedo probar un poco de esto? P Eu posso comer um pouco disto?)

❺ □ 大勢 おおぜい (F beaucoup, grand nombre S multitud P muitas (pessoas))

▶人(ひと)が大勢いて、よく見(み)えなかったよ。
(F Il y avait beaucoup de monde alors je n'ai pas pu bien voir. S Había una gran multitud de gente. No pude verlo bien. P Tinha muitas pessoas, por isso não vi bem.)

❻ □ たくさん (F beaucoup S mucho P muito)

▶宿題(しゅくだい)がたくさんあったので、ハイキングには行(い)きません。
(F Je n'ai pas fait de randonnée parce que j'avais beaucoup de devoirs. S Tenía un montón de deberes, por lo que no pude ir de senderismo. P Eu não pude caminhar porque tinha muito dever de casa para fazer.)

❼ □ ちょっと (F un peu S un poco P um pouco)

▶すみません、ちょっと手伝(てつだ)ってくれませんか。
(F Excusez-moi, pourriez-vous m'aider un peu? S Perdona, ¿me puedes ayudar un momento? P Por gentileza, você poderia me ajudar um pouco?)

▶まだ終(お)わりませんか。 —あとちょっとです。
(F Ce n'est pas encore fini? — Encore un petit peu. S ¿Todavía no has terminado? — No, me queda un poco. P Ainda não teminou? — Falta mais um pouco.)

❽ □ 長(なが)さ (F longueur S longitud P comprimento)

▶どれくらいの長さですか(長さはどれくらいですか)。
(F Quelle en est la longueur? S ¿Cuál es su longitud? P Qual é o comprimento?)

❾ □ 大(おお)きさ (F taille S tamaño P tamanho)

▶どれくらいの大きさですか(大きさはどれくらいですか)。
(F Quelle en est la taille? S ¿Cuál es su tamaño? P Qual é o tamanho?)

❿ □ 重(おも)さ (F poids S peso P peso)

▶どれくらいの重さですか(重さはどれくらいですか)。
(F Quel en est le poids? S ¿Cuál es su peso? P Qual é o peso?)

⓫ □ プラス(する) (F plus S sumar, añadir P mais)

▶これに、あと50個(こ)プラスしてください。
(F Ajoutez-en 50 de plus. S Añádele 50 unidades más. P Acrescente aqui mais 50 unidades, por favor.)

⑫ □ マイナス(する) (F moins S restar, perder P menos)

▶ダイエットを始めて、3か月でマイナス2キロです。
(F J'ai perdu 2 kilos en 3 mois depuis que j'ai commencé un regime. S He perdido 2 kilos en 3 meses desde que empecé la dieta. P Eu comecei a dieta e em três meses estou pesando menos 2 quilos.)

⑬ □ 約〜 (F environ~ S aprox. ~ P aproximadamente...)

▶毎年、約2万人がここを訪れます。
(F Chaque année, environ 20 000 personnes viennent ici. S Cada año aproximadamente 20.000 personas visitan este lugar. P Todos os anos, aproximamente 20 mil pessoas visitam este local.)

⑭ □ 〜くらい (F environ~ S aprox. ~ P em torno de... , cerca de...)

▶値段は3万円くらいでした。
(F Le prix était d'environ 30 000 yens. S El precio era aproximadamente 30.000 JPY. P O preço é em torno de 30 mil ienes.)

⑮ □ キロ(メートル) (F kilomètre S kilómetro P quilômetro)

⑯ □ メートル (F mètre S metro P metro)

⑰ □ センチ (F centimètre S centímetro P centímetro)

⑱ □ ミリ (F millimètre S milímetro P milímetro)

⑲ □ キロ(グラム) (F kilo(gramme) S kilogramo P quilograma)

⑳ □ グラム (F gramme S gramo P grama)

㉑ □ パーセント (F pourcent S por ciento (%) P por cento)

▶人間の体の90パーセントは水です。
(F 90% du corps humain est composé d'eau. S El 90 % del cuerpo humano es agua. P Noventa por cento do corpo humano é água.)

31

UNIT 23 お金（かね）

(F L'argent S Dinero P Dinheiro)

❶ □ お金 (F l'argent S dinero P dinheiro)

❷ □ ～円（えん） (F ~yen S ~ JPY P ...len)

❸ □ 払う（はら） (F payer S pagar P pagar)

❹ □ 支払い（しはら） (F paiement S pago P pagamento)

❺ □ 現金（げんきん） (F espèces S dinero en efectivo P dinheiro vivo)

▶支払いは現金でお願（ねが）いします。

(F Veuillez payer en espèces. S Haga el pago en efectivo. P Pague em dinheiro vivo.)

❻ □ おつり (F monnaie S cambio P troco)

❼ □ 細かい（こま） (F petite monnaie S suelto P trocado)

▶細かいお金、ありますか？

(F Avez-vous de la petite monnaie? S ¿Tiene cambio suelto? P Você tem trocado?)

❽ □ ～代（だい） (F frais de ~ S tarifa de ~ P tarifa)

▶タクシー代 (F frais de taxi S tarifa del taxi P tarifa do táxi)

❾ □ 料金（りょうきん）（F tarif S tarifa P preço, tarifa）

▶ケータイの基本（きほん）料金
（F frais d'abonnement de téléphone portable S tarifa básica del teléfono móvil P preço básico do celular）

❿ □ 入場料（にゅうじょうりょう）（F frais d'admission S entrada P preço da entrada）

⓫ □ する（F coûter S costar P custar）

▶そのかばん、いくらしたの？ ―これ？ 2万（まん）5千円（せんえん）。
（F Combien a coûté ce sac? ― Ça? 25,000 yens. S ¿Cuánto te costó ese bolso? ― ¿Este? 25.000 JPY. P Quanto custou essa bolsa? ― Esta? Custou 25 mil ienes.）

⓬ □ 銀行（ぎんこう）（F banque S banco P banco）

⓭ □ 両替（りょうがえ）（する）（F change S cambio de divisas P câmbio）

⓮ □ おろす（F retirer (de l'argent) S sacar (dinero) P sacar(dinheiro)）

▶ATM でお金をおろしてくるから、ちょっと待（ま）ってて。
（F Attends-moi un instant, je vais retirer de l'argent au distributeur automatique. S Espera un momento, que saco dinero del cajero. P Espere um pouquinho que eu vou sacar dinheiro no caixa eletrônico.）

⓯ □ 貯（た）める（F économiser S ahorrar P economizar）

▶お金（かね）を貯めて、旅行（りょこう）に行（い）こうと思（おも）っています。
（F Je veux économiser pour partir en voyage. S Pienso ahorrar dinero e irme de viaje. P Estou pensando em economizar algum dinheiro para viajar.）

⓰ □ 貯（た）まる（F s'accumuler S ahorrar P economizar）

▶なかなかお金が貯まりません。
（F L'argent ne s'accumule pas facilement. S Apenas ahorro dinero. P Não é fácil economizar dinheiro.）

⓱ □ 貯金（ちょきん）（する）（F économies S ahorros P economia）

▶貯金はほとんどゼロです。
（F Je n'ai presque pas d'économies. S Mis ahorros son prácticamente cero. P A minha economia é quase zero.）

32

UNIT 24 郵便・宅配 ゆうびん たくはい

(F Poste, Livraison
S Servicio postal, Servicio de paquetería
P Entrega postal, Domiciliar)

❶ □ 郵便 (F poste S correo, servicio postal P entrega postal)

❷ □ 郵便局 ゆうびんきょく (F bureau de poste S oficina de correos P correios)

❸ □ 郵便番号 ゆうびんばんごう (F code postal S código postal P CEP)

★番号の前に〒(「郵便」を表すマーク)を付けることが多い。
F Souvent, un 〒 (signifiant "郵便") précède le code postal.
S Delante del código postal se suele añadir 〒 (símbolo del servicio postal).
P Em muitos casos, o símbolo 〒 é posto antes do número postal.

▶郵便物 ゆうびんぶつ (F courrier, colis S paquete postal P coisas para serem mandadas pelos correios.)

❹ □ ポスト (F boîte à lettres S buzón P caixa de correios)

▶これ、ポストに出(だ)してもらえる?
—わかった。

(F Tu peux déposer ça dans la boite à lettres? — D'accord. S ¿Puedes llevar esto al buzón? — Entendido. P Você poderia colocar dentro da caixa dos Correios? — Sim, claro.)

❺ □ 手紙 てがみ (F lettre S carta P carta)

▶親(おや)に手紙を書(か)こうと思(おも)います。
(F Je veux écrire une lettre à mes parents. S Pienso escribirles una carta a mis padres. P Estou pensando em escrever para a minha mãe.)

❻ □ はがき (F carte postale S tarjeta postal P cartão) 漢葉書

❼ □ 絵(え)はがき (F carte postale S tarjeta postal ilustrada P cartão postal)

❽ □ 切手 (F timbre S sello P selo)
きって

▶切手は、まだ張ってません。
は
(F Je n'ai pas encore mis de timbre. S Todavía no le he pegado el sello. P O selo ainda não está colado.)

❾ □ 封筒 (F enveloppe S sobre P envelope)
ふうとう

❿ □ 速達 (F prioritaire (courrier express) S entrega exprés P entrega expressa)
そくたつ

▶速達でお願いします。
ねが
(F Envoyez cela en express s'il vous plaît. S Por favor, en entrega exprés. P Por favor, entrega expressa.)

⓫ □ 航空便 (F (envoi) par avion S correo aéreo P correio aéreo)
こうくうびん

▶航空便だと、いくらかかりますか。
(F Combien cela coûte-t-il d'envoyer cela par avion? S ¿Cuánto cuesta por correo aéreo?
P Quanto custa via correio aéreo?)

⓬ □ 船便 (F (envoi) par bateau S envío por barco P remessa por navio)
ふなびん

▶船便だと、何日くらいかかりますか。
なんにち
(F Combien de temps cela prend par bateau? S ¿Cuántos días tarda si se envía por barco?
P Quantos dias leva via remessa por navio?)

⓭ □ 荷物 (F colis, bagage S paquete P bagagem)
にもつ

▶きのう、荷物が届きました。
とど
(F Hier, le colis est arrivé. S Ayer me llegó un paquete. P As bagagens chegaram ontem.)

⓮ □ 宅配／宅配便 (F livraison à domicile S servicio de paquetería P correio)
たくはい　たくはいびん

▶宅配で送ろうと思います。
おく
(F Je vais l'envoyer par livraison à domicile. S Pienso enviarlo por servicio de paquetería.
P Estou pensando em enviar pelo correio.)

▶宅配が届いていますよ。
(F Une livraison est arrivée. S Aquí tiene su paquete. P A entrega chegou.)

⑮ □ 送る（おく） (F envoyer S enviar P enviar)

▶サンプルを送ってもらえませんか。

(F Pourriez-vous m'envoyer un échantillon? S ¿Me puede enviar una muestra? P Poderia enviar uma amostra?)

⑯ □ 出す（だ） (F poster S enviar P enviar)

▶また、はがきを出すのを忘れた（わす）。

(F J'ai encore oublié d'envoyer les cartes postales. S Se me ha olvidado de nuevo enviar la tarjeta postal. P Também me esqueci de mandar um cartão postal.)

⑰ □ 配達（はいたつ）（する） (F livrer S enviar P entregar)

▶〈宅配（たくはい）の受付（うけつけ）で〉配達の時間（じかん）は、どうしますか。
──午前（ごぜん）でお願い（ねが）します。

(F <à l'accueil du service de livraison à domicile> À quelle heure souhaitez-vous la livraison? ── Le matin, s'il vous plaît. S (En la recepción del servicio de paquetería) ¿Qué hora de entrega desea? ── Por favor, por la mañana. P (Na recepção dos Correios) A que horas você quer que seja feita a entrega? ── Na parte da manhã, por favor.)

⑱ □ 届く（とど） (F arriver, recevoir S llegar P chegar)

▶友達（ともだち）から絵（え）ハガキが届きました。

(F J'ai reçu une carte postale d'un ami. S Me ha llegado una tarjeta postal ilustrada de un amigo. P Chegou um cartão do seu amigo.)

⑲ □ 着く（つ） (F arriver S llegar P chegar)

▶これ、木曜（もくよう）に着きますか。

(F Est-ce que cela arrivera jeudi? S ¿Esto llegará el jueves? P Isto chega na quinta-feira?)

⑳ □ 受け取る（うけとる） (F recevoir S recibir P receber)

▶けさ、荷物を受け取りました。

(F Ce matin, j'ai reçu un colis. S Esta mañana recibí un paquete. P Eu recebi as bagagens, esta manhã.)

かぞえかた②

（☞「かぞえかた①」p.11）　※音はありません。（NO SOUND）

	～だい	～はい	～本	～番	～枚	～ひき	～さつ
1	いちだい	いっぱい	いっぽん	いちばん	いちまい	いっぴき	いっさつ
2	にだい	にはい	にほん	にばん	にまい	にひき	にさつ
3	さんだい	さんばい	さんぼん	さんばん	さんまい	さんびき	さんさつ
4	よんだい	よんはい	よんほん	よんばん	よんまい	よんひき	よんさつ
5	ごだい	ごはい	ごほん	ごばん	ごまい	ごひき	ごさつ
6	ろくだい	ろっぱい	ろっぽん	ろくばん	ろくまい	ろっぴき	ろくさつ
7	ななだい	ななはい	ななほん	ななばん	ななまい	ななひき	ななさつ
8	はちだい	はちはい はっぱい	はちほん はっぽん	はちばん	はちまい	はちひき はっぴき	はちさつ はっさつ
9	きゅうだい	きゅうはい	きゅうほん	きゅうばん	きゅうまい	きゅうひき	きゅうさつ
10	じゅうだい	じゅっぱい じっぱい	じゅっぽん じっぽん	じゅうばん	じゅうまい	じゅっぴき じっぴき	じゅっさつ じっさつ
?	なんだい	なんばい	なんぼん	なんばん	なんまい	なんびき	なんさつ

33

UNIT 25

社会（しゃかい）

(F Société S Sociedad P Empresa)

❶ □ 政治（せいじ） (F politique S política P política)

❷ □ 経済（けいざい） (F économie S economía P economia)

❸ □ 社会（しゃかい） (F société S sociedad P sociedade)

▶これは日本（にほん）社会の問題（もんだい）でしょう。
(F C'est un problème de la société japonaise. S Este es uno de los problemas de la sociedad japonesa.
P Isso é um problema social do Japão.)

▶どんな社会にも、ルールがあります。
(F Toute société a des règles. S Toda sociedad tiene sus normas.
P Há regras em qualquer sociedade.)

❹ □ 国（くに） (F pays S país P país)

❺ □ 世界（せかい） (F monde S mundo P mundo)

❻ □ 国際（こくさい） (F international S internacional P internacional)

❼ □ 国際電話 (F appel international S teléfono internacional P chamada internacional)

❽ □ 市（し） (F ville S ciudad P cidade)

❾ □ 町（まち/ちょう） (F ville S barrio P cidade)

⑩ □ 村 (F village S pueblo P vila)
むら/そん

⑪ □ 市民 (F citoyen S ciudadano P cidadão)
しみん

▶このイベントには、毎年、多くの市民が参加します。
まいとし おお さんか
(F De nombreux citoyens participent à cet événement chaque année. S Todos los años muchos ciudadanos participan en este evento. P Todos os anos, muitos cidadãos participam deste evento.)

⑫ □ 大人 (F adulte S adulto P adulto)
おとな

⑬ □ 若者 (F jeune S joven P jovem)
わかもの

⑭ □ 老人 (F personne âgée S persona mayor P idoso) 同お年寄り
ろうじん としよ

⑮ □ 法律 (F loi S ley P lei)
ほうりつ

⑯ □ 規則 (F règle(s) S norma P regra) 同ルール
きそく

⑰ □ 警察 (F police S policía P polícia)
けいさつ

⑱ □ グループ (F groupe S grupo P grupo)

▶彼女はわたしたちと同じグループです。
かのじょ おな
(F Elle est dans le même groupe que nous. S Ella pertenece a nuestro mismo grupo. P Ela é do mesmo grupo que eu.)

34

UNIT 26 マスコミ (F Médias S Medios de comunicación P Mídia)

❶ □ テレビ (F télévision S televisión P televisão)

❷ □ ラジオ (F radio S radio P rádio)

❸ □ 番組(ばんぐみ) (F programme S programa P programa)

❹ □ テレビ番組 (F émission de TV S programa de televisión P programa de televisão)

▶いつも、どんな番組を見(み)ていますか。

(F Quel genre de programmes regardez-vous habituellement? S ¿Qué programas ves normalmente? P Você sempre assiste a que programa?)

❺ □ ニュース (F actualités S noticias P noticiário)

▶朝(あさ)、ニュースを見て、びっくりしました。

(F J'ai été surpris quand j'ai vu les actualités ce matin. S Me quedé sorprendido al ver las noticias de la mañana. P Eu vi pelo noticiário de manhã e levei um susto.)

❻ □ ドラマ (F feuilleton S serie P novela)

▶あのドラマは毎週(まいしゅう)見ています。

(F Je regarde ce feuilleton chaque semaine. S Veo esa serie todas las semanas. P Eu assisto a essa novela todas as semanas.)

❼ □ 放送(ほうそう)(する) (F diffusion S emisión P transmissão)

▶その試合(しあい)はテレビで放送するみたいですよ。

(F Il paraît que ce match sera diffusé à la télévision. S Parece que ese partido lo van a emitir en televisión. P Parece que esse jogo será transmitido pela televisão.)

▶生放送(なまほうそう) (F diffusion en direct S emisión en directo P transmissão ao vivo)

❽ □ 広告（こうこく） (F publicité S anuncio, publicidad P propaganda)

▶この雑誌（ざっし）、広告ばかりだね。
(F Il n'y a que des publicités dans ce magazine. S Esta revista está repleta de anuncios. P Esta revista só tem propagandas.)

❾ □ コマーシャル (F pub TV S anuncio P comercial)

▶これ、知（し）っています。テレビのコマーシャルで見ました。
(F Je connais ça, je l'ai vu dans une publicité à la télé. S Ah, ¡lo conozco! Lo vi en un anuncio de televisión. P Isso eu conheço. Eu vi numa propaganda de televisão.)

❿ □ 看板（かんばん） (F enseigne S cartel P placa)

▶大（おお）きな看板があるから、すぐわかると思（おも）います。
(F Il y a une grande enseigne, donc je pense que vous trouverez facilement. S Lo verás de inmediato, ya que hay un cartel enorme. P Eu acho que você saberá logo, porque tem uma placa bem grande.)

⓫ □ チラシ (F flyer, prospectus S folleto P folheto)

▶さっき、駅前（えきまえ）でチラシを配（くば）っていました。
(F Ils distribuaient des flyers devant la gare tout à l'heure. S Hace un momento estaba repartiendo folletos delante de la estación. P A pouco eu estava distribuindo os folhetos em frente à estação.)

★「チラシ」…１枚の簡単なものが多い。「パンフレット」…詳しく説明していて、何ページかあるものが多い。
F "チラシ" désigne généralement un flyer d'une page. "パンフレット" contient plus de pages, avec des explications plus détaillées. S "チラシ"...Suelen constar de una sola página. "パンフレット"...Suelen contener información detallada y estar formados por varias páginas. P "チラシ" é uma folha de papel, muito simples. "パンフレット" é uma propaganda com explicações detalhadas, geralmente com muitas páginas.

⓬ □ パンフレット (F brochure publicitaire S folleto P panfleto)

▶すみません、パンフレットを１部（ぶ）ください。
(F Excusez-moi, puis-je avoir une brochure? S Perdona, me puedes dar un folleto, por favor. P Por favor, me dê um panfleto.)

⓭ □ ポスター (F poster S póster P pôster)

⓮ □ マスコミ (F médias S medios de comunicación P mídia)

35

UNIT 27

産業 さんぎょう (F Industrie S Industria P Indústria)

❶ □ 農業 のうぎょう (F agriculture S agricultura P agricultura)

❷ □ 工業 こうぎょう (F industrie S industria manufacturera P fábrica)

❸ □ 産業 さんぎょう (F industrie S industria P indústria)

▶この地域(ちいき)には、どんな産業がありますか。
(F Quelles sont les industries dans cette region? S ¿Qué industrias hay en esta región? P Que indústrias existem nessa área?)

▶自動車(じどうしゃ)産業 (F industrie automobile S industria automotriz P Setor automotivo)

❹ □ 原料 げんりょう (F matière première S materia prima P matéria prima)

▶これも、石油(せきゆ)が原料です。
(F Ceci aussi est fabriqué à base de pétrole. S La materia prima de esto también es el petróleo. P Isto também tem o óleo como matéria prima.)

❺ □ 材料 ざいりょう (F matériau S material P material)

▶材料が足(た)りないから、少(すこ)ししか作(つく)れません。
(F Nous n'avons pas assez de matériaux, nous ne pourrons donc pas en fabriquer beaucoup. S Como nos faltan materiales solo podemos construir un poco. P Só posso fazer poucos porque não há material suficiente.)

❻ □ 部品 ぶひん (F pièces, composants S componente, pieza P peça)

❼ □ 工場 こうじょう (F usine S fábrica, taller P fábrica)

❽ □ 倉庫（そうこ） (F entrepôt S almacén P armazém)

❾ □ 生産（せいさん）(する) (F production S producción P produção)

▶ほとんどの商品（しょうひん）が、この工場（こうじょう）で生産されている。

(F La plupart des produits sont fabriqués dans cette usine. S Casi todos los productos se producen en esta fábrica. P A maioria dos produtos é produzida nesta fábrica.)

❿ □ 輸出（ゆしゅつ）(する) (F export S exportar P exportação)

⓫ □ 輸入（ゆにゅう）(する) (F import S importar P importação)

⓬ □ ロボット (F robot S robot P robôs)

⓭ □ 貿易（ぼうえき） (F commerce S comercio P comércio)

⓮ □ 経済（けいざい） (F économie S economía P economia)

▶日本（にほん）の経済は、これからどうなるのでしょうか。

(F Qu'adviendra-t-il de l'économie japonaise à l'avenir? S ¿Qué futuro le deparará a la economía de Japón? P Como ficará a economia do Japão no futuro?)

⓯ □ 発展（はってん）(する) (F développement S desarrollo P desenvolvimento)

▶彼（かれ）は、地域産業（ちいきさんぎょう）の発展のために努力（どりょく）した。

(F Il a beaucoup travaillé au développement des industries locales. S Él trabajó en el desarrollo de la industria regional. P Ele trabalhou para o desenvolvimento de indústrias locais.)

36

UNIT 28

材料・道具
ざいりょう どうぐ

(F Matériaux, Outils
S Materiales, Herramientas
P Materias, Ferramentas)

❶ □ 鉄（てつ） (F fer S hierro P ferro)

❷ □ 金属（きんぞく） (F métal S metal P metal)

❸ □ ガラス (F verre S cristal P vidro)

❹ □ プラスチック (F plastique S plástico P plástico)

▶このコップはプラスチックだから、落（お）としても割（わ）れません。

(F Ce gobelet est en plastique donc il ne se casse pas même si on le fait tomber. S Este vaso es de plástico, aunque se caiga no se romperá. P Este copo é de plástico e não se quebra quando cai.)

❺ □ 木（き） (F bois S madera P madeira)

▶これは全部（ぜんぶ）、木でできているんですか。

(F Est-ce que tout cela est fait en bois? S ¿Esto está todo hecho en madera?
P Isso tudo é feito de madeira?)

❻ □ 布（ぬの） (F tissu S tela P pano)

▶小（ち）さい布のバッグを見（み）ませんでしたか。

(F Vous n'auriez pas vu un petit sac en tissu? S ¿No habrás visto un bolso pequeñito de tela?
P Você não viu uma bolsinha de pano?)

❼ □ 金（きん） (F or S oro P ouro)

❽ □ ダイヤモンド （F diamant S diamante P diamante）

❾ □ コンクリート （F béton S hormigón P concreto）

❿ □ 木綿（もめん）／綿（めん） （F coton S algodón P algodão）

▶綿100パーセントのシャツがいいです。
（F Je veux une chemise 100% coton. S Me gusta la camisa 100 % algodón.
P Eu gostaria de uma camisa 100% de algodão.）

⓫ □ 絹（きぬ） （F soie S seda P seda）

⓬ □ ウール （F laine S lana P lã）

⓭ □ ナイロン （F nylon S nilón P nylon）

⓮ □ ポリエステル （F polyester S poliéster P poliester） 話ポリ

▶ごみを捨（す）てるから、ポリ袋（ぶくろ）を持（も）ってきてくれる？
（F Pouvez-vous apporter un sac plastique pour jeter les ordures? S Voy a tirar la basura, ¿me puedes traer una bolsa de poliéster? P Você pode trazer um saco plástico para jogar o lixo fora?）

⓯ □ 革（かわ） （F cuir S piel P couro）

▶革靴（ぐつ） （F chaussures en cuir S zapatos de piel P sapatos de couro）

⓰ □ ゴム （F caoutchouc S goma P borracha）

⓱ □ 紙（かみ） （F papier S papel P papel）

⓲ □ 段（だん）ボール （F carton S cartón P papelão）

⑲ □ ビニール （F vinyle S (plástico de) vinilo P vinil）

▶これはビニール袋(ぶくろ)に入(い)れましょう。

（F Mettons-le dans un sac plastique. S Se lo meto en una bolsa de vinilo. P Coloque isso em um saco plástico.）

⑳ □ 石油(せきゆ) （F pétrole S petróleo P petróleo）

㉑ □ ガソリン （F essence S gasolina P gasolina）

㉒ □ ガソリンスタンド （F station d'essence S gasolinera P tanque de gasolina）

㉓ □ ガス （F gaz S gas natural P gás）

㉔ □ 空気(くうき) （F air S aire P ar）

㉕ □ 箱(はこ) （F boîte S caja P caixa）

㉖ □ 段(だん)ボール箱(ばこ) （F boîte en carton S caja de cartón P caixa de papelão）

㉗ □ ケース （F caisse, boîte S funda P estojo）

▶あれ？　デジカメのケースがない！　ねえ、知(し)らない？

（F Oh! Je ne trouve pas la boîte de mon appareil photo, tu ne l'as pas vue? S ¿Eh? ¡No encuentro la funda de la cámara digital! ¿No la habrás visto? P Ué? Sumiu o estojo da câmera! Você não o viu?）

㉘ □ 缶(かん) （F canette S lata P lata）

㉙ □ びん （F bouteille S botella P vidro）

㉚ □ ふた （F couvercle S tapa, tapón P tampa）

㉛ □ コード （F corde S cable P cabo）

㉜ □ スイッチ （F interrupteur S interruptor P interruptor）

㉝ □ ボタン （F bouton S botón P botão）

㉞ □ ドライバー （F tournevis S destornillador P chave de fenda）

㉟ □ 材料（ざいりょう） （F matériau S material P material）

㊱ □ 道具（どうぐ） （F outil(s) S herramienta P ferramenta）

UNIT 29

37

天気 てんき (F Temps S Tiempo (meteorológico) P Tempo)

❶ □ 天気 (F temps, météo S tiempo (meteorológico) P tempo)

▶明日(あした)の天気はどうですか。
(F Quel temps va-t-il faire demain? S ¿Qué tiempo va a hacer mañana? P Como estará o tempo amanhã?)

❷ □ 天気予報(よほう) (F prévisions météo S pronóstico del tiempo P previsão do tempo)

❸ □ 晴(は)れ (F ensoleillé S tiempo soleado P tempo bom)

▶週末(しゅうまつ)の天気は晴れだって。よかったね
(F Il semble qu'il va faire beau ce week-end. Tant mieux! S Va a estar soleado el fin de semana.¡Qué bien! P Parece que o tempo estará bom no fim de semana. Que bom, né!)

❹ □ 晴れる (F faire beau S despejarse P fazer bom tempo)

▶週末、晴れたらいいね。
(F J'espère qu'il va faire beau ce week-end. S Qué bueno si el fin de semana estuviera despejado. P Tomara que faça bom tempo no fim de semana.)

❺ □ 雨(あめ) (F pluie S lluvia P chuva)

▶雨の場合(ばあい)は中止(ちゅうし)です。
(F Ce sera annulé en cas de pluie. S En caso de lluvia se cancelará. P Caso chova será cancelado.)

❻ □ 大雨(おおあめ) (F fortes pluies S fuertes lluvias P tempestade)

❼ □ 雪(ゆき) (F neige S nieve P neve)

❽ □ 降（ふ）る (F tomber (pluie, neige) S llover, nevar P chover, nevar)

▶うわー、雨（あめ）が降ってる。どうしよう、かさがない。

(F Oh non! Il pleut. Qu'est-ce qu'on fait? Je n'ai pas de parapluie. S Oh, está lloviendo. Qué puedo hacer. No traigo paraguas. P Nossa, está chovendo.O que eu faço? Não tenho guarda-chuva.)

❾ □ 上（あ）がる (F arrêter de pleuvoir S dejar (de llover, nevar) P parar)

▶あっ、雨が上がったみたい。

(F Ah, on dirait qu'il ne pleut plus. S Ah, parece que dejó de llover. P Parece que parou de chover.)

❿ □ やむ (F arrêter de pleuvoir S dejar (de llover, nevar) P parar)

▶雨がやんだら出かけましょう。

(F Allons-y quand il arrêtera de pleuvoir. S Salgamos cuando deje de llover. P Vamos sair quando parar de chover.)

⓫ □ 曇（くも）り (F nuageux S nublado P nublado)

▶〈天気予報（てんきよほう）〉明日（あした）は曇りのち晴（は）れでしょう。

(F <Prévisions météo> Demain le temps sera nuageux puis ensoleillé. S (Pronóstico del tiempo) Mañana nubes y después sol. P (Previsão do tempo) Amanhã estará nublado sujeito a tempo bom.)

⓬ □ 曇る (F devenir nuageux S nublarse P nublar)

▶曇ってきたね。雨が降るかもしれない。

(F C'est nuageux, il va peut-être pleuvoir. S Ha empezado a nublarse. Tal vez vaya a llover. P Ficou nublado, né. Talvez chova.)

⓭ □ 雲 (F nuage(s) S nube P nuvem)

⓮ □ 暑（あつ）い (F faire chaud S hacer calor P quente)

⓯ □ 寒（さむ）い (F faire froid S hacer frío P frio)

⑯ □ 暖(あたた)かい (F faire doux S hacer calor P quentinho)

▶やっと暖かくなってきたね。もう冬(ふゆ)も終(お)わりかな。
(F Il fait enfin plus doux. Peut-être que l'hiver se termine? S Por fin empieza a hacer calor. Parece que ya terminó el invierno. P Finalmente ficou quentinho. Será que terminou o frio?)

⑰ □ 涼(すず)しい (F faire frais S hacer fresco P fresco)

▶風(かぜ)が涼しくて、気持(きも)ちがいいですね。
(F Le vent est frais, ça fait du bien. S Qué fresquito el viento, se siente muy bien. P Que sensação agradável já que o vent fresquinho.)

⑱ □ むし暑(あつ)い (F faire humide, lourd S hacer calor húmedo P quente e úmido)

▶日本(にほん)の夏(なつ)は蒸し暑いので、少(すこ)し苦手(にがて)です。
(F L'été au Japon est chaud et humide, je n'aime pas beaucoup. S No me gusta el verano japonés porque hace un calor húmedo. P O verão do Japão é muito quente e úmido, por isso não gosto muito.)

⑲ □ 風(かぜ) (F vent S viento P vento)

▶きょうは風が強(つよ)いですね。
(F Le vent est fort aujourd'hui. S Hoy sopla fuerte el viento. P Hoje o vento está forte.)

⑳ □ 吹(ふ)く (F souffler S soplar (el viento) P soprar)

▶風が吹いて、ちょっと涼しくなってきた。
(F Le vent souffle, il fait un peu plus frais. S Al soplar el viento ha empezado a refrescarse un poco. P Começou a soprar um ventinho e ficou fresco.)

㉑ □ 台風(たいふう) (F typhon S tifón P tufão)

▶台風が来(く)るから、きょうは早(はや)く帰(かえ)りましょう。
(F Rentrons de bonne heure aujourd'hui à cause du typhon qui approche. S Va a venir un tifón. Hoy volvamos temprano. P Vamos voltar mais cedo porque está chegando um tufão.)

UNIT 30 動物・植物 どうぶつ しょくぶつ

(F Animaux, Plantes S Animales, Plantas P Animais, Plantas)

❶ □ 動物 (F animaux S animales P animal)

❷ □ 動物園(えん) (F zoo S zoológico P jardim zoológico)

❸ □ 犬(いぬ) (F chien S perro P cachorro, cão)

▶うちの犬は、知(し)らない人(ひと)には必(かなら)ずほえるんです。

(F Mon chien aboie toujours aux inconnus. S Mi perro siempre ladra a los desconocidos.

P O meu cachorro sempre late para as pessoas que ele não conhece.)

❹ □ 猫(ねこ) (F chat S gato P gato)

❺ □ 鳥(とり) (F oiseau S ave P pássaro)

❻ □ 小鳥(ことり) (F oiseau S pájaro P passarinho)

▶森(もり)さんは、小鳥を飼(か)っているんですか。

(F M.(Mme) Mori, vous avez des oiseaux? S Mori-san, ¿tienes un pájaro?

P Mori-San, você tem passarinho?)

❼ □ ペット (F animal de compagnie S mascota P animal de estimação)

❽ □ 飼う(か) (F avoir (un animal de compagnie) S tener como mascota P criar, ter)

▶ペットを飼ったことはありますか。
—子(こ)どものころ、家(いえ)で犬(いぬ)を飼っていました。
(F Avez-vous déjà eu un animal de compagnie? —— Quand j'étais enfant, j'avais un chien à la maison. S ¿Alguna vez has tenido mascota? —— Cuando era niño teníamos un perro en casa. P Você já teve um animal de estimação? —— Eu tinha um cachorro quando era criança.)

❾ □ 鳴く(な) (F chanter, aboyer, etc (sons des animaux) S sonido animal (piar, ladrar, etc.) P cantar)

▶けさは、鳥(とり)の鳴く声(こえ)で目(め)が覚(さ)めました。
(F Ce matin, je me suis réveillé(e) avec le chant des oiseaux. S Esta mañana me desperté con el piar del pájaro. P Esta manhã eu acordei com o canto dos pássaros.)

❿ □ 牛(うし) (F vache S vaca P boi)

⓫ □ 馬(うま) (F cheval S caballo P cavalo)

⓬ □ 豚(ぶた) (F cochon S cerdo P porco)

⓭ □ 羊(ひつじ) (F mouton S oveja P ovelha)

⓮ □ 猿(さる) (F singe S mono P macaco)

⓯ □ 象(ぞう) (F éléphant S elefante P elefante)

⓰ □ ヘビ (F serpent S serpiente P cobra)

⓱ □ ネズミ (F souris S ratón P rato)

⑱ □ トラ (F tigre S tigre P tigre)

⑲ □ パンダ (F panda S panda P panda)

⑳ □ ライオン (F lion S león P leão)

㉑ □ ウサギ (F lapin S conejo P coelho)

㉒ □ クマ (F ours S oso P urso)

㉓ □ 魚 さかな (F poisson S pez P peixe)

㉔ □ イルカ (F dauphin S delfín P golfinho)

㉕ □ サケ (F saumon S salmón P salmão)

㉖ □ クジラ (F baleine S ballena P baleia)

㉗ □ 虫 むし (F insecte S insecto P inseto)

㉘ □ 蚊 か (F moustique S mosquito P mosquito)

㉙ □ ハエ (F mouche S mosca P mosca)

21 色・形
22 数・量
23 お金
24 郵便・宅配
25 社会
26 マスコミ
27 産業
28 材料・道具
29 天気
30 動物・植物

㉚ □ 植物（しょくぶつ） (F plante S planta P planta)

㉛ □ 木（き） (F arbre S árbol P árvore)

㉜ □ 花（はな） (F fleur S flor P flor)

㉝ □ 咲く（さく） (F fleurir S florecer P florescer)

▶きれいな花（はな）がいっぱい咲いていますね。
(F Il y a beaucoup de belles fleurs qui ont éclos. S Han florecido un montón de flores hermosas. P Muitas flores bonitas estão florescendo.)

㉞ □ 桜（さくら） (F (fleur de) cerisier S cerezo P sakura, flor de cerejeira)

▶桜が咲いたら、花見（はなみ）に行（い）かない？
(F Quand les cerisiers seront en fleurs, tu ne veux pas aller les voir? S ¿Qué tal si hacemos un hanami cuando florezcan los cerezos? P Vamos ver a flores de cerejeira quando florescerem?)

㉟ □ 花見
(F contemplation des fleurs de cerisier S hanami (tradición japonesa de observar la floración)

㊱ □ バラ (F rose S rosa P rosa)

㊲ □ 草（くさ） (F herbe S hierba P mato)

㊳ □ 葉（は）／葉っぱ (F feuille S hoja P folha)

▶葉っぱが少（すこ）し赤（あか）くなっていますね。
(F Les feuilles commencent à rougir. S Las hojas se han vuelto ligeramente rojizas. P As folhas ficaram um pouco avermelhadas.)

UNIT 31 日本・世界（にほん せかい）

（F Japon, Monde S Japón, Mundo P Japão, Mundo）

❶ □ 東京（とうきょう）

❷ □ 大阪（おおさか） 第二の都市（だいに とし）
（F deuxième ville S segunda ciudad de Japón P segunda cidade）

❸ □ 名古屋（なごや） 第三の都市（さん）（F troisième ville S tercera ciudad de Japón P terceira cidade）

❹ □ 京都（きょうと） 昔、長い間、首都だったところ（むかし なが あいだ しゅと）
（F Pendant longtemps, ancienne capitale du Japon S Antigua capital de Japón durante mucho tiempo P antigamente, por muito tempo, foi a capital do Japão.）

❺ □ 奈良（なら） 京都より前に首都だったところ（まえ）
（F Nara, capitale avant Kyoto S Ciudad que fue capital de Japón antes que Kioto P Nara era a capital antes de Quioto.）

❻ □ 北海道（ほっかいどう） 美しい自然やスキー場で有名なところ（うつく しぜん じょう ゆうめい）
（F Hokkaidō, lieu célèbre pour sa nature et ses stations de ski S Hokkaido, Región famosa por su hermosa naturaleza y sus pistas de esquí P Hokkaido, famosa por sua bela natureza e pelas estações de esqui.）

❼ □ 沖縄（おきなわ） 日本のいちばん南にある島（みなみ しま）
（F Okinawa, île la plus au sud du Japon S Okinawa, La isla más al sur de Japón P Okinawa, a ilha mais ao sul do Japão.）

❽ □ 新宿（しんじゅく） 東京でいちばんにぎやかな街（まち）
（F Shinjuku, quartier le plus animé de Tokyo S Shinjuku, El distrito más animado de Tokio P Shinjuku, a cidade mais movimentada de Tóquio.）

❾ □ 銀座(ぎんざ)　東京の中心(ちゅうしん)にあり、高級店(こうきゅうてん)が並(なら)ぶ街
(F Ginza, quartier aux boutiques de luxe en plein centre de Tokyo
S Ginza, Distrito de establecimientos de lujo en el centro de Tokio
P Ginza, um bairro no centro de Tóquio, com muitas lojas sofisticadas.)

❿ □ 富士山(ふじさん) (F mont Fuji S monte Fuji P monte Fuji)

⓫ □ 世界(せかい) (F monde S mundo P mundo)

⓬ □ アジア (F Asie S Asia P (A) Ásia)

⓭ □ ヨーロッパ (F Europe S Europa P (A) Europa)

⓮ □ アフリカ (F Afrique S África P (A) África)

⓯ □ 中国(ちゅうごく) (F Chine S China P (A) China)

⓰ □ 台湾(たいわん) (F Taïwan S Taiwán P Taiwan)

⓱ □ 韓国(かんこく) (F Corée S Corea del Sur P (A) Coreia)

⓲ □ フィリピン (F Philippines S Filipinas P (As) Filipinas)

⓳ □ シンガポール (F Singapour S Singapur P Singapura)

⓴ □ マレーシア (F Malaisie S Malasia P (A) Malásia)

㉑ □ インドネシア (F Indonésie S Indonesia P (A) Indonésia)

㉒ □ ベトナム (F Vietnam S Vietnam P (O) Vietnã)

㉓	□ タイ	(F Thaïlande S Tailandia SP (A) Tailânda)
㉔	□ インド	(F Inde S India P (A) Índia)
㉕	□ モンゴル	(F Mongolie S Mongolia P (A) Mongolia)
㉖	□ イギリス	(F Royaume-Uni S Reino Unido P (A) Inglaterra)
㉗	□ フランス	(F France S Francia P (A) França)
㉘	□ ドイツ	(F Allemagne S Alemania P (A) Alemanha)
㉙	□ イタリア	(F Italie S Italia P (A) Itália)
㉚	□ スペイン	(F Espagne S España P (A) Espanha)
㉛	□ ポルトガル	(F Portugal S Portugal P Portugal)
㉜	□ ロシア	(F Russie S Rusia P (A) Rússia)
㉝	□ トルコ	(F Turquie S Turquía P (A) Turquia)
㉞	□ アメリカ	(F États-Unis S Estados Unidos P (Os) Estados Unidos)
㉟	□ メキシコ	(F Mexique S México P (O) México)
㊱	□ ブラジル	(F Brésil S Brasil P (O) Brasil)
㊲	□ ペルー	(F Pérou S Perú P (O) Peru)
㊳	□ オーストラリア	(F Australie S Australia P (A)Austrália)
㊴	□ 北京(ペキン)	(F Pékin S Pekín P Pequim)
㊵	□ 上海(シャンハイ)	(F Shanghaï S Shanghái P Xangai)

㊶	□ 香港（ホンコン）	(F Hong Kong S Hong Kong P Hong Kong)
㊷	□ 台北（タイペイ）	(F Taipei S Taipéi P Taipei)
㊸	□ ソウル	(F Séoul S Seúl P Seul)
㊹	□ バンコク	(F Bangkok S Bangkok P Bangkok)
㊺	□ ロンドン	(F Londres S Londres P Londres)
㊻	□ パリ	(F Paris S París P Paris)
㊼	□ ローマ	(F Rome S Roma P Roma)
㊽	□ モスクワ	(F Moscou S Moscú P Moscou)
㊾	□ ニューヨーク	(F New York S Nueva York P Nova Iorque)
㊿	□ ハワイ	(F Hawaï S Hawái P Havaí)
51	□ リオデジャネイロ	(F Rio de Janeiro S Río de Janeiro P Rio de Janeiro)
52	□ サンパウロ	(F São Paulo S São Paulo P São Paulo)
53	□ シドニー	(F Sydney S Sídney P Sidney)

UNIT 32 人と人（ひと と ひと）

(F Relations Humaines
S Relaciones Personales
P Relações Pessoais)

❶ □ 誘う（さそ） (F inviter S invitar P convidar)

▶森（もり）さんを食事（しょくじ）に誘ってみようと思（おも）います。
(F Je pense inviter M.(Mme) Mori à dîner. S Estoy pensando en invitar a Mori-san a comer.
P Estou pensando em convidar o Mori-San para comer.)

❷ □ 誘い (F invitation S invitación P convite)

❸ □ 呼ぶ（よ） (F appeler, inviter S llamar, invitar P chamar)

▶森（もり）さんも呼びましょう。彼（かれ）、カラオケ好（す）きだから来（き）ますよ。
(F On devrait inviter aussi M. Mori! Il adore le karaoké donc je suis sûr(e) qu'il viendra. S Invitemos también a Mori-san. A él le gusta el karaoke, seguro que viene. P Vamos chamar o Mori-San. Ele gosta de karaoke, por isso ele vem.)

❹ □ 招待（しょうたい）(する) (F invitation (inviter) S invitar a alguien (a un evento, un lugar) P convidar)

▶田中（たなか）さんの結婚式（けっこんしき）に招待されました。
(F J'ai été invité(e) au mariage de M.(Mme) Tanaka. S Me invitaron a la boda de Tanaka-san.
P Eu fui convidado para o casamento de Tanaka-San.)

▶招待状（じょう） (F (carton d') invitation S tarjeta de invitación P convite)

❺ □ 断る（ことわ） (F refuser S rechazar P recusar)

▶お昼（ひる）に誘われたけど、忙（いそが）しかったから断わりました。
(F J'ai été invité(e) à déjeuner mais comme je suis occupé(e) j'ai refusé. S Me invitaron a almorzar, pero rechacé la invitación porque estaba ocupado. P Eu recusei o convite para o almoço porque estava muito ocupado (a).)

❻ □ 謝る（あやま） (F s'excuser S disculparse P pedir desculpas)

▶早（はや）く謝ったほうがいいよ。
(F Tu ferais mieux de t'excuser rapidement. S Deberías disculparte pronto.
P É melhor pedir desculpas logo.)

❼ □ お願い(ねが) (F demande, requête S favor, petición P pedido)

▶すみません、ちょっとお願いがあるんですが。 —何(なん)ですか。

(F Excusez-moi, j'ai quelque chose à vous demander. — De quoi s'agit-il? S Perdona, tengo un pequeño favor… — ¿De qué se trata? P Por gentileza, eu tenho um pedido para fazer. — O que é?)

❽ □ お願いする (F demander de S pedir (ayuda) P pedir)

▶買(か)い物(もの)をお願いしてもいい?

(F Je peux te demander de faire les courses? S ¿Te podría pedir que me compres una cosa? P Posso pedir para você fazer compras?)

❾ □ 頼(たの)む (F demander de, charger de S pedir (un favor) P pedir)

▶原(はら)さんに、引(ひ)っ越(こ)しの手伝(てつだ)いを頼みました。

(F J'ai demandé à M.(Mme) Hara d'aider au déménagement. S Le pedí a Hara-san que me ayudara en mi mudanza. P Eu pedi para que o Hara-San me ajudasse com a mudança.)

❿ □ 助(たす)ける (F venir en aide S ayudar, rescatar P socorrer)

▶石井(いしい)さんには、いつも助けてもらっています。

(F M.(Mme) Ishii me vient toujours en aide. S Ishii-san siempre me ayuda cuando lo necesito. P O Ishii-San sempre me socorre.)

⓫ □ 手伝(てつだ)う (F aider S ayudar P ajudar)

▶忙(いそが)しそうですね。何(なに)か手伝いましょうか。

(F Vous avez l'air débordé. Je peux vous aider? S Pareces ocupado. ¿Te ayudo en algo? P Você parece ocupado(a). Tem alguma coisa que eu possa ajudar?)

▶手伝い (F aide S ayuda P ajuda)

⓬ □ 信(しん)じる (F croire S creer P acreditar)

▶彼(かれ)の言(い)うことは信じます。

(F Je crois ce qu'il dit. S Creo lo que él dice. P Eu acredito no que ele fala.)

⑬ □ 電話をかける (F téléphoner S llamar por teléfono P telefonar, ligar)
でんわ

⑭ □ 約束(する) (F promesse, engagement S promesa, compromiso P comprometer-se)
やくそく

▶一緒に行きませんか。
いっしょ い
—すみません、きょうはちょっと約束があるんです。

(F Pourquoi n'irions-nous pas ensemble? — Désolé(e), j'ai déjà un engagement aujourd'hui.
S ¿Vamos juntos? — Lo siento, pero hoy ya tengo un compromiso.
P Você não quer ir comigo? — Desculpa, mas eu tenho um compromisso hoje.)

⑮ □ 約束を守る (F honorer une promesse S cumplir una promesa P cumprir a promessa)
まも

⑯ □ 約束を破る (F ne pas respecter une promesse S romper una promesa P quebrar a promessa)
やぶ

⑰ □ 会う (F voir, rencontrer S reunirse P encontrar-se)
あ

▶友達と会う約束があるんです。
ともだち

(F J'ai promis de voir un(e) ami(e). S Hoy tengo que reunirme con un amigo.
P Eu tenho um compromisso de me encontrar com meu amigo.)

⑱ □ 待ち合わせ (F rendez-vous S encuentro P reunião, encontro)
ま あ

▶待ち合わせ場所はどこですか。
ばしょ

(F Où est le lieu de rendez-vous? S ¿Cuál es el punto de encuentro? P Você sabe onde será a reunião?)

⑲ □ 待ち合わせる (F donner rendez-vous S encontrarse, quedar P reunir-se,encontrar-se)

▶3時に駅の改札口で待ち合わせましょう。
じ えき かいさつぐち

(F Donnons-nous rendez-vous à 3h à l'entrée de la gare. S Quedamos a las tres en la barrera de acceso de la estación. P Vamos nos encontrar na entrada da roleta da estação às 3 horas.)

⑳ □ 参加(する) (F participer, venir S participación P participação)
さんか

▶わたしもこの会に参加したいと思っています。
かい おも

(F Je pense participer moi aussi à cette réunion. S A mí también me gustaría participar.
P Eu também quero participar desta reunião)

㉑ □ 出る(で) (F assister, participer S atender, participar P participar, ir)

▶授業(じゅぎょう)／試合(しあい)に出る
(F assister à un cours, participer à un match S atender a clase, participar en el partido
P Participar da aula,da partida)

㉒ □ 紹介(しょうかい)(する) (F présenter S presentar P apresentar)

▶森(もり)さんの彼女(かのじょ)に会いましたか。
―ええ、さっき紹介してもらいました。
(F Vous avez rencontré la petite amie de M. Mori? ― Oui, il me l'a présentée tout à l'heure.
S ¿Conoces a la novia de Mori-san? ― Sí, me la acaba de presentar.
P Você se encontrou com a namorada do Mori-San? ― Sim, acabei de ser apresentado a ela.)

㉓ □ 世話(せわ)(する) (F s'occuper de S cuidar P cuidar)

▶子(こ)どもの世話で毎日(まいにち)疲(つか)れます。
(F Tous les jours je suis fatigué(e) de m'occuper des enfants. S Todos los días acabo cansado por cuidar a los niños. P Cansa cuidar de crianças todos os dias.)

㉔ □ 世話をする (F s'occuper de S cuidar, ocuparse de P cuidar)
▶誰(だれ)が犬(いぬ)の世話をしているんですか。
(F Qui s'occupe du chien? S ¿Quién está ocupándose del perro? P Quem é que está cuidando do cachorro?)

㉕ □ お世話になる (F recevoir les attentions de S estar agradecido, recibir un favor P ser ajudado por alguém)

▶いろいろお世話になりました。ありがとうございました。
(F Merci de toutes les attentions que vous m'avez apportées. S Muchas gracias por todo, os estoy muy agradecido. P Muito obrigado (a) pela sua ajuda.)

㉖ □ 迷惑(めいわく) (F tort S molestia P aborrecimento)

㉗ □ 迷惑をかける (F causer du tort S causar molestias P causar algum incômodo)
▶急(きゅう)に休(やす)んだので、会社(かいしゃ)の人(ひと)に迷惑をかけてしまった。
(F Comme j'ai pris un congé soudain, j'ai causé du tort à mes collègues. S Como falté al trabajo de forma repentina, le causé molestias a mis compañeros de trabajo. P Eu acabei incomodando a todos da empresa por folgar de repente.)

㉘ □ **遠慮（する）** えんりょ （F se retenir, être gêné(e) S considerar, contenerse P fazer cerimônia）

▶遠慮しないで、たくさん食(た)べてください。

（F Ne soyez pas gêné(e), mangez autant que vous le voulez. S No te contengas, come todo lo que quieras. P Coma à vontade, não faça cerimônia.）

㉙ □ **遠慮なく** （F sans retenue, sans gêne S sin reservas P sem cerimônia）

▶じゃ、遠慮なくいただきます。

（F Alors, j'en profite sans me retenir. S Vale, pues lo cogeré sin reservas. P Então, vou comer sem cerimônia.）

㉚ □ **賛成（する）** さんせい （F être d'accord S a favor P concordar）

▶田中(たなか)さんの意見(いけん)に賛成の人(ひと)は、手(て)をあげてください。

（F Que les gens qui sont d'accord avec l'avis de M.(Mme) Tanaka lèvent la main. S Todos los que estéis a favor de la opinión de Tanaka-san, levantad la mano. P Levante a mão quem concorda com a opinião de Tanaka-San.）

㉛ □ **反対（する）** はんたい （F être en désaccord S en contra P opôr-se）

㉜ □ **けんか（する）** （F se disputer S pelea P brigar）

▶また彼(かれ)とけんかしたの!?　もうちょっと仲良(なかよ)くしたら？

（F Tu t'es encore disputé(e) avec lui!? Essayez de mieux vous entendre! S ¿¡Te has peleado de nuevo con tu novio!? ¿Qué tal si hacéis las paces? P Você brigou com ele de novo? Que tal fazer as pazes?）

㉝ □ **パーティー** （F fête S fiesta P festa）

㉞ □ **デート（する）** （F rendez-vous galant S cita P encontro）

▶あしたは彼とデートだから、だめです。

（F Non ce n'est pas possible demain, je sors avec mon copain. S Mañana no puedo, tengo una cita con mi novio. P Eu não posso amanhã porque vou me encontrar com ele.）

㉟ □ **関係（する）** かんけい （F lien, relation S relación P relacionar-se）

▶彼とはどういう関係ですか。　―大学(だいがく)で同(おな)じクラスだったんです。

（F Quel est votre lien avec lui? ―― Nous étions dans la même classe à la fac. S ¿Qué clase de relación tienes con él? ―― Íbamos a la misma clase en la universidad. P Qual é a sua relação com ele? ―― Nós éramos da mesma turma na universidade.）

41

UNIT 33 気持ち(きもち) (F Sentiments S Sentimientos P Sentimentos)

❶ □ 楽しい(たのしい) (F agréable, amusant(e) S divertido P divertido (a)) 反 苦しい(くるしい)

▶旅行(りょこう)はどうでしたか。 —すごく楽しかったです。

(F Comment s'est déroulé votre voyage? — Je me suis vraiment bien amusé(e). S ¿Qué tal el viaje? — Me lo pasé fenomenal. P Como foi a viagem? — Foi muito divertida!)

❷ □ 楽しみ (F être content de, tarder de S placer, diversión P ansiedade)

▶旅行に行(い)くのが楽しみです。

(F Il me tarde de partir en voyage. S Tengo ganas de ir de viaje. P Estou ansioso para viajar.)

❸ □ 楽しみにする (F être content de, tarder de S tener ganas P ansioso para ...)

▶皆(みな)さんに会(あ)うのを楽しみにしています。

(F Je suis content(e) de pouvoir tous vous voir. S No puedo esperar a encontrarme con todos. P Estou ansioso para encontrá-los.)

❹ □ 楽しむ (F profiter de S disfrutar P gostar)

▶彼(かれ)は日本(にほん)での生活(せいかつ)を楽しんでいるみたいですね。

(F On dirait qu'il profite bien de la vie au Japon. S Parece que está disfrutando de la vida en Japón. P Parece que ele está gostando da vida do Japão.)

❺ □ 面白い(おもしろい) (F intéressant(e) S interesante P interessante) 反 つまらない

▶〈映画(えいが)について〉これはどう? —面白かったよ。

(F (à propos d'un film) Ça c'est comment? — C'était intéressant. S (Acerca de una película) ¿Qué te pareció? — Estuvo muy interesante. P (Sobre o filme) Que tal o filme? — Foi interessante.)

❻ □ つまらない (F inintéressant(e) S aburrido P chato) 反 面白い(おもしろ)い

▶最近(さいきん)のテレビ番組(ばんぐみ)はつまらないね。
(F Les programmes TV sont inintéressants ces derniers temps. S Qué aburridos son últimamente los programas de televisión. P Os programas de televisão de agora são muito chatos.)

❼ □ うれしい (F content(e) S feliz, contento P feliz) 反 悲(かな)しい

▶これ、私(わたし)にくれるの？　うれしい。
(F Vous me l'offrez? Je suis content(e)! S ¿Esto es para mí? Qué contento.
P Isso é para mim? Estou tão feliz!)

❽ □ 幸せ(しあわ)(な) (F heureux (heureuse) S feliz P feliz)

▶彼女(かのじょ)はいま、すごく幸せだと思(おも)います。
(F Je pense qu'elle doit être très heureuse actuellement. S Creo que ella es ahora realmente feliz.
P Eu acho que agora ela está muito feliz.)

❾ □ さびしい (F triste (solitude) S solo P solitário (a))

▶知(し)っている人(ひと)がいなくて、ちょっとさびしいです。
(F Je suis triste car je ne connais personne. S Me siento un poco solo. No conozco a nadie aquí.
P Estou um pouco solitário (a) porque não conheço ninguém.)

❿ □ 残念(ざんねん)(な) (F dommage S pena, triste P lamentável)

▶旅行(りょこう)に行(い)けなかったんですか。それは残念でしたね。
(F Vous n'avez pas pu voyager? C'est dommage. S ¿No te pudiste ir de viaje? Qué pena.
P Você não viajou? Isso é lamentável!)

⓫ □ 心配(しんぱい)(な) (F inquiet (inquiète), pas tranquille S preocupado P preocupado (a)) 反 安心(あんしん)(な)

▶心配だから、駅(えき)まで送(おく)りますよ。
(F Je ne suis pas tranquille alors je vous accompagne jusqu'à la gare. S Me dejas preocupado, así que te llevaré hasta la estación. P Eu vou te levar até a estação porque estou preocupado (a).)

⑫ □ 不安(な)ふあん (F inquiet (inquiète), pas rassurant S inseguro P inseguro (a)) 反 安心(な)あんしん

▶うまくできるかどうか、不安です。

(F Je m'inquiète de ne pas pouvoir bien y arriver. S Estoy inseguro por si podré hacerlo bien o no. P Estou inseguro (a) porque não sei se vai dar certo.)

⑬ □ 怖いこわ (F effrayant(e) S miedo P assustador, medo)

▶恐い話はなしを聞きいて、夜よる、寝ね(ら)れなくなった。

(F Après avoir écouté une histoire qui fait peur je n'ai pas pu dormir de la nuit. S Estuve escuchando historias de terror, y eso no me dejo dormir. P Ouvi uma história assustadora e não consegui dormir à noite.)

▶田中先生たなかせんせいは、怒おこると怖いですよ。

(F Le professeur Tanaka est effrayant quand il se fâche. S Tanaka-sensei da miedo cuando se enfada. P Tanaka Sensei é assustador quando está com raiva.)

⑭ □ 悲かなしい (F triste S triste P triste) 反 うれしい

▶・・・その犬いぬ、最後さいごに死しぬんですか。悲しい話ですね。

(F ... Ce chien, il meurt à la fin? C'est une histoire triste. S ...¿el perro muere al final? Qué historia tan triste. P Esse cachorro vai acabar morrendo? Que história triste!)

⑮ □ 恥はずかしい (F avoir honte S sentir vergüenza P vergonha)

▶髪かみが変へんだから、恥ずかしいです。

(F J'ai honte d'être si mal coiffé(e). S Mi pelo parece raro, qué vergüenza. P Meu cabelo está tão estranho que estou com vergonha.)

⑯ □ 緊張きんちょう(する) (F (avoir le) trac S ponerse nervioso P nervoso)

▶あしたの面接めんせつ、緊張する。どうしよう。

(F J'ai le trac pour mon entretien de demain, je ne sais pas quoi faire. S Estoy nervioso por mi entrevista de mañana. ¿Qué debería hacer? P Estou nervoso por causa da entrevista de amanhã. O que eu faço?)

⑰ □ **びっくりする** (F être surpris(e) S asustarse P assustar-se)

▶急(きゅう)に名前(なまえ)を呼(よ)ばれて、びっくりした。
(F J'ai été surpris(e) que mon nom soit soudainement appelé. S Me asusté cuando de repente dijeron mi nombre. P Eu me assustei porque, de repente, alguém me chamou pelo nome.)

⑱ □ **怒(おこ)る** (F se fâcher S enfadarse P ficar bravo)

▶遅刻(ちこく)して、店長(てんちょう)に怒られた。
(F Comme j'étais en retard je me suis fait(e) gronder par le patron. S El jefe de mi tienda se enfadó porque llegué tarde. P O gerente ficou bravo comigo porque eu cheguei atrasado.)

▶怒(いか)り (F colère S enfado P raiva)

⑲ □ **困(こま)る** (F avoir des difficultés S tener algún problema P estar em apuros)

▶困ったときは、いつでも連絡(れんらく)してください。
(F Si vous avez un problème, contactez-moi à n'importe quel moment. S Si tienes algún problema, no dudes en contactarme. P Quando você tiver em apuros, pode me ligar a qualquer hora.)

⑳ □ **好(す)き(な)** (F aimer S gustar P favorito) 反嫌い(な)

㉑ □ 大(だい)好き(な) (F adorer S favorita P amar)

▶あっ、これ、わたしが大好きな曲(きょく)です。
(F Ah, ça, c'est une chanson que j'adore. S Oh, si es mi canción favorita. P Nossa, eu amo essa música!)

㉒ □ **嫌(きら)い(な)** (F ne pas aimer S desagradar P detestar) 反好き(な)

▶嫌いなものがあったら、言(い)ってください。
(F Dites-moi s'il y a quelque chose que vous n'aimez pas. S Si hay algo que te desagrade, dímelo. P Se tiver alguma coisa que você deteste, me diga.)

㉓ □ 大(だい)嫌い(な) (F détester S odiar P odiar)

㉔ □ **気持(きも)ち** (F sentiment S sentimientos P sentimento)

▶スーさんの気持(きも)ちがよくわかります。
(F Je comprends bien ce que ressent Sue. S Entiendo muy bien cómo se siente Sue-san. P Eu entendo perfeitamente o sentimento da Sue-San.)

42

UNIT 34 健康・病気 けんこう びょうき

(F Santé, Maladies S Salud, Enfermedad P Saúde, Doenças)

❶ □ 健康 (F santé S salud P saúde)

▶朝早(あさはや)く起(お)きるのは、健康にいいんですよ。

(F C'est bon pour la santé de se lever tôt le matin. S Levantarse temprano por la mañana es bueno para la salud. P É muito bom para a saúde acordar bem cedo.)

❷ □ 病気 (F maladie S enfermedad P doença)

▶ちゃんと休(やす)まないと、病気になりますよ。

(F Si vous ne vous reposez pas suffisamment vous allez tomber malade. S Si no descansas bien, te enfermarás. P Se você não descansar bem, vai acabar ficando doente.)

❸ □ 熱(ねつ) (F fièvre S fiebre P febre)

▶熱が下(さ)がったら、少(すこ)し楽(らく)になりました。

(F Maintenant que la fièvre a baissé, cela va un peu mieux. S Me siento un poco mejor después de que me bajara la fiebre. P Você vai se sentir melhor quando a febre baixar.)

❹ □ 熱がある (F avoir de la fièvre S tener fiebre P estar com febre)

▶熱があるので、きょうは早(はや)めに帰(かえ)ります。

(F J'ai de la fièvre alors je vais rentrer plus tôt aujourd'hui. S Tengo fiebre, así que hoy regresaré temprano a casa. P Eu vou voltar para casa mais cedo porque estou com febre.)

❺ □ 咳(せき) (F toux S tos P tosse)

❻ □ 咳が出(で)る (F tousser S toser P tossir)

▶空気(くうき)が悪(わる)いと、咳が出て、止(と)まらなくなるんです。

(F Si l'air est impur je commence à tousser et cela ne s'arrête plus. S Cuando el aire es malo, empiezo a toser, y no puedo parar. P Se o ar estiver ruim, a tosse não irá parar.)

❼ □ 風邪(かぜ) (F rhume S resfriado P gripe)

❽ □ 風邪をひく (F s'enrhumer S pillar un resfriado P ficar gripado (a))

▶風邪をひいたみたいです。のどが痛(いた)いです。

(F Je crois que je me suis enrhumé(e), j'ai mal à la gorge. S Parece que he pillado un resfriado. Me duele la garganta. P Parece que eu fiquei gripado (a). Estou com dor de garganta.)

❾ □ 痛(いた)い (F avoir mal S doler, tener dolor P dói)

▶お腹(なか)が痛い。食(た)べ過(す)ぎたかもしれない。

(F J'ai mal au ventre. J'ai peut-être trop mangé. S Me duele el estómago. Tal vez he comido demasiado. P Meu estômago dói. Acho que comi demais.)

▶頭(あたま)/歯(は)が痛い

(F mal à la tête, aux dents S tener dolor de cabeza, dientes P dor de cabeça,dente)

❿ □ 痛み (F douleur S dolor P dor)

⓫ □ 頭痛(ずつう) (F migraine S dolor de cabeza P dor de cabeça)

⓬ □ 吐(は)き気(け) (F avoir la nausée S nauseas P náusea)

⓭ □ めまい (F avoir des vertiges S vértigo, mareo P tontura)

⓮ □ 治(なお)る (F être guéri(e) S curarse, recuperarse P curar,sarar)

▶風邪(かぜ)が治ったら、また練習(れんしゅう)に参加(さんか)したいと思(おも)います。

(F Lorsque mon rhume sera guéri je compte reprendre l'entraînement. S Cuando me cure del resfriado, quiero volver a entrenar. P Quando a gripe sarar, eu quero voltar a participar dos treinamentos.)

⓯ □ 治す (F guérir S curarse, recuperarse P curar)

▶よく休(やす)んで、早(はや)く治してください。

(F Reposez-vous bien pour guérir vite. S Descansa bien y recupérate pronto. P Descanse bem e fique curado (a) logo.)

⑯ □ よくなる (F aller mieux S mejorar, sentirse mejor P ficar melhor)

▶薬を飲んだら、だいぶよくなりました。
(F Je vais bien mieux depuis que j'ai pris les médicaments. S Me siento mejor tras tomarme la medicina. P Fiquei bem melhor depois que tomei o remédio.)

⑰ □ 元気 (F aller bien S saludable, con energía P estar bem)

▶ご家族はお元気ですか? —ええ、おかげさまで。
(F Votre famille va bien? — Oui, merci. S ¿Está bien tu familia? — Sí, gracias a dios. P Sua família está bem? — Sim, Graça a Deus.)

⑱ □ 元気がない (F ne pas aller bien S estar desanimado P não estar bem)

▶高橋さん、最近、元気がないね。
(F M.(Mme) Takahashi n'est pas en forme ces derniers temps. S A Takahashi-san se le ve últimamente desanimado. P O Takahashi-San, ultimamente, não está bem.)

⑲ □ 気分 (F état (ressenti) S sentimiento P sentimento)

▶きょうは気分はどうですか。よくなりましたか。
(F Comment vous sentez-vous aujourd'hui? Cela va mieux? S ¿Cómo te sientes hoy? ¿Te encuentras mejor? P Como você está se sentindo hoje? Melhorou?)

⑳ □ 気分がいい (F se sentir bien, de bonne humeur S sentirse bien P sentir-se bem)

▶きょうはライオンズが勝ったから、気分がいい。
(F Les Lions ont gagné aujourd'hui alors je suis de bonne humeur. S Hoy han ganado los Lions, qué bien me siento. P Estou me sentindo bem porque, hoje, o Lions ganhou.)

㉑ □ 気分が悪い
(F se sentir mal, de mauvaise humeur S se sentir mal, de mauvaise humeur P sentirse mal)

▶ずっと立っていたら、気分が悪くなってきた。
(F Comme je suis resté(e) debout longtemps je ne me sens pas très bien. S Estuve todo el rato de pie, y me comencé a sentir mal. P Eu fiquei em pé, direto, e comecei a me sentir mal.)

▶店員の態度が悪くて、気分が悪い。
(F Le comportement du vendeur était tellement désagréable que ça m'a mis(e) de mauvaise humeur. S La atención del personal de la tienda fue tan mala que me sintió mal. P O atendente me atendeu muito mal e isso me deixou chateado.)

㉒ □ 気持(きも)ち（F sentiment S sentimiento, sensación P sentimento）

㉓ □ 気持ちいい（F agréable S dar gusto, gustirrinín P agradável）

▶窓(まど)を開(あ)けたら、気持ちいい風(かぜ)が入(はい)ってきました。

（F En ouvrant la fenêtre, un vent agréable a pénétré la pièce. S Al abrir la ventana, entró una brisa que me dio gustirrinín. P Quando abri a janela, uma brisa agradável entrou.）

▶高橋(たかはし)さんの挨拶(あいさつ)は元気(げんき)がよくて、気持ちがいいです。

（F Les salutations de M.(Mme) Takahashi sont tellement gaies que c'en est vraiment agréable. S Takahashi-san saluda con energía, dejando una agradable sensación. P É muito agradável a saudação do Takahashi-San porque é muito alegre.）

㉔ □ 気持ち悪(わる)い（F dérangeant, mal à l'aise S hacer sentirse mal, repugnar P nojento）

▶バスに乗(の)ると、気持ちが悪くなってしまうんです。

（F Dans le bus, je me sens nauséeux. S Cuando me monto en el autobús comienzo a sentirse mal. P Quando eu entro no ônibus, me sinto enjoado.）

▶あの人(ひと)、一人(ひとり)でずっと何(なに)か言(い)ってる。ちょっと気持ち悪いね。

（F Cette personne là, elle parle toute seule depuis tout à l'heure. Ça me met mal à l'aise. S Esa persona, qué diantres estará hablando solo. Qué mal yuyu. P Aquela pessoa fica falando coisas sozinha. Eu acho um pouco assustador.）

㉕ □ 具合(ぐあい)（F état (physique) S estado de salud P estado de saúde）

▶具合はどうですか。
—はい、だいぶよくなりました。

（F Comment vous sentez-vous? — Bien mieux, merci. S ¿Qué tal estás de salud? — Por suerte me encuentro bastante mejor. P Como está seu estado de saúde? — Agora está bem melhor.）

㉖ □ 調子(ちょうし)（F forme S estado físico, salud P condição）

▶朝(あさ)、早(はや)く起(お)きるようになってから、調子がいいです。

（F Depuis que j'ai commencé à me lever tôt le matin, je suis en excellente forme. S Estoy mejor de salud desde que comencé a levantarme temprano. P Depois que eu comecei a acordar cedo, eu me sinto melhor.）

㉗ □ 体調(たいちょう)（F condition physique S estado físico P condição física）

▶体調がよくないときは、無理(むり)をしないほうがいいです。

（F Quand vous n'êtes pas en bonne condition physique, ne faites pas l'impossible. S No deberías obligarte demasiado si no te encuentras bien. P Se você não está se sentindo bem, não exagere.）

㉘ □ 気(き)をつける (F faire attention S cuidar, controlar P cuidar)

▶体(からだ)に気をつけてください。

(F Faites attention à votre santé. S Cuida tu salud. P Cuide de seu corpo.)

㉙ □ 顔色(かおいろ) (F teint, mine S color del rostro P cor da face)

▶どうしたんですか。顔色がよくないですね。
—大丈夫です。熱(ねつ)があるだけです。

(F Qu'est-ce qui se passe? Vous avez mauvaise mine. —— Ça va. J'ai juste de la fièvre. S ¿Qué te ha pasado? No se te ve muy buen color de rostro. —— Estoy bien. Solo tengo fiebre. P O que aconteceu? A cor do sua face não está boa. —— Está tudo bem. Só estou com um pouco de febre.)

㉚ □ 疲(つか)れる (F être fatigué(e) S estar cansado P cansar)

▶あー、疲れた。きょうは早(はや)く帰(かえ)って寝(ね)よう。

(F Ah, je suis fatigué(e), je vais rentrer tôt aujourd'hui et dormir. S Ah, estoy cansado. Hoy volveré pronto a casa y me echaré a dormir. P Ah, estou cansado (a). Vou voltar mais cedo e dormir.)

▶疲れているようですね。少(すこ)し休(やす)んだら、どうですか。

(F Vous semblez fatigué(e). Pourquoi ne pas vous reposer un peu? S Se te ve cansado. ¿Qué tal si descansas un poco? P Você parece cansado (a). Que tal descansar um pouco?)

㉛ □ けが (F blessure S herida P machucado (a))

㉜ □ けがをする (F se blesser S herirse P machucar-se)

▶練習(れんしゅう)でけがをして、試合(しあい)に出(で)られなかったんです。

(F Je me suis blessé(e) à l'entraînement et n'ai pas pu participer au match. S Me lesioné entrenando y no pude jugar el partido. P Eu não participei do jogo porque me feri no treino.)

▶けが人(にん) (F un(e) blessé(e) S lesionado P ferido)

㉝ □ 薬(くすり) (F médicament S medicamento P remédio)

㉞ □ 注射(ちゅうしゃ) (F piqûre S inyección P injeção)

35 □ **レントゲン** (F radiographie S radiografía P radiografia)

▶レントゲンを撮(と)って、詳(くわ)しく見(み)てみましょう。

(F On va faire une radio et regarder en détail. S Tomemos una radiografía para observarlo en detalle. P Vamos tirar uma radiografia e examinar detalhadamente.)

36 □ **入院(にゅういん)(する)** (F être hospitalisé(e) S hospitalización P internar)

▶田中(たなか)さん、まだ入院してるの？
—いえ、もう退院(たいいん)しました。

(F M.(Mme) Tanaka est encore hospitalisé(e)? — Non, il (elle) est déjà sorti(e). S ¿Tanaka-san sigue hospitalizado? — No, ya le dieron el alta. P O Tanaka-San ainda está internado? — Não, já teve alta.)

37 □ **退院(たいいん)(する)** (F sortir de l'hôpital S alta hospitalaria P ter alta)

38 □ **ダイエット(する)** (F (faire un) régime S dieta P fazer dieta)

▶最近(さいきん)、太(ふと)ったので、少(すこ)しダイエットしようと思(おも)います。

(F J'ai grossi récemment alors je pense faire un régime. S Últimamente he engordado. Estoy pensando en empezar a hacer algo de dieta. P Estou pensando em fazer uma dieta porque engordei esses dias.)

39 □ **インフルエンザ** (F grippe S gripe, influenza P influenza)

40 □ **うつる** (F être contaminé(e) S contagiarse P transmitir,pegar)

▶風邪(かぜ)が流行(はや)ってるから、うつらないように気(き)をつけてください。

(F Il y a beaucoup de rhumes en ce moment alors faites attention à ne pas être contaminé(e).
S Hay mucha gente resfriada ahora mismo, ten cuidado para no contagiarte.
P Está tendo uma onda de gripe, então é melhor tomar cuidado para não pegar.)

41 □ **うつす** (F passer, contaminer S contagiar, infectar P transmitir,pegar)

▶人(ひと)にうつさないようにしてくださいね。

(F Faites attention à ne contaminer personne. S Asegúrate de no contagiar a nadie.
P Cuidado para não transmitir para os outros.)

43

UNIT 35 見る・聞く

(F Regarder, Écouter S Mirar, Escuchar P Ver, Escutar)

❶ □ 見る (F regarder S ver, mirar P ver)

「**〜を見る**」の例；
{テレビ / 映画 / 景色 / メニュー} を見る

❷ □ ご覧ください (F regarder (poli) S ver, mirar (verbo formal) P ver)

▶〈ガイドが〉ご覧ください。こちらが東京タワーです。

(F <guide> Regardez. Voici la Tour de Tokyo. S (Guía turístico) Mirad. Esta es la torre de Tokio. P (O guia) Veja! Deste lado fica a Torre de Tóquio.)

❸ □ 聞く (F écouter S escuchar, oír P escutar)

「**〜を聞く**」の例；
{音楽 / 話 / 説明} を聞く

❹ □ 見える (F voir S poder ver P ver)

▶ここから富士山が見えます。

(F On peut voir le Mont Fuji d'ici. S Desde aquí se puede ver el monte Fuji. P É possível ver o Monte Fuji daqui.)

❺ □ 聞こえる (F entendre S poder escuchar P escutar)

▶よく聞こえないんですが……。もう少し大きい声で言ってもらえませんか。

(F Je ne vous entends pas bien...... Pourriez-vous parler un peu plus fort s'il vous plaît? S No puedo escucharte bien... ¿podrías hablar un poco más alto? P Eu não consigo escutar bem. Você poderia falar um pouco mais alto?)

❻ □ 見せる (F montrer S mostrar P mostrar)

▶きょう、先生がおもしろいビデオを見せてくれた。

(F Le professeur nous a montré une vidéo intéressante aujourd'hui. S Hoy nuestro profesor nos mostró un vídeo interesante. P Hoje, o professor nos mostrou um vídeo interessante.)

UNIT 36 話す・言う（はな・い）

(F Parler, Dire S Hablar, Decir P Falar, Dizer)

❶ □ 話す (F parler S hablar, decir P falar)

▶日本語が少し話せます。（にほんご・すこ）
(F Je parle un petit peu japonais. S Puedo hablar un poco de japonés. P Eu consigo falar um pouco de japonês.)

❷ □ 話（はなし） (F discussion S charla, conversación P conversa)

▶誰と話をしていたんですか。（だれ）
(F Avec qui étiez-vous en train de discuter? S ¿Con quién estabas charlando? P Com quem você estava conversando?)

❸ □ 言う (F dire S decir P dizer)

▶もう一度言ってください。（いちど）
(F Répétez s'il vous plaît. S Por favor, dilo de nuevo. P Diga mais uma vez.)

❹ □ 文句（もんく）を言う (F se plaindre S quejarse P reclamar)

▶ときどき、文句を言うお客さんがいます。（きゃく）
(F Il y a des clients qui se plaignent de temps en temps. S A veces hay clientes que se quejan. P Às vezes, tem cliente que reclama.)

❺ □ 意見（いけん） (F avis S opinión P opinião)

▶自由に意見を言ってください。（じゆう）
(F Exprimez votre avis librement. S Expresa tu opinión con libertad. P Diga a sua opinião livremente.)

❻ □ 冗談（じょうだん） (F plaisanterie S broma, chiste P brincadeira, piada)

▶怒らないでください。今のは冗談ですから。（おこ・いま）
(F Ne vous fâchez pas! C'était une plaisanterie. S No te enfades. Solo era una broma. P Não se zangue. É apenas uma brincadeira.)

❼ □ 悪口（わるぐち/くち） (F critique S hablar mal (de alguien) P falar mal)

▶彼女（かのじょ）が人（ひと）の悪口を言（い）っているのを聞（き）いたことがありません。
(F Je ne l'ai jamais entendue critiquer qui que ce soit. S Nunca le he escuchado hablar mal de nadie. P Eu nunca a ouvi falar mal de ninguém.)

❽ □ 秘密（ひみつ） (F secret S secreto P segredo)

▶これは秘密ですから、誰（だれ）にも言わないでください。
(F C'est un secret, donc ne le dites à personne. S Es un secreto, no se lo digas a nadie. P Não diga nada para ninguém porque é segredo.)

❾ □ 嘘（うそ） (F mensonge S mentira P mentira)

❿ □ 嘘をつく (F mentir S mentir P mentir)

▶ごめんなさい。今（いま）まで嘘をついていました。
(F Je m'excuse. Je vous ai menti jusqu'à maintenant. S Perdóname. Te he estado mintiendo hasta ahora. P Desculpe-me, mas, até agora, eu estava mentindo.)

⓫ □ 聞（き）く (F demander S preguntar P perguntar)

▶ちょっと聞いてもいいですか。
(F Je peux vous demander quelque chose? S ¿Te puedo preguntar una cosa? P Eu posso fazer uma pergunta?)

⓬ □ 答（こた）える (F répondre S responder P responder)

▶わからないと答えました。
(F J'ai répondu que je ne savais pas. S Respondí que no lo sabía. P Eu respondi que não sabia.)

⓭ □ 返事（へんじ） (F réponse S respuesta P resposta)

▶石井（いしい）さんから返事が来（き）ました。
(F J'ai reçu une réponse de M.(Mme) Ishii. S Me llegó una respuesta de Ishii-san. P Chegou a resposta do Ishii-San.)

⑭ □ 伝(つた)える （F dire, faire passer une information S transmitir (un mensaje) P avisar）

▶彼女(かのじょ)に、ロビーにいると伝えてくれませんか。
（F Pouvez-vous lui dire que je suis dans le hall? S ¿Le podrías decir a ella que estoy en el vestíbulo? P Avise para ela que estou no lobby.）

⑮ □ 伝言(でんごん) （F message S mensaje P mensagem）

▶伝言をお願(ねが)いできますか。
（F Puis-je vous demander de faire passer un message? S ¿Podría dejarte un mensaje? P Posso deixar uma mensagem?）

⑯ □ 知(し)らせる （F informer S informar P informar）

▶決(き)まったら、メールで知らせます。
（F Je vous informerai par e-mail dès que la décision sera prise. S Te informaré por correo electrónico cuando se haya decidido. P Quando decidir, me informe por email.）

⑰ □ お知らせ （F nouvelle, information S noticia P notícia）

▶きょうは皆(みな)さんに、うれしいお知らせがあります。
（F J'ai une bonne nouvelle à vous annoncer à tous aujourd'hui. S Hoy os traigo a todos una buena noticia. P Hoje eu tenho uma ótima notícia para vocês.）

⑱ □ スピーチ(する) （F discours S discurso P discurso）

▶結婚式(けっこんしき)のスピーチを頼(たの)まれました。
（F On m'a demandé de faire le discours de la cérémonie de mariage. S Se me ha pedido que dé un discurso en la ceremonia de boda. P Pediram para que eu fizesse um discurso na cerimônia de casamento.）

⑲ □ 連絡(れんらく)(する) （F contact(er), joindre S contacto P entrar em contato）

▶遅(おく)れる場合(ばあい)は、必(かなら)ず連絡してください。
（F Contactez-moi impérativement si vous êtes en retard. S Asegúrate de contactarme en caso de que vayas a llegar tarde. P No caso de atraso, entre em contato, sem falta.）

⑳ □ 説明(する) (F explication (expliquer) S explicación P explicar)

▶彼の説明は、いつもわかりにくい。
(F Ses explications sont toujours difficiles à comprendre. S Sus explicaciones son siempre difíciles de comprender. P A explicação dele é sempre muito difícil para entender.)

▶説明書 (F notice explicative, mode d'emploi S manual de instrucciones P Instruções)

㉑ □ 相談(する) (F (demander) conseil S consulta P consultar)

▶すみません、ちょっと相談したいことがあるんですが……。
(F Excusez-moi, j'ai un conseil à vous demander... S Perdona, hay una cosa que me gustaría consultarte... P Por gentileza, eu gostaria de fazer algumas consultas.)

㉒ □ 注意(する) (F (faire) attention, mettre en garde S advertencia P ter cuidado)

▶遅れないように、課長に注意されました。
(F Mon supérieur m'a mis en garde de ne pas être en retard. S El jefe de sección me advirtió que no llegara tarde. P O gerente pediu para que tivessemos cuidado com o atraso.)

▶間違えやすいので、注意してください。
(F Il est facile de se tromper donc faites bien attention. S Es fácil de equivocarse, ten cuidado. P Tenha cuidado porque é muito fácil para errar.)

㉓ □ 報告(する) (F (faire un) compte rendu, annonce(r) S informe, comunicación P relatar)

▶忘れずに報告してください。
(F Faites-moi un compte rendu sans faute. S No te olvides de comunicarlo. P Por favor, não se esqueça de relatar.)

45

UNIT 37 思う・考える
おも　かんが

(F Penser, Réfléhir S Pensar, Considerar P Achar, Pensar)

❶ □ 思う (F penser S pensar P achar)

▶それを聞いて、どう思いますか。

(F Qu'en pensez-vous après avoir entendu ceci? S ¿Qué piensas tras escuchar eso? P Após ouvir isso, o que você achou?)

❷ □ 考える (F réfléchir S reflexionar, considerar P pense)

▶いろいろ考えて、やめることにしました。

(F Après avoir bien réfléchi j'ai décidé d'arrêter. S Después de reflexionarlo mucho, decidí dejarlo. P Depois de pensar bem, decidi desistir.)

❸ □ 迷う (F hésiter S dudar, perderse P perder se)

▶どっちがいいか、迷う。

(F J'hésite entre les deux. S Dudo entre cuál elegir. P Estou em dúvida porque não sei qual é o melhor.)

▶すみません、道に迷ってしまったんですが……。

(F Excusez-moi, j'ai perdu mon chemin...... S Perdona, me he perdido... P Com licença, mas eu estou perdido.)

❹ □ 迷子 (F être perdu(e) S niño perdido P criança perdida)

❺ □ わかる (F comprendre S entender P compreender)

▶日本語がわかる人はいますか。

(F Y-a-t-il quelqu'un qui comprend le japonais? S ¿Hay alguien que entienda japonés? P Há alguém que entenda japonês?)

▶あしたは9時に来てください。 —わかりました。

(F Venez à 9h demain. — D'accord. S Ven mañana a las nueve. — De acuerdo. P Venha amanhã às 9 horas. — Entendi.)

❻ □ 覚える (F retenir S recordar, memorizar P aprender, lembrar)
おぼ

▶週に50個、漢字を覚えるようにしています。
しゅう こ かんじ
(F Je m'efforce de retenir 50 kanji par semaine. S Intento memorizar 50 kanjis cada semana. P Decidi memorizar 50 kanjis por dia.)

❼ □ 忘れる (F oublier S olvidar P esquecer)
わす

▶パスワードを忘れました。
(F J'ai oublié mon mot de passe. S He olvidado la contraseña. P Esqueci da senha.)

▶帰る時、かさを忘れないでください。
かえ とき
(F N'oubliez pas votre parapluie en partant. S No te olvides del paraguas cuando vuelvas. P Não se esqueça do guarda-chuva quando sair.)

❽ □ 思い出す (F se souvenir S recordar, acordarse P lembrar)
おも だ

▶顔は知っているんですが、名前が思い出せません。
かお し なまえ
(F Je reconnais son visage mais n'arrive pas à me souvenir de son nom. S Conozco su cara, pero no me acuerdo de su nombre. P Eu o conheço, mas não me lembro do seu nome.)

46

UNIT 38 行く・来る（いく・くる）

(F Aller, Venir S Ir, Venir P Ir, Vir)

❶ □ 歩く（ある） (F marcher S andar P andar)

▶駅（えき）から会社（かいしゃ）まで、歩いて10分（ぷん）です。

(F L'entreprise est à 10 minutes de marche de la gare. S Se tarda 10 minutos andando desde la estación a la empresa. P Da estação até a empresa, andando, leva 10 minutos.)

❷ □ 走る（はし） (F courir S correr P correr)

❸ □ 行く (F aller S ir P ir)

▶大阪（おおさか）行きの新幹線（しんかんせん）

(F un shinkansen direction Osaka S tren bala en dirección Osaka P trem-bala para Osaka)

❹ □ 来る (F venir S venir P vir)

▶まだ電話（でんわ）が来ない。

(F Je n'ai pas encore reçu l'appel. S Todavía no me ha llamado. P O trem ainda não veio.)

❺ □ 帰る（かえ） (F rentrer S volver, regresar P voltar)

❻ □ 戻る（もど） (F revenir S volver, regresar P retornar)

▶部長（ぶちょう）が戻ったら、聞（き）いてみましょう。

(F Demandons au manager quand il reviendra. S Preguntémosle al jefe de departamento cuando regrese. P Vamos perguntar quando o diretor retornar.)

❼ □ 急(いそ)ぐ (F se dépêcher S darse prisa P apressar)

▶急いでください。もうバスが来(き)ていますよ。
(F Dépêchez-vous, le bus est déjà là. S Date prisa. Ya ha llegado el autobús.
P Apresse-se! O ônibus está vindo.)

▶急いで (F en se dépêchant S con prisa P com pressa)

❽ □ 逃(に)げる (F fuir S escapar P fugir)

❾ □ 寄(よ)る (F passer par S pasar por P passar)

▶わたしは銀行(ぎんこう)に寄ってから行(い)きます。
(F Je passe par la banque avant d'y aller. S Iré tras pasar por el banco.
P Eu vou passar no banco primeiro.)

❿ □ 訪(たず)ねる (F rendre visite à S visitar P visitar)

▶お世話(せわ)になった先生(せんせい)を訪ねてみようと思(おも)います。
(F Je pense rendre visite au professeur qui a été très attentionné envers moi. S Estoy pensando visitar a uno de mis profesores queridos. P Eu gostaria de visitar o professor que me ajudou.)

⓫ □ 入(はい)る (F entrer S entrar P entrar)

▶出(で)る (F sortir S salir P sair)

▶大学(だいがく)/ 会社(かいしゃ)に入る
(F intégrer une université, une entreprise S entrar en la universidad, en una empresa
P entrar para a Universidade,empresa)

⓬ □ 上(あ)がる (F monter S subir P subir)

▶2階(かい)へ上がる、階段(かいだん)を上がる
(F monter à l'étage, monter des escaliers S subir a la segunda planta, subir las escaleras
P subir até o 2 andar, subir as escadas)

⑬ □ 登る（のぼ）（F monter, grimper S escalar P escalar,subir）

▶下りる（お）（F descendre S bajar P descer）

▶山に登る（やま）（F gravir une montagne S escalar una montaña P Escalar a montanha）

⑭ □ 送る（おく）（F accompagner (quelqu'un) S llevar (para despedirse de alguien) P levar (a pessoa)）

▶駅まで友達を送ってから、学校に行きました。
（F Je suis allé(e) à l'école après avoir accompagné un(e) ami(e) à la gare. S Fui a la escuela, después de haber llevado a mi amigo a la estación. P Eu fui para a escola depois que levei meu amigo até a estação.）

⑮ □ 迎える（むか）（F chercher S recibir P buscar）

⑯ □ 迎えに行く（い）（F aller chercher S ir a recibir (a alguien) P ir buscar）

▶駅まで迎えに行きますよ。
（F Je vais vous chercher à la gare. S Iré a recibirte a la estación. P Eu vou te buscar na estação.）

⑰ □ 迎えに来る（く）（F venir chercher S venir a recibir (a alguien) P vir buscar）

▶迎えに来てくれて、ありがとう。
（F Merci d'être venu(e) me chercher. S Gracias por venir a recibirme. P Obrigado por ter vindo me buscar.）

⑱ □ 連れる（つ）（F emmener S traer (a alguien) P levar）

▶パーティーに友達を連れてきてもいいですか。
（F Je peux emmener un(e) ami(e) avec moi à la fête? S ¿Puedo traer a mis amigos a la fiesta? P Eu posso levar meu amigo para a festa?）

▶連れていく、連れて帰る（かえ）
（F emmener, raccompagner S llevar a alguien a algún lugar, llevar a alguien de vuelta a casa P levar, trazer）

47

UNIT 39

あげる・もらう

(F Donner, Recevoir S Dar, Recibir P Dar, Receber)

❶ □ あげる (F donner S dar (a alguien) P dar)

▶これ、一つ(ひと)あげます。 —いいんですか。どうも。

(F Ça, je vous en donne un. — Vraiment? Merci. S Toma, te doy uno. — ¿Puedo? Gracias.
P Eu vou te dar isto. — Verdade? Obrigado(a)!)

❷ □ 差(さ)し上(あ)げる (F offrir S dar, ofrecer (humilde) P dar)

▶先生(せんせい)にも一つ差(さ)し上げました。

(F J'en ai offert un au professeur. S Le di también uno a mi profesor.
P Eu também dei um ao meu professor.)

❸ □ やる (F (re)filer (quelque chose) S dar (a mascotas, personas de menor edad, etc.) P dar)

▶これはもういらないから、誰(だれ)かにやることにした。

(F Ça je n'en ai plus besoin, alors je vais le refiler à quelqu'un. S No lo necesitaba más, así que se lo di a alguien. P Não preciso mais disso, então decidi dar para alguém.)

❹ □ もらう (F recevoir S recibir (de alguien) P receber,ganhar)

▶それ、誰にもらったんですか。

(F De qui avez-vous reçu cela? S ¿Quién te dio eso? P Você ganhou isso de quem?)

❺ □ いただく (F recevoir (poli) S expresión de modestia para "たべる""のむ" y "もらう". P receber,ganhar)

▶これは先生にいただいたお菓子(かし)です。

(F C'est une friandise qui m'a été offerte par mon professeur. S Mi profesor me dio estos dulces.
P Eu ganhei este doce do professor.)

❻ □ **くれる** (F recevoir (soi-même) S dar, hacer algo para alguien P dar)

▶これは友達(ともだち)がくれたんです。
(F J'ai reçu ça d'un(e) ami(e). S Esto me lo dio mi amigo. P Isso foi dado por um amigo.)

❼ □ **くださる** (F recevoir (soi-même, poli) S dar (forma educada) P dar)

▶これは先生(せんせい)がくださったんです。
(F J'ai reçu cela de mon professeur. S Mi profesor me dio esto. P Isso foi dado pelo meu professor.)

❽ □ **プレゼントする** (F offrir S regalar P presentear)

▶彼女(かのじょ)には何をプレゼントしたんですか。
(F Que lui avez-vous offert? S ¿Qué le regalaste a tu novia?
P Você presenteou sua namorada com quê?)

❾ □ **プレゼント** (F cadeau S regalo P presente)

❿ □ **貸(か)す** (F prêter S prestar P emprestar)

▶すみません、ペンを貸してくれませんか。
(F Excusez-moi, pouvez-vous me prêter un stylo? S Perdona, ¿me puedes prestar un bolígrafo?
P Você podeira me emprestar a caneta?)

⓫ □ **借(か)りる** (F emprunter S tomar prestado P pegar emprestado)

▶お金(かね)を借りる (F emprunter de l'argent S tomar prestado dinero P Pegar dinheiro emprestado)
▶すみません。ちょっとお手洗(てあら)いを借(か)りてもいいですか。
(F Excusez-moi, je peux vous emprunter les toilettes? S Perdona. ¿Podría usar el lavabo un momento?
P Por favor, eu poderia usar o banheiro?)

⓬ □ **返(かえ)す** (F rendre S devolver P devolver)

▶先生に借りたかさ、まだ返してなかった。
(F Je n'ai pas encore rendu le parapluie que j'ai emprunté à mon professeur. S Todavía no le he devuelto a mi profesor el paraguas que me prestó. P Peguei emprestado do professor, mas ainda não tinha devolvido.)

⑬ □ 交換(する)こうかん (F échanger S cambiar, intercambiar P trocar)

▶ Lは大きすぎたから、Mに交換してもらった。
(F La taille L était trop grande alors je l'ai échangé(e) pour un M. S Como la talla L me estaba demasiado grande, la cambié por una M. P Eu troquei para M porque o L estava muito grande.)

⑭ □ 送るおく (F envoyer (quelque chose) S enviar (un objeto) P enviar (coisas))

▶ メール/荷物を送る
(F envoyer un e-mail, un paquet S enviar un correo electrónico, paquete P Enviar o email,a bagagem)

⑮ □ 郵送(する)ゆうそう (F envoyer par la poste S enviar por correo postal P enviar)

⑯ □ 郵送 (F envoi postal S envío por correo postal P envio)

▶ 郵送でもかまいません。
(F Par envoi postal ça ira aussi. S Nos lo puedes enviar también por correo postal. P Você também pode enviá-lo pelo correio.)

⑰ □ 届くとど (F recevoir (arriver) S entregar P chegar)

▶ 荷物/手紙/結果が届く
(F recevoir un paquet, une lettre, un résultat S entregar un paquete,carta,resultado P Chegar a bagagem, a carta, o resultado)

⑱ □ 受け取るうと (F recevoir (en main propre) S recibir P receber)

▶ けさ、荷物を受け取りました。
(F J'ai reçu un paquet ce matin. S Esta mañana recibí un paquete. P Chegaram as bagagens esta manhã.)

⑲ □ 取ると (F prendre, attraper S coger P pegar emprestado)

▶ どうぞ、一つ取ってください。
(F Allez-y, prenez-en un. S Toma, coge uno. P Por favor, pegue um.)

▶ おかあさん、しょうゆ、取ってくれる?
(F Maman, tu peux m'attraper la sauce soja? S Mamá, ¿me puedes traer la salsa de soja? P Mãe, pega o shoyu para mim?)

⑳ □ パスポートを取る
(F se faire faire un passeport S sacarse el pasaporte P tirar o passaporte)

㉑ □ 拾う(ひろ) (F trouver S recoger, encontrar P apanhar)

▶このかぎ、教室(きょうしつ)で拾ったんだけど、誰(だれ)のかなあ？
(F J'ai trouvé ces clefs dans la salle de classe, je me demande à qui elles sont. S Encontré esta llave en el aula, ¿de quién será? P Peguei essa chave na sala de aula, mas de quem é?)

㉒ □ なくす (F perdre S perder P perder)

▶メモをなくして、電話番号(でんわばんごう)がわからなくなった。
(F J'ai perdu mon mémo et n'ai donc plus le numéro de téléphone. S Perdí mis anotaciones, así que no sé el número de teléfono. P Eu não sei o número de telefone porque perdi a anotação.)

㉓ □ なくなる (F ne plus y avoir de S terminarse P terminar)

▶もうすぐシャンプーがなくなる。
(F Il n'y aura bientôt plus de shampoing. S Ya pronto se terminará el champú. P Daqui a pouco o xampu vai terminar.)

㉔ □ 盗む(ぬす) (F voler S robar P roubar)

▶盗まれないように気(き)をつけてください。
(F Faites attention à ne pas vous le (la) faire voler. S Presta atención para que no lo roben. P Cuidado para não roubarem.)

㉕ □ 残る(のこ) (F rester S quedar P sobrar)

▶お金(かね)はいくら残っていますか。
(F Combien vous reste-t-il d'argent? S ¿Cuánto dinero te queda? P Quanto sobrou de dinheiro?)

㉖ □ 残り (F reste S restos P sobrar)
▶残りはこれだけ？
(F Il ne reste que ça? S ¿Solo queda esto? P Só sobrou isso?)

㉗ □ 持(も)つ (F porter, posséder S tener, llevar P ter, levar)

▶荷物、重(おも)そうですね。一つ持ちましょうか。

(F Vos bagages ont l'air lourds, vous voulez que j'en porte un? S Las maletas tienen que pesar bastante. ¿Te llevo una? P Essas bagagens parecem pesadas. Eu vou levar uma para você.)

▶車(くるま)を持っているんですか。いいですね。

(F Vous possédez une voiture? C'est bien. S ¿Que tienes coche? Qué bien. P Você tem carro? Que legal!)

㉘ □ 持っていく (F apporter S llevar P levar)

▶あしたのパーティーには、何(なに)を持っていけばいいですか。

(F Qu'est-ce que je dois apporter à la fête de demain? S ¿Qué debería llevar a la fiesta de mañana? P O que eu tenho que levar para a festa de amanhã?)

㉙ □ 持ってくる (F amener S traer P trazer)

▶ワインを1本持ってきました。

(F J'ai amené une bouteille de vin. S He traído una botella de vino. P Eu trouxe uma garrafa de vinho)

㉚ □ 持って帰(かえ)る (F ramener, remporter S llevarse de vuelta P levar para casa)

▶ごみは持って帰ってください。

(F Remportez vos déchets. S Llévense de vuelta la basura. P Leve o lixo para casa.)

㉛ □ お持ち帰り (F à emporter S para llevar P levar para casa)

UNIT 40

する (F Faire S Hacer P Fazer)

❶ □ する (F faire S hacer P fazer)

▶いま、何(なに)しているの？
(F Qu'est-ce que tu fais maintenant? S ¿Qué estás haciendo ahora? P O que você está fazendo agora?)

❷ □ やる (F faire S hacer P fazer)

▶宿題(しゅくだい)はもうやった？ (F T'as bien fait tes devoirs? S ¿Ya has hecho la tarea? P Já fez o dever de casa?)

❸ □ 心配(しんぱい)(する) (F s'inquiéter S preocuparse P preocupar-se)

▶大丈夫(だいじょうぶ)です。心配しないでください。
(F Ça va. Ne vous inquiétez pas. S Está bien. No te preocupes. P Tudo bem. Não se preocupe.)

❹ □ 失敗(しっぱい)(する) (F échec (échouer, rater) S fallar, fracasar P errar)

▶失敗したの？　もう一回(いっかい)やったら？
(F T'as raté? T'as qu'à le refaire non? S ¿Has fallado? ¿Qué tal si lo intentas de nuevo?
P Você errou? Que tal fazer de novo?)

❺ □ 反 成功(せいこう)(する) (F réussite (réussir) S triunfar P ter sucesso)

❻ □ 注文(ちゅうもん)(する) (F commande(r) S pedir, ordenar P pedir)

▶時間(じかん)がないから、早(はや)く注文しよう。
(F On n'a pas beaucoup de temps alors commandons rapidement. S No tenemos tiempo, pidamos rápido. P Peça logo porque não temos tempo.)

❼ □ 準備(じゅんび)(する) (F préparatif (préparer) S preparar P preparar)

▶旅行(りょこう)の準備はもう終(お)わった？
(F Tu as fini les préparatifs de ton voyage? S ¿Ya has terminado los preparativos de tu viaje?
P Já terminou os preparativos para a viagem?)

❽ □ 努力(どりょく)(する) (F (faire des) efforts S esforzarse P esforçar-se)

▶彼(かれ)にはもうちょっと努力してほしい。
(F J'aimerai qu'il fasse un peu plus d'efforts. S Me gustaría que él se esforzara un poco más.
P Eu gostaria que ele se esforçasse mais.)

❾ □ 中止(する)（F annulation (annuler) S cancelar P cancelar）
ちゅうし

▶雨が降ったら、試合は中止になるかもしれません。
（F Le match risque d'être annulé en cas de pluie. S Si llueve tal vez cancelen el partido.
P Caso chova, talvez a partida seja cancelada.）

❿ □ 登録(する)（F enregistrement (enregistrer) S registrarse P registrar）
とうろく

▶最初に登録をしなければなりません。
（F Il faut tout d'abord s'enregistrer. S Primero, tienes que registrarte. P Você deve se registrar primeiro.）

⓫ □ 外国人登録証（F carte d'immigré S tarjeta de registro de extranjero P registro de estrangeiro）
がいこくじんとうろくしょう

⓬ □ 予約(する)（F (faire une) réservation S reservar, hacer una reservación P reservar, marcar）
よやく

▶お店はもう予約してあります。
（F J'ai déjà réservé le restaurant. S Ya he reservado el restaurante. P O restaurante já está reservado.）

⓭ □ チェックインする（F check-in, enregistrement S hacer el check-in P entrar）

▶もう4時だから、チェックインできます。
（F Il est déjà 16h, vous pouvez commencer l'enregistrement. S Son las 16:00, ya podemos hacer el check-in. P Já são 4 horas, então podemos entrar.）

⓮ □ チェックアウトする（F check-out S hacer el check-out P sair）

⓯ □ キャンセルする（F annulation (annuler) S cancelar P cancelar）

▶すみません、予約をキャンセルしたいんですが。
（F Excusez-moi, je voudrais annuler ma réservation. S Perdone, me gustaría cancelar mi reserva.
P Por gentileza, eu gostaria de cancelar a reserva.）

⓰ □ キャンセル料（F frais d'annulation S tarifa de cancelación P taxa de cancelamento）
りょう

⓱ □ ノックする（F frapper à la porter S dar un toque en la puerta P bater na porta）

▶入るときに軽くノックしてください。
（F Merci de frapper doucement à la porte avant d'entrer. S Da un ligero toque en la puerta al entrar.
P Bata de leve na porta quando entrar.）

UNIT 41 新しい・静かな
あたら しず
(F Nouveau, Calme S Nuevo, Tranquilo P Novo, Quieto)

❶ □ 新しい (F nouveau (nouvelle) S nuevo P novo, atual) 反古い ふる

▶メニューが新しくなりました。
(F La carte a été renouvelée. S Han renovado el menú. P O menu foi atualizado.)

❷ □ 古い ふる (F vieux (vieille), ancien(ne) S antiguo P velho, antigo) 反新しい あたら

▶京都には古いお寺がたくさんあります。
きょうと てら
(F Il y a beaucoup de vieux temples à Kyoto. S En Kioto hay muchos templos antiguos.
P Há muitos templos antigos em Quioto.)

❸ □ 熱い あつ (F chaud(e) S caliente P quente) 反冷たい つめ

▶熱くて、飲めません。
の
(F C'est trop chaud, je ne peux pas boire. S Está demasiado caliente. No puedo beberlo.
P Não consigo beber porque está quente.)

❹ □ 冷たい つめ (F froid(e) S frío P frio) 反熱い あつ

▶冷たいお茶でいいですか。
ちゃ
(F Un thé froid, ça vous va? S ¿Está bien con un té frío? P Pode ser um chá frio?)

▶手が冷たいですね。
て
(F Vous avez les mains froides! S Qué manos tan frías. P Sua mão está fria.)

❺ □ 温かい あたた (F chaud(e) S caliente P quentinho)

▶温かい飲み物が飲みたい。
の もの
(F J'ai envie d'une boissson chaude. S Me gustaría beber algo caliente. P Eu quero beber uma bebida quentinha.)

▶早く温かいベッドで寝たい。
はや ね
(F J'ai hâte de dormir dans un lit chaud. S Quiero irme pronto a dormir a una cama calentita.
P Eu quero dormir logo em uma cama quente)

❻ □ 明(あか)るい (F clair(e), gai(e) S luminoso, alegre P claro, iluminado, animado) 反 暗(くら)い

▶窓(まど)が大(おお)きくて、明るい部屋(へや)です。

(F C'est une pièce claire car il y a une grande fenêtre. S Es una habitación luminosa con grandes ventanas. P É uma sala iluminada com janelas grandes.)

▶明るい音楽(おんがく)が好(す)きです。

(F J'aime la musique gaie. S Me gusta la música alegre. P Eu gosto de músicas animadas.)

❼ □ 暗(くら)い (F sombre, triste S oscuro P escuro, sombrio) 反 明(あか)るい

▶暗くて、よく見(み)えません。

(F Je ne vois pas bien car il fait sombre. S Está oscuro. Apenas puedo ver. P Não consigo enxergar porque está escuro.)

▶最近(さいきん)は、暗いニュースが多(おお)いね。

(F Récemment il y a beaucoup de nouvelles tristes. S Últimamente hay muchas noticias pesimistas. P Hoje em dia, há muitas notícias sombrias.)

❽ □ きれい(な) (F beau (belle), propre S limpio, hermoso P bonito, limpo) 反 汚(きたな)い

▶きのう掃除(そうじ)したから、部屋(へや)はきれいですよ。

(F L'appartement est propre car j'ai fait le ménage hier. S Ayer limpié la casa, está impoluta. P O quarto ficou limpo depois que nós o limpamos.)

▶その皿(さら)はさっき洗(あら)ったから、きれいですよ。

(F Cette assiette est propre, je l'ai lavée tout à l'heure. S Ese plato está reluciente, lo acabo de lavar. P Este prato está limpo porque acabamos de lavá-lo.)

▶きれいな花(はな)、きれいな女性(じょせい)、きれいな字(じ)

(F une belle fleur, une belle femme, une belle écriture S hermosas flores, bellas mujeres, bonita letra P flor bonita, mulher bonita, letra bonita)

❾ □ 汚(きたな)い (F sale S sucio P sujo, feio) 反 きれい

▶部屋(へや)が汚いから、あまり人(ひと)を呼(よ)びたくないんです。

(F Je n'ai pas envie d'inviter des gens chez moi parce que c'est sale. S Como mi casa está hecha unos zorros, no tengo ganas de invitar a nadie. P Eu não quero chamar ninguém até a minha casa porque ela está suja.)

▶汚い川(かわ)、汚い字

(F une rivière sale, une écriture de cochon S río sucio, mala letra P rio sujo, letra feia)

⑩ □ 重い（おも） (F lourd(e), grave S pesado, grave P pesado, grave) 反軽い（かる）

▶重い荷物（にもつ）はわたしが持（も）ちます。
(F Je vais porter les bagages lourds. S Llevaré la maleta pesada. P Eu levarei as bagagens pesadas.)

▶重い病気（びょうき）じゃなかったそうです。
(F Il paraît que ce n'était pas une maladie grave. S Dicen que no fue una enfermedad grave. P Não era uma doença grave.)

⑪ □ 軽い（かる） (F léger (légère) S ligero P leve) 反重い（おも）

▶このかばんは軽くて、いいですね。
(F Ce sac est bien parce qu'il est léger. S Esta maleta es muy buena y ligera. P Esta bolsa é boa porque é leve.)

▶食事（しょくじ）の前（まえ）に軽い運動（うんどう）をするといいですよ。
(F C'est bien de faire de légers exercices avant les repas. S Es buena idea hacer un poco de ejercicio antes de comer. P Você deve fazer exercícios leves antes das refeições.)

⑫ □ 厚い（あつ） (F épais(se) S grueso P grosso)

▶厚い紙（かみ）のほうがいいですか。　―はい。丈夫（じょうぶ）なのがいいです。
(F Il vaut mieux un papier épais? ― Oui, il faut un papier résistant. S ¿Prefieres papel grueso? ― Sí. Prefiero que sea resistente. P Papel grosso é melhor? ― Sim. É melhor porque é forte.)

▶厚いカーテン (F rideau(x) épais S cortinas gruesas P cortina grossa)

⑬ □ 薄い（うす） (F fin(e), fade, clair(e) S fino P fino, fraco) 反濃（こ）い、厚（あつ）い

▶薄い本（ほん）だから、すぐ読（よ）めますよ。
(F Ce livre est fin, vous le lirez rapidement. S Como es un libro muy fino, seguro que lo terminas de leer pronto. P Por ser um livro fino, você pode lê-lo rapidamente.)

▶味（あじ）が薄い、薄い青（あお）
(F peu de goût, bleu clair S insípido, azul claro P sabor fraco, azul claro)

⑭ □ 濃い（こ） (F fort(e), foncé(e) S denso, espeso, marcado P forte, escuro) 反薄い（うす）

▶このスープ、ちょっと味（あじ）が濃いですね。
(F Cette soupe a un goût un peu fort. S El sabor de esta sopa es un poco espeso. P Esta sopa está com um sabor forte.)

▶味が濃い、濃い青
(F goût fort, bleu foncé S sabor espeso, azul oscuro P sabor forte, azul forte)

41 新しい・静かな
42 どんな人？
43 とても・もっと
44 こそあ
45 いつ・どこ・だれ
46 場所
47 パソコン・ネット
48 仕事
49 教室の言葉
50 あいさつ・よく使う表現

⑮ □ にぎやか(な) (F vivant(e), animé(e) S animado, bullicioso P animado) 反静か(しず)な

▶この辺(へん)はお店(みせ)が多(おお)くて、にぎやかですね。

(F Ce quartier est très vivant car il y a beaucoup de commerces. S Esta es una zona muy bulliciosa con un montón de tiendas y restaurantes. P Nesta área tem muitas lojas e é muito animada.)

⑯ □ うるさい (F bruyant(e) S ruidoso, molesto P barulhento) 反静か(しず)な

▶道路(どうろ)の近(ちか)くだと、うるさくないですか。

(F Ce n'est pas bruyant avec la route à proximité? S Si está cerca de la carretera, ¿no será demasiado ruidoso? P Se for muito perto da estrada não será barulhento?)

⑰ □ 静(しず)か(な) (F calme S tranquilo P silencioso) 反にぎやかな、うるさい

▶駅(えき)から遠(とお)くてもいいので、広(ひろ)くて静かな部屋(へや)がいいです。

(F Je préfère un endroit calme et grand même si c'est loin de la gare. S Quiero un apartamento grande y tranquilo, no me importa si está lejos de la estación. P Pode ser longe da estação porque é bom ter uma casa ampla e silenciosa.)

⑱ □ 詳(くわ)しい (F précis(e) S detallado P detalhado)

▶もう少(すこ)し詳しく説明(せつめい)してもらえますか。

(F Pouvez-vous m'expliquer de manière plus précise? S ¿Me lo podrías explicar más detalladamente? P Poderia me explicar mais detalhadamente?)

⑲ □ 複雑(ふくざつ)(な) (F compliqué(e) S complicado P complicado)

▶この駅(えき)は複雑ですね。いつも迷(まよ)います。

(F Cette station est compliquée. Je me perds toujours. S Esta estación es muy complicada. Siempre me pierdo. P É muito complicada esta estação. Eu sempre me perco.)

⑳ □ 簡単(かんたん)(な) (F simple S fácil, sencillo P fácil)

▶もっと簡単な方法(ほうほう)がありますよ。

(F Il existe un moyen plus simple. S Hay un método más sencillo. P Tem outro modo mais fácil.)

㉑ □ 難しい（むずかしい）(F difficile S difícil P difícil) 反 易しい（やさしい）

▶難しい言葉（ことば）には、訳（やく）が付（つ）いています。
(F Il y a une traduction pour les mots difficiles. S Las palabras difíciles vienen con traducción. P Tem tradução nas palavras mais difíceis.)

㉒ □ 易しい（やさしい）(F facile S fácil P fácil) 反 難しい（むずかしい）

▶易しい日本語（にほんご）だから、読（よ）めるはずです。
(F Vous devez pouvoir le lire car c'est du japonais facile. S Está escrito en japonés fácil, seguro que puedes leerlo. P É fácil de ler porque o japonês está fácil.)

㉓ □ 早い（はやい）(F tôt S pronto, temprano, rápido P cedo) 反 遅い（おそい）

▶起（お）きるのが早いんですね。
(F Vous vous levez tôt! S Te levantas muy pronto, ¿no? P Eu acordo cedo.)

㉔ □ 早く (F vite S con prontitud P cedo, logo)

▶早く予約（よやく）したほうがいいですよ。
(F Vous feriez mieux de réserver rapidement. S Mejor que reserves pronto. P É melhor fazer logo a reserva.)

㉕ □ 速い（はやい）(F rapide S rápido P rápido) 反 遅い（おそい）

▶森（もり）さんは歩（ある）くのが速い。
(F M.(Mme) Mori marche vite. S Mori-san anda muy rápido. P Mori-San nada muito rápido.)

㉖ □ 遅い（おそい）(F en retard S lento, tarde P lento, demorar) 反 速い（はやい）、早い（はやい）

▶田中（たなか）さん、遅いですね。 ―電話（でんわ）してみましょうか。
(F M.(Mme) Tanaka est en retard. ── Je l'appelle? S Tanaka-san viene tarde. ── ¿Debería llamarlo? P Tanaka-San está demorando. ── Vamos telefonar para ele?)

㉗ □ 遠い（とおい）(F loin S lejos P distante, longe) 反 近い（ちかい）

▶うちは駅（えき）から少（すこ）し遠いです。
(F Ma maison est loin de la gare. S Mi casa está un poco lejos de la estación. P A estação é um pouco distante daqui.)

㉘ □ 近(ちか)い (F près de, proche S cerca P perto) 反 遠(とお)い

▶うちの近くに市(し)の図書館(としょかん)があります。

(F Près de chez moi il y a une bibliothèque municipale. S Cerca de mi casa está la biblioteca municipal. P Há uma biblioteca da cidade perto de casa.)

㉙ □ 強(つよ)い (F fort(e) S fuerte P forte) 反 弱(よわ)い

▶風(かぜ)が強くて、歩(ある)きにくい。

(F Le vent est fort, c'est dur de marcher. S El viento sopla tan fuerte que cuesta andar. P É difícil para andar porque o vento está forte.)

㉚ □ 弱(よわ)い (F faible S débil P fraco) 反 強(つよ)い

▶えっ、日本(にほん)、また負(ま)けたの!? 弱いなあ。

(F Quoi? Le Japon a encore perdu!? Ils sont faibles! S Eh, ¿que Japón ha perdido de nuevo? Qué malos son. P O quê? O Japão perdeu novamente? É muito fraco.)

㉛ □ 高(たか)い (F haut(e), élevé(e), cher (chère) S alto, caro P caro, alto) 反 低(ひく)い、安(やす)い

▶ほしいけど、値段(ねだん)がちょっと高い。

(F Je veux l'acheter, mais c'est un peu cher. S Quiero comprarlo, pero es un poco caro. P Eu queria, mas está caro.)

▶高い山(やま) (F une montagne haute S montaña elevada P montanha alta)

㉜ □ 低(ひく)い (F bas(se), mauvais(e) S bajo P baixo) 反 高(たか)い

▶この前(まえ)のテスト、どうだった？ ―点(てん)が低くて、がっかりした。

(F Comment s'est passé ton dernier test? — Je suis déçu, j'ai eu une mauvaise note.

S ¿Cómo te fue en tu último examen? — Saqué una puntuación bajo, así que estoy fastidiado.

P Como foi a prova anterior? — Os pontos foram baixos e eu fiquei desapontado.)

▶低いテーブル (F une table basse S mesa baja P mesa baixa)

33 □ 便利(な) (F pratique S conveniente, útil P conveniente) 反 不便な

▶駅から近くて便利ですね。
(F C'est pratique car c'est près de la gare. S Está cerca de la estación, es muy conveniente.
P É conveniente porque fica perto da estação.)

34 □ 交通の便 (F desserte S facilidades de acceso P transportes)

▶ここは交通の便はいいですよ。
(F Ici, c'est bien desservi. S Las facilidades de acceso a este lugar son muy buenas.
P O transporte é bom por aqui.)

35 □ 不便(な) (F incommode S inconveniente P incoveniente) 反 便利な

▶周りにスーパーとかコンビニがないから不便です。
(F Ce n'est pas pratique parce qu'il n'y a pas de superette dans les environs. S Es muy inconveniente porque no hay ningún supermercado ni tienda de conveniencia en los alrededores. P É inconveniente porque não há supermercados ou lojas de conveniência por perto.)

36 □ かわいい (F mignon(ne), joli(e) S lindo P gracioso)

▶見て、パンダの赤ちゃん。かわいい！
(F Regarde le bébé panda, il est mignon! S ¡Mira! Qué bebé panda tan lindo.
P Olha, um filhote de panda. Que gracioso!)

▶かわいい女の子、かわいいデザイン
(F une fille mignonne, un joli design S chica linda, diseño lindo P menina graciosa,desenho gracioso)

37 □ すてき(な) (F beau (belle), charmant(e) S fantástico, fabuloso P bonito,encantador)

▶すてきな人／服／バッグ
(F une personne charmante, un beau vêtement, un beau sac S persona, ropa, bolso fabuloso
P pessoa encantadora, roupa bonita, bolsa bonita)

38 □ 有名(な) (F célèbre S famoso P famoso)

▶ここは昔から有名なお店です。
(F C'est un établissement célèbre depuis longtemps. S Esta tienda es famosa desde hace mucho tiempo. P Esta loja é famosa há muitos anos.)

39 □ 珍(めずら)しい (F rare S raro, peculiar P raro)

▶きょうはスーツですか。珍しいですね。

(F Vous portez un costume aujourd'hui! C'est rare. S ¿Hoy vienes con traje? Qué raro de ti.
P Você está de terno? Que coisa rara!)

▶珍しいお菓子(かし) / 鳥(とり) / 名前(なまえ)

(F friandises, oiseaux, noms rares S dulce, pájaro, nombre peculiar P doce, pássaro, nome raros)

40 □ かたい (F dur(e) S duro P duro) 反やわらかい

▶ベッドがかたくて、よく寝(ね)(ら)れなかった。

(F Le lit était dur donc je n'ai pas bien dormi. S La cama era demasiado dura. No pude dormir bien.
P Esta carne é macia, por isso é gostosa.)

41 □ やわらかい (F tendre S blando P macio) 反かたい

▶肉(にく)がやわらかくて、おいしいです。

(F La viande est tendre et délicieuse. S Su carne está blanda, es muy deliciosa.
P Eu não consegui dormir direito porque a cama era dura.)

42 □ 安全(あんぜん)(な) (F sûr(e) S seguro P seguro) 反危険(きけん)な、危(あぶ)ない

▶ここにいるほうが安全ですよ。

(F C'est plus sûr de rester ici. S Es más seguro permanecer aquí. P É mais seguro ficar aqui.)

43 □ 危(あぶ)ない (F dangereux (dangereuse) S peligroso P perigoso) 反安全(あんぜん)な

▶危ないから、機械(きかい)にさわらないでください。

(F Ne touchez pas à la machine, c'est dangereux. S No toques la máquina, es peligroso.
P Não toque na máquina porque é perigoso.)

44 □ 危険(きけん)(な) (F dangereux (dangereuse) S peligroso P perigoso) 反安全(あんぜん)な

▶いま行(い)くのは危険です。もう少(すこ)し待(ま)ったほうがいいですよ。

(F C'est dangereux d'y aller maintenant. Vous devriez attendre encore un peu. S Es peligroso ir ahora.
Mejor que nos esperemos un rato. P Mejor que nos esperemos un rato. P Ir agora será perigoso.
É melhor esperar mais um pouco.)

45 □ うまい (F bon(ne) S bueno, delicioso P gostoso, hábil)

▶うんっ、このピザはうまい！
(F Ouais, cette pizza est bonne! S Ummm, ¡qué buena está esta pizza!
P Nossa, esta pizza é gostosa!)

▶彼女(かのじょ)はピアノだけじゃなく、歌(うた)もうまいんですよ。
(F Pas seulement au piano mais en chant aussi elle est douée! S Ella no solo es buena al piano, también es buena cantando. P Não é só no piano que ela é hábil. No canto também.)

46 □ いろいろ(な) (F divers(es) S variedad P vários)

▶これだけじゃなくて、いろいろなデザインのがあります。
(F En plus de ceci, il existe divers autres modèles. S No solo este, tenemos una gran variedad de diseños. P Há vários desenhos, não são só estes.)

47 □ 大丈夫(だいじょうぶ)(な) (F ça va, c'est bon S está bien, sin problema P sem problema)

▶〈車(くるま)に乗(の)る〉あと一人(ひとり)、乗れますか。 ―大丈夫ですよ。
(F (en montant dans une voiture) Il y a de la place pour une autre personne? ― Oui, ça va.
S (Al montarse en el coche) ¿Cabe una persona más? ― Sí, no hay problema.
P Aquela pessoa pode embarcar? ― Sem problema.)

48 □ 大事(だいじ)(な) (F important(e) S importante P importante)

▶・・・ごめんなさい、きょうは大事な約束(やくそく)があるんです。
(F Je suis désolé(e), j'ai un rendez-vous important aujourd'hui. S Lo siento, hoy tengo un compromiso importante. P Desculpe-me, mas hoje eu tenho um compromisso importante.)

49 □ 大切(たいせつ)(な) (F important, cher (chère) à S importante P importante)

▶大切な友達(ともだち) / 指輪(ゆびわ)
(F ami(s) précieux, bague chère à ~ S amigo, anillo importante P um amigo importante, anel)

50 □ 大切にする (F prendre soin de S guardar como un tesoro P cuidar com carinho)

▶母(はは)からもらった時計(とけい)なので、大切にしています。
(F Je prends soin de cette montre parce que c'est un cadeau de ma mère. S Este es un reloj que me dio mi madre, por eso lo guardo como un tesoro. P Eu estou cuidado com carinho do relógio que ganhei da minha mãe.)

▶命(いのち) / 自然(しぜん)を大切にする
(F prendre soin de la vie, de la nature S valorar la vida, la naturaleza P eu cuido da natureza, da vida)

51 □ いい （F bon, beau (temps) S bien, bueno P bom ）

▶きょうは天気（てんき）がいいですね。

（F Il fait beau aujourd'hui. S Hoy hace buen tiempo, ¿no te parece? P Hoje o tempo está bom.）

▶コーヒーでいいですか。　―はい、お願（ねが）いします。

（F Un café, ce sera bon? ― Oui, ça ira. S ¿Está bien con un café? ― Sí, por favor.
P Pode ser café? ― Sim, por favor.）

52 □ 悪（わる）い （F mal, mauvais(e) S mal P ruim ） 反いい

▶どこか具合（ぐあい）が悪いんですか。

（F Vous ne vous sentez pas bien? S ¿Hay algo que vaya mal? P Onde tem algo errado?）

53 □ だめ（な） （F mauvais(e), nul(le), refus S mal, prohibido P não）

▶辞書（じしょ）を使（つか）ってもいいですか。　―だめです。

（F Puis-je utiliser un dictionnaire? ― Non. S ¿Puedo usar el diccionario? ― No, no se puede.
P Posso usar o dicionário? ― Não.）

54 □ ひどい （F terrible S horrible P terrível）

▶ボーナスがゼロ!?　それはひどいですね。

（F Pas de prime du tout? C'est vraiment terrible. S ¿¡Que no tienes paga extra!? Qué horrible.
P Sem bônus? Isso é terrível!）

55 □ 変（へん）（な） （F bizarre S raro, peculiar P estranho）

▶これ、変な匂（にお）いがする。大丈夫（だいじょうぶ）？

（F Ça sent bizarre. Ça va? S Huele raro. ¿Estará esto bien? P Isso tem um cheiro estranho. Será que está bom?）

56 □ むだ（な） （F inutile S pérdida, innecesario P inútil）

▶これ以上（いじょう）話（はな）しても、時間（じかん）のむだです。

（F Ça ne sert à rien de parler davantage. S Hablar más sobre esto es una pérdida de tiempo.
P É inútil falar mais do que isso.）

㊺ □ 急（きゅう）(な) (F soudain(e) S urgente P repentino)

▶すみません、急な用事（ようじ）ができて、帰（かえ）らなければならなくなりました。

(F Je suis désolé(e), j'ai un imprévu de dernière minute, je dois rentrer chez moi.
S Perdona, tengo un asunto urgente que atender, así que tengo que regresar.
P Desculpe-me, mas eu tive um compromisso repentino e precisei voltar para casa.)

㊻ □ 急に (F tout à coup S de repente P de repente)

▶急に外（そと）が暗（くら）くなってきた。

(F C'est devenu sombre d'un coup dehors. S El exterior se oscureció de repente.
P De repente, ficou escuro lá fora.)

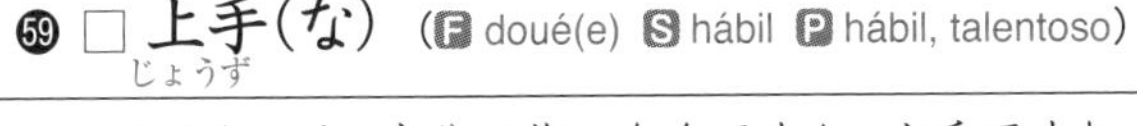

㊾ □ 上手（じょうず）(な) (F doué(e) S hábil P hábil, talentoso) 反 下手（へた）な

▶このケーキ、自分（じぶん）で作（つく）ったんですか。上手ですね。

(F Vous avez fait ce gâteau vous-même? Vous êtes doué(e)! S ¿Has preparado esta tarta tú mismo? Qué maestría. P Você mesmo que fez este bolo? Você é talentoso (a)!)

㊿ □ 下手（へた）(な) (F mauvais(e), nul(le) S torpe P mal) 反 上手（じょうず）な

▶テニスをやるんですか。
―ええ。でも、好（す）きなだけで、下手なんです。

(F Vous jouez au tennis? ―― Oui. J'adore mais je suis mauvais(e). S ¿Juegas al tenis? ―― Sí. Me gusta, pero no soy muy bueno. P Você joga tênis? ―― Sim, eu gosto mas jogo mal.)

61 □ 得意（とくい）(な) (F point fort S ser bueno P fazer bem) 反 苦手（にがて）な

▶得意な料理（りょうり）は何（なん）ですか。

(F Quel est votre spécialité culinaire? S ¿Qué se te da bien cocinar?
P Qual é a comida que você faz bem?)

62 □ 苦手（にがて）(な) (F point faible S ser malo P não ser bom) 反 得意（とくい）な

▶大勢（おおぜい）の前（まえ）で話（はな）すのは苦手なんです。

(F Ce n'est pas mon fort de parler devant beaucoup de monde. S Se me da mal hablar delante de mucha gente. P Eu não sou bom em falar diante de muitas pessoas.)

63 □ 忙しい(いそが) (F occupé(e) S ocupado P ocupado) 反暇な(ひま)

▶忙しくて、わたしは行(い)けません。

(F Je suis trop occupé(e) pour y aller. S Estoy ocupado. No puedo ir. P Eu não poderei ir porque estou muito ocupado.)

64 □ 暇(な)(ひま) (F disponible, libre S libre P livre) 反忙しい(いそが)

▶暇なとき、何(なに)をしていますか。

(F Que faites-vous pendant votre temps libre? S ¿Qué haces en tu tiempo libre? P O que você faz quando você tem tempo livre?)

65 □ 眠い(ねむ) (F avoir sommeil S somnoliento P estar com sono, sonolento)

▶眠いですか。 ―いいえ、大丈夫(だいじょうぶ)です。

(F Vous avez sommeil? ── Non, ça va. S ¿Tienes sueño? ── No, estoy bien. P Você está com sono? ── Não, estou bem.)

66 □ かわいそう(な) (F le (la) pauvre S lastimoso, penoso P coitado)

▶彼女(かのじょ)、けがをして、試合(しあい)に出(で)(ら)れなかったそうです。
―えっ、そうなんですか。かわいそうですね。

(F Elle s'est blessée et n'a pas pu participer au match. ── Oh, je vois. La pauvre. S Ella se lesionó y no pudo jugar el partido. ── Eh, ¿en serio? Qué lastima. P Parece que ela se feriu e não pôde participar da competição. ── É mesmo? Coitada!)

67 □ 立派(な)(りっぱ) (F remarquable, impressionnant(e) S extraordinario, maravilloso P belo)

▶これが新(あたら)しくできた図書館(としょかん)ですか。立派な建物(たてもの)ですね。

(F C'est ça, la nouvelle bibliothèque? C'est un bâtiment impressionnant. S ¿Esta es la biblioteca que acaban de construir? Qué maravilla de edificio. P Esta é a nova biblioteca? É um belo edifício.)

68 □ 仲がいい(なか) (F bien s'entendre S buena relación P bons amigos) 反仲が悪い(なか わる)

▶あの二人(ふたり)は仲がいいですね。

(F Ces deux-là s'entendent bien. S Qué bien parece que se llevan aquellos dos. P Eles dois são bons amigos.)

69 □ 大変(な)(たいへん) (F dur(e), (situation) difficile S situación dura P terrível) 反 楽な(らく)

▶きょうも残業(ざんぎょう)ですか。大変ですね。

(F Vous faites encore des heures supplémentaires aujourd'hui? C'est dur. S ¿También hoy haces horas extra? Qué duro. P Hoje também tem hora extra? Que terrível!)

70 □ 楽(な)(らく) (F facile, tranquille S fácil, cómodo P fácil) 反 大変な(たいへん)

▶もうちょっと楽な仕事(しごと)がいいです。

(F Je voudrais un travail un peu plus facile. S Me gustaría un trabajo un poco más fácil. P Eu quero um trabalho mais fácil.)

71 □ 無理(な)(むり) (F impossible S imposible P impossível)

▶これを1週間(しゅうかん)でやるんですか!? 無理ですよ。

(F Faire ça en une semaine? C'est impossible. S ¿¡Vas a hacer esto en una semana!? Es imposible. P É para fazer isto em uma semana? Impossível!)

72 □ 無理をする (F tenter l'impossible, se forcer S excederse P fazer o impossível)

▶体(からだ)が大事(だいじ)ですから、あまり無理をしないでください。

(F La santé est précieuse, alors n'en faites pas trop. S No te excedas, tu salud es más importante. P Não faça o impossível porque a saúde é mais importante.)

73 □ 正しい(ただ) (F juste, correct(e) S correcto P certo, correto)

▶正しい答(こた)えはbです。

(F La bonne réponse est la b. S La respuesta correcta es la b. P A resposta correta é a B.)

74 □ おしゃれ(な) (F coquet(te), stylé(e) S elegante, moderno P chique)

▶たまには、おしゃれな店(みせ)でおいしい料理(りょうり)を食(た)べたいです。

(F J'aimerais de temps en temps manger de bonnes choses dans un beau restaurant. S Muy de vez en cuando me gusta comer bien en restaurantes elegantes. P Às vezes, eu quero comer em um restaurante chique.)

⑮ □ 親しい (F proche S cercano, íntimo P próximo)

▶彼とは親しいから、今度、聞いてみます。

(F Je lui demanderai la prochaine fois vu que nous sommes proches. S Él es un amigo cercano, le preguntaré la próxima vez. P Eu vou perguntar para ele da próxima vez porque somos amigos próximos.)

⑯ □ すごい (F formidable, super S increíble P incrível)

▶この服、自分で作ったんですか。すごいですね。

(F Vous avez créé ces vêtements vous-même? C'est super. S ¿Has hecho esta ropa tú mismo? Qué increíble. P Você mesmo fez essas roupas ? Isso é incrível.)

⑰ □ すばらしい (F admirable S maravilloso, excelente P maravilhoso)

▶青木さんのスピーチはすばらしかったです。

(F Le discours de M.(Mme) Aoki était admirable. S El discurso de Aoki-san fue maravilloso. P O discurso do Aoki-San foi maravilhoso!)

⑱ □ 丁寧(な) (F soigné(e), poli(e) S amable, con atención P atencioso)

▶森先生はいつも丁寧に教えてくれます。

(F M.(Mme) Mori m'explique toujours soigneusement. S Mori-sensei siempre enseña con gran atención. P O professor Mori sempre me ensina atenciosamente.)

UNIT 42 どんな人(ひと)？

(F Quel genre de personne?
S ¿Qué clase de persona?
P Que tipo de pessoa?)

❶ □ 頭(あたま)のいい (F intelligent(e) S inteligente P inteligente)

▶彼(かれ)がクラスで一番(いちばん)頭(あたま)がいい。
(F Il est le plus intelligent de sa classe. S Él es el más inteligente de la clase.
P Ele é o mais inteligente da turma.)

❷ □ 背(せ)の高(たか)い (F grand(e) S alto (estatura) P alto (a))

▶ポールさんは背が高いですね。
(F Paul est vraiment grand. S Qué alto es Paul. P Paul é alto, né?)

❸ □ 背の低(ひく)い (F petit(e) S bajo (estatura) P baixo (a))

▶背の低いほうがスーさんです。
(F Celle qui est petite, c'est Sue. S La bajita es Sue. P Sue é a mais baixa.)

❹ □ 髪(かみ)の長(なが)い (F cheveux longs S pelo largo P cabelo comprido)

▶髪の長い女性(じょせい)が先生(せんせい)です。
(F La femme aux cheveux longs est l'enseignante. S La mujer del pelo largo es la profesora.
P A professora é a que tem o cabelo comprido.)

❺ □ かわいい (F mignon(ne) S lindo P engraçadinho (a))

▶彼女(かのじょ)はかわいいから、人気(にんき)がありますよ。
(F Elle a du succès parce qu'elle est mignonne. S Ella es popular porque es muy linda.
P Ela é a preferida porque é engraçadinha.)

❻ □ きれい(な) (F belle S guapo, hermoso P bonito (a))

▶きれいな女(おんな)の人(ひと)！　モデルみたい。
(F Quelle belle femme! On dirait un mannequin. S ¡Qué mujer tan guapa! Parece una modelo.
P Que mulher bonita! Parece modelo.)

❼ □ おしゃれ(な) (F à la mode, stylé(e) S elegante, a la moda P chique)

▶原さんは、服もおしゃれだけど、言うこともおしゃれですね。

(F Les vêtements de M.(Mme) Hara sont stylés, et ses propos aussi. S Hara-san no solo viste a la moda, sino también habla de forma sofisticada. P Hara-San é chique tanto nas roupas quanto na fala.)

❽ □ かっこいい (F beau S guapo, guay P bonito)

▶あの7番の選手、かっこいいですね。

(F Le joueur numéro 7 est vraiment beau. S Qué chulo es el jugador con el dorsal 7. P Aquele jogador de número 7 é bonito, né!)

❾ □ ハンサム(な) (F beau S atractivo P bonito)

▶この中で、誰が一番ハンサムだと思いますか。

(F Selon vous, qui est le plus beau dans le groupe? S ¿Quién te parece el más atractivo de nosotros? P Qual é o mais bonito entre nós?)

❿ □ 親切(な) (F serviable S amable, cercano P gentil)

▶親切な人が荷物を持ってくれました。

(F Une personne serviable a porté mes bagages. S Una amable persona me llevó la maleta. P Uma pessoa gentil levou a mala para mim.)

⓫ □ 優しい (F gentil(le) S amable, afectuoso P gentil)

▶祖母は、わたしにはいつも優しかったです。

(F Ma grand-mère était toujours gentille avec moi. S Mi abuela era siempre muy buena conmigo. P Minha avó sempre foi gentil comigo.)

⓬ □ まじめ(な) (F sérieux (sérieuse) S serio, formal P sério)

▶彼はまじめで、よく働きますよ。

(F Il est sérieux et travaille bien. S Él es muy formal y buen trabajador. P Ele é sério e trabalha bem.)

⓭ □ 金持ち (F riche S rico P fico)

▶金持ちになりたいですか。

(F Voulez-vous être riche? S ¿Quieres hacerte rico? P Eu quero ser rico?)

UNIT 43 とても・もっと

(F Très, Plus S Muy, Más P Muito, Mais)

❶ □ とても (F très S muy P muito)

▶とてもおもしろかったです。
(F C'était très intéressant. S Fue muy interesante. P Foi muito interessante.)

❷ □ ちょっと (F un peu S un poco P um pouco)

▶ちょっと疲(つか)れました。
(F Je suis un peu fatigué(e). S Estoy un poco cansado. P Fiquei um pouco cansado.)

❸ □ あまり～ない (F pas très, pas beaucoup S apenas P não muito)

▶あまりおいしくなかったです。
(F Ce n'était pas très bon. S Apenas estuvo bueno. P Não estava muito gostoso.)

❹ □ すごく (F très, vraiment S muy P extremamente)

▶京都(きょうと)、どうでした？　―すごくよかったです。
(F Comment était Kyoto? —— C'était vraiment bien. S ¿Qué te pareció Kioto? —— Me lo pasé muy bien. P Como foi em Quioto? —— Extremamente bom.)

❺ □ もっと (F plus S más P mais)

▶もっときれいになりたいです。
(F Je veux être plus belle. S Quiero ser más guapa. P Eu quero ficar mais bonita.)

❻ □ 一緒(いっしょ)に (F ensemble S juntos P juntos)

▶駅(えき)まで一緒に行(い)きませんか。
(F On va à la gare ensemble? S ¿Vamos juntos hasta la estación? P Vamos juntos até a estação?)

❼ □ 自分(じぶん)で (F soi-même S por uno mismo P pessoalmente)

▶自分で予約(よやく)してください。

(F Faites la réservation vous-même. S Haga la reserva por sí mismo. P Faça a reserva pessoalmente.)

❽ □ 一人(ひとり)で (F seul(e) S uno solo P sozinho (a))

▶一人で行ったんですか。

(F Vous avez tout mangé seul(e)? S ¿Te lo comiste tú solo? P Você comeu tudo sozinho (a)?)

❾ □ 全部(ぜんぶ) (F tout S todo P tudo)

▶全部覚(おぼ)えました。

(F J'ai tout retenu. S He memorizado todo. P Eu decorei tudo.)

❿ □ みんな (F tout le monde S todo el mundo P todos)

▶みんな忘(わす)れました。

(F Tout le monde a oublié (selon contexte: J'ai tout oublié). S Todo el mundo se olvidó.
P Todo mundo se esqueceu.)

⓫ □ 全部で (F en tout S en total P total)

▶全部でいくらですか。

(F Ça fait combien en tout? S ¿Cuánto es en total? P Quanto é o total?)

⓬ □ うまく (F bien S bien, correctamente P bem)

▶うまく発表(はっぴょう)できました。

(F J'ai bien réussi à faire la présentation. S Pude dar una buena presentación.
P Eu consegui apresentar bem.)

⓭ □ 一生懸命(いっしょうけんめい) (F dur, assidûment S con todas las fuerzas P com afinco)

▶今回(こんかい)は、一生懸命勉強(べんきょう)しました。

(F Cette fois, j'ai travaillé dur. S Estudié con todas mis fuerzas. P Desta vez, eu estudei com afinco.)

⓮ □ 自由(じゆう)に (F librement, à sa guise S con libertad P livremente)

▶この部屋(へや)は、自由に使(つか)っていいですよ。

(F Vous pouvez utiliser cette salle à votre guise. S Puedes usar esta habitación con total libertad.
P Você pode usar esta casa livremente.)

⑮ □ **ゆっくり** (F lentement S lentamente, pausadamente P devagar)

▶もう少(すこ)しゆっくり話(はな)してくれませんか。
(F Pourriez-vous parler un peu plus lentement s'il vous plaît? S ¿Podrías hablar un poco más despacio? P Você poderia falar mais devagar, por favor?)

⑯ □ ゆっくりと (F tranquillement S lentamente, relajado P sem pressa)
▶疲(つか)れたでしょう。あしたはゆっくり休(やす)んでください。
(F Vous devez être fatigué(e). Reposez-vous tranquillement demain. S Estás cansado, ¿no? Mañana relájate y descansa. P Está cansado, né? Amanhã descanse, sem pressa.)

⑰ □ **まっすぐ** (F tout droit S todo recto P direto)

▶この道(みち)をまっすぐ行(い)ってください。
(F Continuez tout droit sur cette route. S Sigue este camino todo recto. P Vá direto por esta rua.)

⑱ □ まっすぐに (F tout droit S todo recto P direto)

⑲ □ **本当(ほんとう)に** (F vraiment S de verdad P realmente)

▶本当にありがとうございました。
(F Vraiment merci beaucoup. S De verdad muchísimas gracias. P Realmente, muito obrigado (a).)

⑳ □ **きっと** (F certainement S con seguridad P certamente)

▶大丈夫(だいじょうぶ)です。きっとうまくいきます。
(F Ça va. Ça se passera certainement bien. S No te preocupes. Estoy seguro de que todo saldrá bien. P Não tem problema. Certamente dará certo.)

㉑ □ **もちろん** (F bien sûr S por supuesto P claro)

▶あの本(ほん)、買(か)いました？ ―もちろん、買いました。
(F Avez-vous acheté ce livre? — Bien sûr, je l'ai acheté. S ¿Has comprado ese libro? — Sí, por supuesto, lo compré. P Você comprou aquele livro? — Claro que comprei!)

㉒ □ 必ず(かならず) (F sûrement, sans faute S asegurarse de, sin excepción P sem falta)

▶あしたは必ず書類(しょるい)を持(も)ってきてください。
(F Demain, apportez sans faute vos documents. S Asegúrate de traer mañana los documentos. P Traga o documento amanhã, sem falta!)

㉓ □ 絶対に(ぜったい) (F absolument, jamais (avec nég.) S definitivamente, nunca P definitivamente)

▶先生(せんせい)のことは絶対に忘(わす)れません。
(F Je n'oublierai jamais mon professeur. S Nunca te olvidaré, sensei. P Definitivamente, eu não me esquecerei do meu professor.)

㉔ □ ぜひ (F pour sûr, sans hésitation S sea como sea P sem falta)

▶今度(こんど)、ぜひ遊(あそ)びに来(き)てください。
(F Venez sans hésitation à la maison la prochaine fois. S Por favor, no dudes en venir a vernos la próxima vez. P Da próxima vez, venha passear, sem falta!)

㉕ □ たぶん (F peut-être S probablemente P talvez)

▶田中(たなか)さんは、たぶん来(こ)ないと思(おも)います。
(F Je pense que M.(Mme) Tanaka ne viendra sans doute pas. S Tanaka-san probablemente no venga. P Eu acho que talvez o Tanak-San não venha.)

㉖ □ できるだけ (F autant que possible S como sea posible P na medida do possível)

▶できるだけ安(やす)く買(か)いたいです。
(F Je veux acheter le moins cher possible. S Quiero comprarlo tan barato como sea posible. P Na medida do possível, eu quero comprar barato.)

㉗ □ できれば (F si possible S si es posible P se possível)

▶できれば日本(にほん)で働(はたら)きたいと思(おも)っています。
(F J'aimerais travailler au Japon si possible. S Si es posible me gustaría trabajar en Japón. P Se possível, eu quero trabalhar no Japão.)

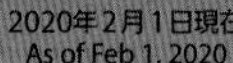

2020年2月1日現在
As of Feb 1, 2020

NIHONGO

Research Press
Japanese language textbook
Guide to published books

Jリサーチ出版●日本語テキスト 出版案内

日本語

お問い合わせ ● If you wish to contact us:

Jリサーチ出版 ● J Research Press 〒166-0002 東京都杉並区高円寺北2-29-14-705
2-29-14-705 Koenjikita, Suginami-ku, Tokyo 166-0002

代 表 ● Pilot Number TEL. 03-6808-8801／FAX. 03-5364-5310

編集部 ● Editorial Department TEL. 03-6808-8806／FAX. 03-3223-3455

本のお買い求めはこちら

●全国の書店 ●オンライン書店

●Jリサーチ出版HP(https://www.jresearch.co.jp)

Visit our website!

If you are going to buy a book, it will be available at all bookstores in Japan, on-line bookstores and J Research Press homepage.

We are looking for overseas business partners.
Would you like to sell J-Research books as a business partner?

日本語能力試験対策
preparation for JLPT

「日本語単語スピードマスター」シリーズ “Quick mastery of vocabulary” Series

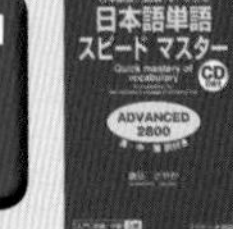

N1

英語・中国語・韓国語版

日本語能力試験N1に出る
日本語単語スピードマスター ADVANCED2800 CD2枚付
倉品さやか 著　A5変型判／1600円

N2

日本語能力試験N2に出る
日本語単語スピードマスター INTERMEDIATE 2500 CD2枚付
倉品さやか 著　A5変型判／1600円

N3

日本語能力試験N3に出る
日本語単語スピードマスター STANDARD 2400 CD2枚付
倉品さやか 著　A5変型判／1400円

N4・N5

日本語能力試験N4・5に出る
日本語単語スピードマスター BASIC 1800 CD2枚付
倉品さやか 著　A5変型判／1400円

各国語版

タイ語・ベトナム語・インドネシア語版

日本語単語スピードマスター ADVANCED 2800 CD2枚付
倉品さやか 著　A5変型判／1800円

日本語単語スピードマスター INTERMEDIATE 2500 CD2枚付
倉品さやか 著　A5変型判／1800円

日本語単語スピードマスター STANDARD 2400 CD2枚付
倉品さやか 著　A5変型判／1600円

日本語単語スピードマスター BASIC 1800 CD2枚付
倉品さやか 著　A5変型判／1600円

マレーシア語・ミャンマー語・フィリピノ語版

日本語単語スピードマスター STANDARD 2400 CD2枚付
倉品さやか 著　A5変型判／1600円

ネパール語・カンボジア語・ラオス語版

日本語単語スピードマスター STANDARD 2400 CD2枚付
倉品さやか 著　A5変型判／1600円

分野別
Specialized

「日本語能力試験・日本留学試験読解対策」シリーズ
JLPT/EJU Reading Comprehension Preparation Series

N5

日本語N5 文法・読解まるごとマスター (英)(中)(ベ)
N5 Grammar and Reading Comprehension of Japanese Expressions
文法を復習・定着させながら、読解力を伸ばしていく。
Review and retain grammar while enhancing your reading comprehension skills.
水谷信子 著　B5判／1600円

N4

日本語N4 文法・読解まるごとマスター (英)(中)(ベ)
N4 Grammar and Reading Comprehension of Japanese Expressions
水谷信子 著　B5判／1600円

N3

日本語N3 文法・読解まるごとマスター (英)(中)(ベ)
N3 Grammar and Reading Comprehension of Japanese Expressions
水谷信子 監修・著　黒岩しづ可／青木幸子／高橋尚子 共著　B5判／1600円

N2

日本語N2 文法・読解まるごとマスター (英)(中)(ベ)
N2 Grammar and Reading Comprehension of Japanese Expressions
水谷信子 監修・著　森本智子／黒岩しづ可／青木幸子 共著　B5判／1600円

N1

日本語N1 文法・読解まるごとマスター (英)(中)(ベ)
N1 Grammar and Reading Comprehension of Japanese Expressions
水谷信子 監修・著　森本智子／黒岩しづ可／青木幸子／高橋尚子／渡邉亜子 共著　B5判／1600円

「くらべてわかる」シリーズ
"Learning through Comparison" Series

初級 beginner level

くらべてわかる
初級 日本語表現文型ドリル (英)(中)(韓)
Learning through Comparison Sentence Pattern Drills
for elementary Japanese Expression
岡本牧子／氏原庸子 共著　B5判＋別冊（解答・訳）／1400円

中級 intermediate level

くらべてわかる中級 日本語表現文型ドリル (英)(中)(韓)
Learning through Comparison Sentence Pattern Drills
for Intermediate Japanese Expression
岡本牧子／氏原庸子 共著　B5判＋別冊（解答・訳）／1500円

上級 advanced level

上級日本語の基礎となる765の文型を収録！
くらべてわかる 日本語表現文型辞典
Highlights 765 basic sentence patterns of advanced Japanese!
A Guide to Useful Japanese Sentence Patterns—Comparing and Understanding the Difference
岡本牧子／氏原庸子 共著　A5判／2000円

㉘ □ なるべく（F autant que possible S tanto como sea posible P tanto quanto possível）

▶なるべく早く来てください。

（F Tâchez de venir le plus tôt possible. S Ven tan pronto como te sea posible.
P Tanto quanto possível, venha cedo.）

㉙ □ とりあえず（F pour l'instant S de momento P por enquanto）

▶いいかどうかわからないので、とりあえず１つ買ってみます。

（F Je ne sais pas si c'est bien, donc j'en achète juste un pour l'instant. S No sé si será bueno, así que de momento solo compraré uno. P Eu não sei se é bom ou não, mas por enquanto eu vou comprar um.）

㉚ □ 代わりに（F à la place S en cambio, en lugar de P em vez de..., no lugar de...）

▶旅行に行けなくなったので、代わりにおいしいものを食べに行きました。

（F J'ai dû annuler mon voyage alors à la place je suis allé(e) manger un bon repas. S Al final no pude ir de viaje, en su lugar fui a comer a un buen sitio. P Como acabei não viajando, em vez disso, fui comer uma comida gostosa.）

▶社長の代わりに、わたしが行きました。

（F J'y suis allé à la place du patron. S Acudí en lugar del presidente.
P Eu fui no lugar do meu chefe.）

㉛ □ 一度（F une fois S una vez P um vez）

▶一度、着物を着てみたいです。

（F J'aimerais porter un kimono une fois (dans ma vie). S Me gustaría vestirme de kimono una vez.
P Eu quero vestir quimono uma vez.）

㉜ □ すぐ（に）（F tout de suite S de inmediato P logo）

▶お客さんが待っているから、すぐに来てください。

（F Venez tout de suite car le(s) client(s) attend(ent). P Los clientes están esperando, ven de inmediato.
P Venha logo porque o cliente está esperando.）

㉝ □ しばらく（F pendant un moment S por un tiempo P longo tempo）

▶しばらく国へ帰ることになりました。

（F Je vais rentrer dans mon pays pendant un petit moment. S Vuelvo a mi país por un tiempo.
P Eu voltarei ao meu país por longo tempo.）

❸④ □ ずっと (F sans arrêt S durante todo el tiempo P direto)

▶こっちは朝(あさ)からずっと雨(あめ)です。

(F Il pleut sans arrêt depuis ce matin. S Aquí ha estado lloviendo todo el día desde la mañana. P Aqui está chovendo direto, desde de manhã.)

❸⑤ □ そろそろ (F bientôt S ya pronto (es la hora de...) P daqui a pouco)

▶もう9時(じ)ですね。そろそろ帰ります。

(F Il est déjà 9 heures. Je vais bientôt partir. S Ya son las nueve. Ya va siendo la hora de irme. P Já são 9 horas! Daqui a pouco vou embora.)

❸⑥ □ 突然(とつぜん) (F tout à coup, soudain S de repente P de repente)

▶突然、雨(あめ)が降(ふ)ってきたんです。

(F Soudain, il s'est mis à pleuvoir. S Empezó a llover de repente. P De repente, começou a chover.)

❸⑦ □ 途中(とちゅう)で (F en cours, pendant S en mitad de, durante, mientras P no meio)

▶走(はし)っている途中で、足(あし)が痛(いた)くなってきたんです。

(F J'ai commencé à avoir mal aux pieds alors que je courais. S Me empezaron a doler las piernas mientras corría. P No meio da corrida, meu pé começou a doer.)

❸⑧ □ 久(ひさ)しぶりに (F après un long moment S desde hace mucho tiempo P depois de muito tempo)

▶きょう、久しぶりに大学(だいがく)の時(とき)の友達(ともだち)に会(あ)いました。

(F Aujourd'hui, j'ai revu un(e) ami(e) de fac que je n'avais pas vu(e) depuis longtemps. S Hoy me encontré con mis amigos de la universidad por primera vez en mucho tiempo. P Hoje, depois de muito tempo, eu encontrei com meus amigos da universidade.)

❸⑨ □ 初(はじ)め(は) (F au début S al principio P de início)

▶初めは恥(は)ずかしかったですが、いまはもう、慣(な)れました。

(F J'étais gêné(e) au début, mais maintenant je me suis habitué(e). S Al principio tenía vergüenza, pero ya me he acostumbrado. P De início, eu fiquei com vergonha, mas agora eu já me acostumei.)

㊵ □ 初(はじ)めて (F la première fois S por primera vez P pela primeira vez)

▶きのう、初めて彼女(かのじょ)のお父(とう)さんに会(あ)いました。

(F Hier, j'ai rencontré le père de ma petite amie pour la première fois. S Ayer conocí por primera vez al padre de mi novia. P Ontem, pela primeira vez, eu me encontrei com o pai dela.)

㊶ □ 最初(さいしょ)(は) (F au début S en la primera vez, al principio P no começo)

▶わたしも最初、そう思(おも)っていました。

(F C'est ce que je pensais aussi au début. S Yo también pensaba así al principio. P Eu também achei isso no começo.)

㊷ □ 最初に (F d'abord S primero, al comienzo P primeiro)

▶部屋(へや)に入(はい)ったら、最初に名前(なまえ)を言(い)ってください。

(F Lorsque vous entrez dans la pièce, dites d'abord votre nom. S Cuando entres a la habitación, primero, di tu nombre. P Quando entrar em casa, primeiro, chame o nome da pessoa.)

㊸ □ 最後(さいご)(は) (F à la fin S al final P final)

▶このドラマ、最後はどうなるんですか。

(F Que se passe-t-il à la fin de ce feuilleton? S ¿Qué pasa al final de esta serie? P Como será o final desta novela?)

㊹ □ 最後に (F à la fin S final, por último P por último)

▶最後にもう一度(いちど)確認(かくにん)してください。

(F À la fin, vérifiez à nouveau. S Por último compruébelo de nuevo. P Por último, verifique mais uma vez.)

㊺ □ 先(さき)に (F d'abord S primero P na frente)

▶あとから行(い)きますから、どうぞ先に行ってください。

(F J'irai plus tard, alors allez-y d'abord. S Yo iré después, por favor, vaya primero. P Eu irei mais tarde, então vá na frente.)

❻ □ 今度(こんど) (F la prochaine fois, une autre fois S próxima vez P da próxima vez)

▶今度また誘(さそ)ってください。
(F N'hésitez pas à m'inviter à nouveau. S Invíteme de nuevo para la próxima.
P Da próxima vez, me convide novamente.)

㊼ □ 次(つぎ)は (F la prochaine fois S la siguiente P próximo (a))

▶次は来週(らいしゅう)にしましょう。
(F La prochaine fois, on dit la semaine prochaine! S Hagámoslo de nuevo la semana que viene.
P A próxima vez será na semana que vem.)

㊽ □ 次に (F ensuite S siguiente, a continuación P em seguida)

▶次に、住所(じゅうしょ)をお願(ねが)いします。
(F Ensuite, donnez-moi votre adresse. S A continuación, indique su dirección.
P Em seguida, seu endereço, por favor.)

㊾ □ 最近(さいきん) (F récemment S últimamente P recentemente)

▶最近、林(はやし)さんと会(あ)ってないです。
(F Je n'ai pas vu M.(Mme) Hayashi récemment. S No he visto a Hayashi-san últimamente.
P Recentemente, eu não tenho me encontrado com Hayashi-San.)

㊿ □ さっき (F juste avant, à l'instant S hace un momento P a pouco)

▶さっき社長(しゃちょう)から電話(でんわ)がありました。
(F Je viens de recevoir un appel du patron à l'instant. S Hace un momento tuve una llamada de mi jefe.
P O presidente ligou a pouco.)

51 □ 結構(けっこう) (F très, assez S bastante P bastante)

▶この本(ほん)、結構おもしろいですよ。読(よ)んでみてください。
(F Ce livre est assez intéressant. Vous devriez le lire. S Este libro es bastante interesante. Te recomiendo que lo leas. P Este livro é bastante interessante. Experimente lê-lo.)

52 □ だいたい (F à peu près S más o menos P aproximadamente)

▶いまの説明(せつめい)、わかりましたか。 ―はい、だいたいわかりました。

(F Vous avez compris ce que je viens d'expliquer? ― Oui, à peu près. S ¿Has entendido la explicación? ― Sí, más o menos. P Você entendeu a explicação de agora? ― Sim, mais ou menos.)

53 □ だいぶ (F beaucoup S mucho P muito)

▶だいぶ元気(げんき)になりました。

(F Je vais beaucoup mieux. S Me siento mucho mejor. P Eu fiquei bem melhor.)

54 □ ほとんど (F presque S casi todo P quase tudo)

▶ここにあるのは、ほとんどLサイズです。

(F Ceux-ci sont presque tous de taille L. S Casi todo lo que hay aquí es de talla L. P O que tem aqui, quase tudo é tamanho L.)

55 □ ほとんど～ない (F presque pas S apenas P não ...quase nada)

▶昔(むかし)のことだから、ほとんど覚(おぼ)えていません。

(F Je ne me rappelle presque pas car c'était il y a longtemps. S Pasó hace mucho tiempo, apenas lo recuerdo. P Eu não me lembro de quase nada porque é coisa do passado.)

56 □ また (F encore S de nuevo P novamente)

▶よかったら、また来(き)てください。

(F Si vous voulez, n'hésitez pas à revenir. S Espero que vengas a visitarnos de nuevo. P Se você quiser, venha novamente.)

57 □ たいてい (F en général S normalmente P geralmente)

▶休(やす)みの日(ひ)は、たいてい家(いえ)にいます。

(F Je reste généralement à la maison pendant mes jours de congés. S Normalmente paso las vacaciones en casa. P Nos dias de folga, geralmente fico em casa.)

58 □ だんだん (F progressivement, peu à peu S poco a poco P aos poucos)

▶だんだん暖(あたた)かくなってきましたね。

(F Peu à peu, cela se réchauffe. S Poco a poco hace más calor. P Aos poucos, começou a esquentar.)

59 □ どんどん (F de plus en plus S paulatinamente P mais e mais)

▶練習(れんしゅう)を続(つづ)ければ、どんどん話(はな)せるようになりますよ。
(F Si vous continuez de vous exercer vous parlerez de mieux en mieux. S Si continúas practicando, paulatinamente podrás hablar más. P Se continuar com os treinos, você conseguirá falar mais e mais.)

60 □ ちょうど (F juste, justement S justo P em ponto, agora mesmo)

▶ちょうどいま、電話(でんわ)しようと思(おも)っていたんです。
(F Je pensais justement à appeler. S Justo ahora estaba pensando en llamarte. P Agora mesmo eu estava pensando em te ligar.)

▶ここは、5時(じ)ちょうどに閉(し)まります。
(F Ça ferme à 5 heures juste. S Esta tienda cierra justo a las cinco. P Aqui abre às 5 em ponto.)

61 □ ちょうど〜 (F juste, exact, pile S ~ en punto P em ponto)

▶時間(じかん)、わかりますか。 ―ちょうど2時です。
(F Vous savez l'heure qu'il est? ― Il est 2 heures pile. S ¿Tienes hora? ― Son las dos en punto. P Você sabe que horas são? ― São duas horas em ponto.)

62 □ ちょうどいい (F juste comme il faut S justo perfecto P no ponto)

▶甘(あま)くないですか。 ―いえ、ちょうどいいです。
(F Ce n'est pas sucré? ― Non, c'est juste comme il faut. S ¿No está dulce? ― No, está perfecto. P Não é doce? ― Não. Está no ponto.)

63 □ ほか (F d'autres S otro, aparte P outro)

▶ほかに質問(しつもん)はありませんか。
(F Avez-vous d'autres questions? S ¿Tienes alguna otra pregunta? P Você tem outra pergunta?)

64 □ まだ (F (pas) encore S todavía P ainda)

▶彼(かれ)はもう働(はたら)いているんですか。 ―いえ、まだ学生(がくせい)です。
(F Il travaille déjà? ― Non, il est encore étudiant. S ¿Él ya trabaja? ― No, todavía es estudiante. P Ele já está trabalhando? ― Não, ele ainda é estudante.)

65 □ もう (F déjà S ya P já)

▶昼(ひる)ごはんはもう食(た)べましたか。　—いえ、まだです。

(F Avez-vous déjà déjeuné? — Non, pas encore. S ¿Ya has comido el almuerzo? — No, no todavía. P Já almoçou? — Não, ainda não.)

66 □ もう～ (F encore S ~ más; ya ~ P mais...)

▶もう少(すこ)し待(ま)ってください。

(F Veuillez patienter encore un peu. S Espera un poco más. P Espere mais um pouco.)

67 □ もうすぐ (F bientôt S ya pronto P daqui a pouco)

▶もうすぐ夏休(なつやす)みですね。

(F C'est bientôt les vacances d'été. S Ya pronto serán las vacaciones de verano. P Daqui a pouco chegarão as férias de verão.)

68 □ やっと (F enfin S por fin P finalmente)

▶説明(せつめい)を聞(き)いて、やっとわかりました。

(F J'ai écouté les explications et j'ai enfin compris. S Tras escuchar la explicación, por fin lo he entendido. P Eu escutei as explicações e finalmente entendi.)

69 □ ～中(ちゅう) (F en train de S durante ~ P no meio de...)

▶いま仕事中(しごとちゅう)だから、あとで電話(でんわ)する。

(F Je suis en train de travailler, donc j'appellerai plus tard. S Ahora estoy trabajando, te llamo después. P Agora eu estou no meio do trabalho, então ligue para mim mais tarde.)

70 □ ～中(じゅう) (F tout(e) ~ (durée) S durante ~ P ...inteiro)

▶きのうは一日中(いちにちじゅう)、掃除(そうじ)をしていました。

(F Hier, j'ai fait le ménage toute la journée. S Ayer estuve limpiando durante todo el día. P Hoje eu fiz limpeza o dia inteiro.)

⑪ □ 〜中に／〜中に (F pendant, avant la fin de S durante ~ P no meio de..., ainda...)

▶今日中に返事をください。

(F Répondez dans la journée s'il vous plaît. S Respóndeme durante el día de hoy. P Mande um a resposta ainda hoje.)

⑫ □ そのあと (F après cela S después de eso P depois disso)

▶きのうは映画を見て、そのあと、買い物をしました。

(F Hier, j'ai regardé un film et après j'ai fait du shopping. S Ayer vi una película, y después de eso, fui a comprar. P Ontem eu vi um filme e, depois disso, fiz compras.)

⑬ □ このあと (F après ceci S después de esto P daqui em diante)

▶このあと、何か予定がありますか。

(F Avez-vous quelque chose de prévu après ceci? S ¿Tienes algún plan después de esto? P Você tem algum plano para daqui em diante.)

⑭ □ あのあと (F après cela S después de aquello P depois daquilo)

▶あのあと、すぐ家に帰ったんですか。

(F Êtes-vous rentré chez vous immédiatement après cela? S ¿Volviste directo a casa después de aquello? P Depois daquilo, você foi direto para casa?)

⑮ □ でも… (F mais S pero P mas, entretanto)

▶天気はずっとよくなかったです。でも、楽しかったですよ。

(F Le temps a été mauvais tout le long. Mais nous nous sommes bien amusé(e)s. S El tiempo fue muy malo durante todo el viaje. Pero, lo pasamos fenomenal. P O tempo ficou ruim direto. Mas foi divertido.)

⑯ □ それから… (F ensuite, après S tras esto P depois disso)

▶あしたはまず、工場を見学します。それから、さくら公園に行って、お弁当を食べます。

(F Demain, nous visitons d'abord l'usine. Ensuite, nous allons au parc Sakura pour déjeuner. S Mañana, primero iremos de visita a la fábrica. Tras esto, iremos al parque Sakura, y nos comeremos un bento. P Primeiro, eu vou visitar uma fábrica. Depois disso, irei a um parque e comerei um lanche por lá.)

UNIT 44

こそあ (ko-so-a)

❶ □ ここ (F ici S aquí P aqui)

▶ここに名前(なまえ)を書(か)いてください。

(F Écrivez votre nom ici. S Escriba su nombre aquí. P Escreva seu nome aqui, por favor.)

❷ □ そこ (F là S allí P aí)

▶そこ、私(わたし)の席(せき)なんですが……。

(F Heu... Là, c'est mon siège… S Ese de allí, es mi asiento... P Aí é o meu assento.)

❸ □ あそこ (F là-bas S allá P ali)

▶あそこに喫茶店(きっさてん)がありますね。ちょっと休(やす)みませんか。

(F Il y a un café là-bas. Vous ne voulez pas faire une pause? S Allá hay una cafetería. ¿Qué tal si descansamos un poco? P Ali tem uma cafeteria, né. Vamos descansar um pouco?)

❹ □ こっち (F ici S aquí P aqui , cá)

▶マリアさん、ちょっとこっちに来(き)て。

(F Maria, viens un peu ici. S María-san, ven aquí un momento. P Maria, venha aqui por favor.)

❺ □ そっち (F là-bas, chez vous S allí P aí)

▶〈電話(でんわ)で〉そっちの天気(てんき)はどう？

(F <Au téléphone> Comment est la météo chez vous? S (Por teléfono) ¿Qué tal el tiempo por allí? P Como está o tempo por aí?)

❻ □ あっち (F là-bas S allá P ali , lá)

▶じゃまだなあ。あっちに行って！
(F Tu gênes! Va là-bas! S Déjame ya. ¡Vete por allí! P Você está atrapalhando. Vá para lá.)

▶こっちは混んでますね。あっちの店にしましょう。
(F C'est bondé ici. Allons plutôt au restaurant là-bas. S Aquí está lleno de gente. Vayamos a aquella tienda de allá. P Aqui está cheio. Vamos para aquele restaurante.)

❼ □ この (F ce, cet, cette S este P este (a))

▶この電車は新宿に止まりますか。
(F Ce train s'arrête-t-il à Shinjuku? S ¿Este tren para en Shinjuku? P Este trem para em Shinjuku?)

❽ □ その (F ce, cet, cette S ese P esse (a))

▶その服で会社に行くの？
(F Tu vas au travail avec ces vêtements? S ¿Vas al trabajo con esa ropa?
P Você vai para a empresa com essa roupa?)

❾ □ あの (F ce, cet, cette S aquel P aquele (a))

▶あの人、知ってる？　―あのめがねの人？　知らない。
(F Tu connais cette personne? — Celle avec les lunettes? Non, je ne la connais pas.
S ¿Conoces a aquella persona? — ¿Aquella de las gafas? Ni idea.
P Você conhece aquela pessoa? — Aquela que está de óculos? Não conheço.)

❿ □ これ (F ça, ceci S esto P isto)

▶これ、友達がくれたんです。
(F Ça, un(e) ami(e) me l'a donné. S Esto me lo ha dado mi amigo.
P Você ganhou isto do seu amigo?)

⓫ □ それ (F ça, cela S eso P isso)

▶それ、いつ買ったんですか。
(F Quand avez-vous acheté cela? S ¿Cuándo te has comprado eso? P Quando você comprou isso?)

⑫ □ **あれ** （F ça, cela (là-bas) S aquello P aquilo）

▶わたしのはあれです。

（F Le mien, c'est celui-là. S Aquello es mío. P Aquilo ali é meu.）

⑬ □ **こちら** （F ici (poli) S aquí P aqui）

▶こちらが出口(でぐち)です。

（F La sortie est ici. S Esta de aquí es la salida. P Aqui é a saída.）

▶こちらにどうぞ。

（F Par ici s'il vous plaît. S Por aquí, por favor. P Por aqui, por favor.）

> F forme polie de “こっち”
> S Es la forma honorífica de “こっち”.
> P “こっち” é uma forma respeitosa de se falar.

⑭ □ **そちら** （F là (poli) S allí P aí）

▶そちらでお待(ま)ちください。

（F Patientez là s'il vous plaît. S Espere allí. P Espere aí, por favor.）

> F forme polie de “そっち”
> S Es la forma honorífica de “そっち”.
> P “そっち” é uma forma respeitosa de se falar.

⑮ □ **あちら** （F là-bas (poli) S allá P ali, lá）

▶お席(せき)は、あちらです。

（F Les sièges sont là-bas. S Su asiento es ese de allí.
P O assento é ali.）

> F forme polie de “あっち”
> S Es la forma honorífica de “あっち”.
> P “あっち” é uma forma respeitosa de se falar.

⑯ □ **こちら** （F moi, voici, cette personne (poli) S (persona que está) aquí P este (a)）

▶〈人(ひと)を紹介(しょうかい)する〉こちらは森先生(もりせんせい)です。

（F <pour présenter quelqu'un> Voici M.(Mme) Mori.
S (Presentando a una persona) Él es Mori-sensei.
P Este é o Professor Mori.）

> F forme polie de “この人”
> S Es la forma honorífica de “この人”.
> P “この人” é uma forma respeitosa de se falar.

⑰ □ **そちら** （F vous (poli) S (persona que está) allí P esse (a)）

▶これは、そちらのお荷物(にもつ)ですか。

（F Ce sont vos bagages? S Este equipaje, ¿es tuyo?
P Essa bagagem é sua?）

> F forme polie de “あなた”
> S Es la forma honorífica de “あなた”.
> P “あなた” é uma forma respeitosa de se falar.

⑱ □ あちら (F la personne là-bas S (persona que está) allá P aquele (a))

▶あちらは社長さんですか。
(F La personne là-bas, c'est le patron?
S ¿Aquel de allá es el presidente?
P Aquele é o presidente da empresa.)

F forme polie de "あの人"
S Es la forma honorífica de "あの人".
P "あの人" é uma forma respeitosa de se falar.

⑲ □ この辺 (F par ici, dans les environs S por aquí P por aqui)

▶この辺にコンビニはありませんか。
(F Est-ce qu'il y a une supérette dans les environs? S ¿Hay alguna tienda de conveniencia por aquí?
P Tem uma loja de conveniência por aqui?)

⑳ □ その辺 (F par là S por allí P por aí)

▶わたしのかばん、知りませんか。 ―その辺で見ましたよ。
(F Tu n'as pas vu mon sac? ― Je l'ai vu par là. S ¿Has visto mi mochila? ― La he visto por allí.
P Você não viu minha bolsa? ― Eu vi por aí.)

㉑ □ あの辺 (F par là-bas S por allá P por ali)

▶どこにしますか。 ―あの辺がよさそうです。
(F On se met où? ― Par là-bas, ça a l'air bien. S ¿Dónde vamos? ― Por allá pinta bien.
P Onde vamos? ― Por ali parece ser bom.)

㉒ □ こんな～ (F comme ça S como este P como esta)

▶こんな服は着たくない。
(F Je ne veux pas porter de vêtements comme ça. S No quiero vestir como esta.
P Eu não quero vestir uma roupa como esta.)

㉓ □ こんなふう (F comme ceci S de este modo P deste jeito)

▶わたしも、こんなふうになりたい。
(F Moi aussi, je voudrais être comme ça. S Yo también quiero ser como esto.
P Eu também quero ficar deste jeito.)

㉔ □ そんな～ (F comme ça, un(e) tel(le) S esa clase P desse jeito)

▶そんな店(みせ)、聞(き)いたことがありません。

(F Je n'ai jamais entendu parler d'un tel restaurant. S Nunca he oído de esa clase de tienda. P Eu nunca escutei falar de um restaurante desse jeito.)

㉕ □ そんなこと(は)ない (F non, si (de négation) S no es así P não é bem assim)

▶わたしは無理(むり)です。 ―そんなことないですよ。頑張(がんば)ってください。

(F Je ne peux pas. ― Mais si, faites de votre mieux. S Yo no soy capaz de hacerlo. ― Seguro que no es para tanto. Ánimo, tú puedes. P Impossível para mim. ― Não é bem assim. Tente, por favor.)

㉖ □ そんなに (F autant que ça S tan P tanto assim)

▶そんなに(たくさん)食(た)べるんですか。

(F Tu manges autant que ça? S ¿Tanto comes? P Você come tanto assim?)

㉗ □ そんなに～ない (F pas si ~ S no tan ~ P não é tanto (tão)assim)

▶10万円(まんえん)くらいですか。 ―いえいえ、そんなに高(たか)くないです。

(F Ça coûte environ 100,000 yens? ― Non, ce n'est pas si cher. S ¿Unos 100.000 JPY? ― No, qué va, no tan caro. P Custa 100 mil Ienes? ― Não, não é tão caro assim.)

㉘ □ あんな～ (F comme ça S esa clase de ~ P como aquele (a))

▶わたしもあんな家(いえ)に住(す)みたい。

(F Moi aussi je voudrais vivre dans une maison comme celle-là. S Yo también quiero vivir en esa clase de casa. P Eu também quero morar numa casa como aquela.)

㉙ □ あんなに (F tellement, autant S tanto P tanto (a))

▶あんなに注意(ちゅうい)したのに、また遅刻(ちこく)したの!?

(F Je t'ai tellement mis(e) en garde et malgré ça tu es encore en retard? S A pesar de que te advertí tanto, ¿¡has llegado tarde de nuevo!? P Eu tomei tanto cuidado, mas acabei chegando atrasado de novo.)

㉚ □ このような (F ce genre de S esta clase P esses (as))

▶このようなミスは二度(にど)としないでください。

(F Ne faites plus jamais ce genre d'erreur. S No vuelvas a repetir esta clase de error. P Não cometa esses erros mais uma vez.)

㉛ □ このように (F de la sorte, comme ceci S de este modo P assim)

▶きょうの予定はこのようになっています。

(F Le programme d'aujourd'hui est comme ceci. S El plan para hoy es el siguiente. P A programação de hoje ficou assim.)

㉜ □ このくらい (F environ comme ceci S aproximadamente esto P quanto)

▶どのくらい食べますか。このくらいですか。

(F Vous en mangerez beaucoup? Environ comme ça? S ¿Cuánto comes? ¿Aproximadamente esta cantidad? P O quanto você come? Mais ou menos isto.)

㉝ □ そのくらい (F environ comme cela S aproximadamente eso P por aí)

▶ビールは10本くらいでいい?

―そのくらいでいいと思います。

(F On prend une dizaine de bières? ― Oui, quelque chose comme ça.

S ¿Es suficiente con 10 botellas de cerveza? ― Sí, aproximadamente con eso es suficiente.

P Que tal umas dez cervejas? ― Eu acho que está bom por aí.)

㉞ □ あのくらい (F autant que ça, aussi ~ que ça S aproximadamente aquel P igual aquilo)

▶彼女、歌が上手ですね。

―そうですね。わたしもあのくらい上手に歌いたいです。

(F Elle chante bien. ― Oui, moi aussi j'aimerais chanter aussi bien que ça.

S Ella es muy buena cantando. ― Así es. A mí también me gustaría poder cantar tan bien.

P Ela canta tão bem. ― É verdade. Eu também quero cantar assim.)

㉟ □ そうです (F oui, tout à fait S así es P sim)

▶これも100円ですか。 ―ええ、そうです。

(F Ça aussi, ça coûte 100 yens? ― Oui, tout à fait. S ¿Esto también vale 100 JPY? ― Sí, así es. P Isto também custa 100 Ienes? ― Sim.)

㊱ □ そうですか （F ah bon S ya veo, ¿en serio? P é mesmo?）

▶すみません。あしたはちょっと用事(ようじ)があって……。
—そうですか。それは残念(ざんねん)です。
（F Je suis désolé(e), demain j'ai quelque chose de prévu. —Ah bon, c'est dommage.
S Perdona. Mañana tengo un compromiso… —Oh, ya veo. Qué pena.
P Com licença. Amanhã eu tenho um compromisso. —É mesmo? Que pena!）

㊲ □ そうですね （F oui, c'est cela S así es P sim）

▶ここから入(はい)ればいいんですか。 —そうですね。
（F Je dois entrer par ici? —Oui, c'est cela. S ¿Puedo entrar por aquí? —Así es.
P Devo entrar por aqui? —Sim.）

㊳ □ そうですねえ （F oui, laissez-moi voir (plus réfléchi) S a ver P deixe-me ver）

▶もっと小(ちい)さいの、ありますか。
—そうですねえ。これはどうですか。
（F Vous en avez en plus petit? —Laissez-moi voir.... Que dites-vous de cela?
S ¿Lo tiene en un tamaño más pequeño? —A ver... ¿Qué tal este?
P Tem menor? —Deixe-me ver… Que tal este?）

53

UNIT 45 いつ・どこ・だれ

(F Quand, Où, Qui S Cuándo, Dónde, Quién P Quando, Onde, Quem)

❶ □ いつ (F quand S cuándo P quando)

▶誕生日(たんじょうび)はいつですか。
(F Quand est votre anniversaire? S ¿Cuándo es tu cumpleaños? P Quando é o seu aniversário?)

❷ □ どこ (F où S dónde P onde)

▶それ、どこで買(か)ったんですか。
(F Où l'avez-vous acheté(e)? S ¿Dónde has comprado eso? P Onde você comprou isso?)

❸ □ どちら (F où (poli) S dónde (forma educada) P qual)

▶お国(くに)はどちらですか？　―中国(ちゅうごく)です。
(F De quel pays êtes-vous? — De Chine. S ¿De dónde eres? — Soy de China.
P Qual é o seu país? — É a China.)

❹ □ だれ (F qui S quién P quem)

▶誰(だれ)と会(あ)うんですか。　―田中(たなか)さんです。
(F Qui est-ce que vous allez voir? — M.(Mme) Tanaka.
S ¿Con quién has quedado? — Con Tanaka-san.
P Com quem você vai se encontrar? — Com Tanaka-San.)

❺ □ どなた (F qui (poli) S quién (forma educada) P quem)

▶あそこにいるのはどなたですか？　―うちの社長(しゃちょう)です。
(F Qui est la personne là-bas? — C'est notre patron. S ¿Quién es ese de allá? — Es el presidente de mi empresa. P Quem está ali? — É o presidente da minha empresa.)

❻ □ どう (F comment, que S cómo P que tal?)

▶日本(にほん)の生活(せいかつ)はどうですか。　—楽(たの)しいです。

(F Comment se passe la vie au Japon? — C'est agréable. S ¿Cómo es tu vida en Japón? — Es muy divertida. P Que tal a vida no Japão? — Divertida.)

▶どうしたんですか。　—頭(あたま)がちょっと痛(いた)いんです。

(F Que se passe-t-il? — J'ai un peu mal à la tête. S ¿Qué te ha pasado? — Me duele un poco la cabeza. P O que aconteceu? — Estou com um pouco de dor de cabeça.)

❼ □ どうやって (F comment, par quel moyen S cómo, de qué modo P como)

▶これはどうやって食(た)べるんですか。

(F Comment est-ce que l'on mange ça? S ¿De qué modo se come esto? P Como se come isto?)

❽ □ いかが (F comment, que (poli) S qué te parece (forma educada de どう) P que tal?)

▶こちらの色(いろ)はいかがですか。　—いいですね。それをください。

(F Comment trouvez-vous cette couleur? — C'est bien. Je vais le (la) prendre. S ¿Qué le parece este color? — Me gusta. Me lo llevo. P Que tal esta cor? — Está bom. Um desse, por favor.)

❾ □ どちら (F lequel, laquelle (choix, poli) S cuál, qué P qual)

▶コーヒーと紅茶(こうちゃ)と、どちらがいいですか。

(F Vous préférez quoi entre du café et du thé? S Entre el café y el té, ¿qué prefieres? P Qual você prefere? Café ou chá preto?)

❿ □ どっち (F lequel, laquelle (choix, familier) S cuál, qué P qual)

▶どっちがいい？　—こっち。

(F Tu préfères lequel (laquelle)? — Ça! S ¿Cuál prefieres? — Este. P Qual é o melhor? — Este.)

⓫ □ どれ (F lequel, laquelle (identification, objet) S cuál P qual)

▶私(わたし)のグラスはどれ？　—これだよ。

(F Lequel est mon verre? — Celui-ci. S ¿Cuál es mi vaso? — Es este. P Qual é o meu copo? — Este aqui.)

⑫ □ どの （F lequel, laquelle (identification, personne ou objet) S cuál, quién P quem)

▶〈写真（しゃしん）を見（み）ながら〉どの人（ひと）が奥（おく）さんですか。

(F <en regardant une photo> Laquelle est votre femme? S (Viendo una fotografía) ¿Quién es su esposa? P Quem é a sua esposa?)

⑬ □ どのくらい （F à quel point S cuánto P quanto）

▶お店（みせ）はどのくらい混（こ）んでいましたか。

(F À quel point le restaurant était-il bondé? S ¿Cuán lleno estaba el restaurante? P O quanto fica cheio o restaurante?)

⑭ □ 同 どれくらい （F combien, à quel point S cuánto P quanto）

⑮ □ どの辺（へん） （F où, dans quel coin S por dónde P por onde）

▶家はどの辺ですか。 ―駅（えき）のすぐ近（ちか）くです。

(F Vers où se trouve votre maison? — Tout près de la gare. S ¿Por dónde está tu casa? — Está justo al lado de la estación. P Por onde fica sua casa? — Fica muito perto da estação.)

⑯ □ どうして （F pourquoi S por qué P por que?）

▶きのうはどうして来（こ）なかったんですか。

(F Pourquoi n'êtes-vous pas venu(e) hier? S ¿Por qué no viniste ayer? P Por que você não veio ontem?)

⑰ □ なに （F quoi S qué P o que）

▶何（なに）を飲（の）みますか。

(F Vous prendrez quoi comme boisson? S ¿Qué quiere de beber? P O que você quer beber?)

⑱ □ 何（なん） （F quoi S qué P o que）

▶これは何（なん）ですか。 (F Qu'est-ce que c'est? S ¿Qué es esto? P O que é isto?)

▶それは何という食（た）べ物（もの）ですか。 ―なっとうです。

(F Comment s'appelle cette nourriture? — Ca s'appelle nattou. S ¿Qué comida es eso? — Es natto. P Que comida é essa? — É natô.)

⑲ □ いくつ (F combien de, quel âge S cuántos P quantos)

▶いくつ食(た)べますか。 —じゃ、3つください。

(F Combien en mangerez-vous? — Veuillez m'en donner trois.

S ¿Cuántos unidades van a comer? — Tres, por favor.

P Quantos você vai comer? — Uns três, por favor.)

▶お子(こ)さんは、おいくつですか。 —2歳(さい)です。

(F Quel âge a votre enfant? — 2 ans. S ¿Cuántos años tiene su hijo? — Tiene dos años.

P Quantos anos tem seu filho? — Dois anos.)

⑳ □ いくら (F combien (prix) S cuánto P quanto)

▶すみません、これはいくらですか。 — 1,000円(えん)です。

(F Excusez-moi, combien coûte ceci? — 1000 yens. S Perdone, ¿cuánto cuesta? — 1000 JPY.

P Com licença, quanto é isto? — 1.000 Ienes.)

㉑ □ どんな (F quel genre de S qué clase P que tipo)

▶どんな家に住(す)みたいですか。

(F Dans quel genre de maison voulez-vous vivre? S ¿En qué clase de casa te gustaría vivir?

P Em que tipo de casa você quer morar?)

㉒ □ どういう (F quoi, quel genre de S qué clase P o que)

▶これはどういう意味(いみ)ですか。

(F Qu'est-ce que cela signifie? S ¿Qué significa esto? P O que significa isso?)

㉓ □ いくつ目(め) (F combientième S cuántas (número ordinal) P quantos)

▶東京駅(とうきょうえき)からいくつ目の駅(えき)ですか。

(F C'est le combientième arrêt depuis la gare de Tokyo?

S ¿A cuántas paradas está de la estación de Tokio?

P Quantas estações a partir da estação de Tóquio?)

54

UNIT 46

場所 ばしょ (F Lieux S Lugares P Lugar, Local)

❶ □ 場所 (F lieu, endroit S lugar, sitio P lugar, local)

▶場所は、どこでもいいです。
(F L'endroit n'a pas d'importance. S Para mí cualquier sitio está bien. P Qualquer lugar estará bom.)

❷ □ 上 うえ (F sur S arriba P em cima)

❸ □ 下 した (F sous S abajo P embaixo)

❹ □ 前 まえ (F avant, devant S delante P frente)

▶もう少し前のほうに来てください。
(F Venez un peu plus devant. S Ponte un poco más para delante. P Venha mais um pouco para frente.)

❺ □ 後ろ うしろ (F derrière S detrás P atrás)

▶〈タクシーに乗る〉わたしが前に乗るから、後ろに乗ってくれる?
(F <en montant dans un taxi> Je monte devant, tu veux bien monter derrière? S (Al montarse en un taxi) Yo me monto delante, así que ¿móntate tú detrás, vale? P (Pegando um táxi) Eu vou entrar na frente e você entrará atrás.)

❻ □ 間 あいだ (F entre S entre P entre...)

▶棚と壁の間に本が落ちて、取れない。
(F Un livre est tombé entre l'étagère et le mur, je ne peux pas l'attraper. S El libro se ha caído entre la estantería y la pared. No puedo cogerlo. P O livro caiu entre a mesinha e a parede e eu não consigo pegá-lo.)

❼ □ そば (F près de S al lado P ao lado)

▶大学のそばに大きい本屋があります。
(F Il y a une grande librairie près de l'université. S Al lado de la universidad hay una gran librería. P Há uma livraria ao lado da universidade.)

❽ □ 近く (F à proximité de S cerca P perto)

▶ホテルは駅の近くがいいです。
(F J'aimerais un hôtel à proximité de la gare. S Me gustaría un hotel cerca de la estación. P Eu prefiro um hotel perto da estação.)

❾ □ となり (F voisin S de al lado, vecino P vizinho)

▶となりがうるさくて、眠れません。
(F Les voisins sont trop bruyants, je ne peux pas dormir. S Los vecinos hacen demasiado ruido. No puedo dormir. P A casa vizinha é barulhenta e eu não consigo dormir.)

❿ □ 横 (F à côté de S al lado P lado)

▶ゴミ箱は、机の横に置いてください。
(F Placez la poubelle à côté de votre bureau. S Coloca la papelera al lado del escritorio. P Coloque a lixeira ao lado da sua mesa.)

⓫ □ 右 (F droite S derecha P direita)

⓬ □ 左 (F gauche S izquierda P esquerda)

⓭ □ 中 (F dans S dentro P dentro)

▶箱の中に何がありましたか。
(F Qu'est-ce qu'il y avait dans la boîte? S ¿Qué había dentro de la caja? P Tem alguma coisa dentro da caixa?)

⑭ □ 外(そと) (F dehors S fuera P fora)

▶雨(あめ)が強(つよ)くて、外に出(で)られません。

(F On ne peut pas aller dehors, il pleut trop. S Está lloviendo muy fuerte. No se puede salir fuera. P Não dá para sair porque está chovendo muito.)

⑮ □ 中央(ちゅうおう) (F au centre S centro P centro)

▶そのテーブルは、部屋(へや)の中央に置(お)いてください。

(F Placez la table au centre de la pièce. S Coloca esa mesa en el centro de la habitación. P Coloque essa mesa no centro da sala.)

⑯ □ 周(まわ)り (F autour S alrededor P em torno de)

▶いつも公園(こうえん)の周りを走(はし)っています。

(F Je cours toujours autour du parc. S Siempre corro alrededor del parque. P Eu sempre corro em torno do parque.)

⑰ □ 先(さき) (F ~ plus loin S adelante P a frente)

▶すみません、この近(ちか)くにATMはありませんか。
— 100メートルくらい先にコンビニがありますよ。

(F Excusez-moi, y a-t-il un distributeur de billets près d'ici? — Il y a une supérette environ 100 mètres un peu plus loin. S Perdona, ¿hay algún cajero cerca? — Hay una tienda de conveniencia aproximadamente 100 metros más adelante. P Desculpe-me, mas tem um caixa eletrônico aqui por perto? — Tem uma loja de conveniência a cerca de 100 metros a frente.)

⑱ □ 表(おもて) (F avant, recto S anverso, parte delantera P verso)

▶これはどっちが表ですか。

(F Quel côté est l'avant? S ¿Cuál es el anverso? P Qual é o verso disto?)

⑲ □ 裏(うら) (F arrière, dos, verso S reverso, parte trasera P parte traseira)

▶テレビの裏にも、番号(ばんごう)が書(か)いてあるはずです。

(F Un numéro doit sans doute être inscrit au dos du téléviseur. S En el reverso de la televisión tiene que estar escrito el número. P O número deve estar escrito na parte traseira da televisão.)

⑳ □ 地図(ちず) (F carte S mapa P mapa)

㉑ □ 北(きた) (F nord S norte P norte)

▶北口(ぐち) (F sortie nord S puerta norte P entrada norte)

㉒ □ 南(みなみ) (F sud S sur P sul)

▶南口 (F sortie sud S puerta sur P entrada sul)

㉓ □ 西(にし) (F ouest S oeste P oeste)

▶西口 (F sortie ouest S puerta oeste P entrada oeste)

㉔ □ 東(ひがし) (F est S este P leste)

▶東口 (F sortie est S puerta este P entrada leste)

㉕ □ ～側(がわ) (F côté ~ S lateral ~ P lado de...)

▶窓(まど)側の席(せき)は空(あ)いてますか。
(F Y-a-t-il des places côté fenêtre? S ¿Está libre el asiento de la ventanilla?
P Tem um assento do lado da janela.)

▶右側、左側、窓側、南側
(F côté droit, côté gauche, côté fenêtre, côté sud S lateral derecho, lateral izquierdo, ventanilla, lateral sur P lado direito, lado esquerdo, lado da janela, lado sul)

㉖ □ ～口(くち/ぐち) (F porte ~ S puerta ~ P entrada...)

㉗ □ 北口(きたぐち)、入口(いりぐち)、出口(でぐち)、非常口(ひじょうぐち)、裏口
(F sortie nord, entrée, sortie, sortie de secours, sortie arrière S puerta norte, entrada, salida, salida de emergencia, puerta trasera P saída norte, entrada, saída, saída de emergência, saída dos fundos)

▶玄関(げんかん)は閉(し)まっていますので、裏口(うら)から入(はい)ってください。
(F L'entrée principale est fermée, veuillez donc entrer par la porte arrière. S La puerta de entrada está cerrada. Entra por la puerta trasera. P A entrada está fechada, então entre pela porta dos fundos.)

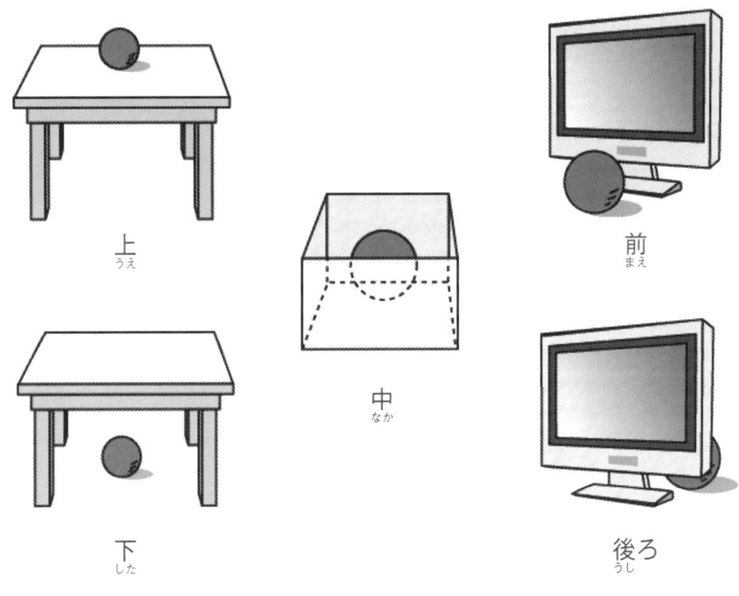

間（あいだ）　そば

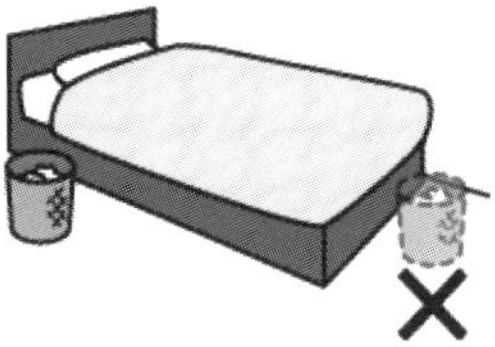

横（よこ）　となり

UNIT 47

55

パソコン・ネット

(F Ordinateur, Internet S Ordenador, Internet P PC,Internet)

❶ □ パソコン (F ordinateur, PC S ordenador, computadora P pc)

❷ □ コンピューター (F ordinateur S ordenador, computadora P computador)

❸ □ データ (F données informatiques S datos P dados)

❹ □ ファイル (F fichier S archivo P arquivo)

❺ □ 開く (F ouvrir S abrir P abrir)

▶すみません、ファイルが開(ひら)かないんですが……。

(F Excusez-moi, je n'arrive pas à ouvrir le fichier. S Perdona, el archivo no se abre... P Desculpe-me, mas o arquivo não abre.)

❻ □ 保存(ほぞん)(する) (F sauvegarder S guardar P salvar)

▶ファイル / データを保存する

(F sauvegarder un fichier, des données S guardar los datos,el archivo P salvar o arquivo, os dados)

❼ □ 上書(うわが)き(する) (F écraser S sobreescribir P substituir)

▶ファイルを上書きしないよう、気(き)をつけてください。

(F Faites attention à ne pas écraser le fichier. S Ten cuidado de no sobreescribir el archivo. P Cuidado para não substituir o arquivo.)

❽ □ フォルダ (F dossier S carpeta P filtro)

⑨ □ パスワード（F mot de passe S contraseña P senha）

⑩ □ 入力(する)（F saisir S introducción, ingreso P digitar）
にゅうりょく

▶次に、パスワードを入力してください。
つぎ
（F Ensuite, saisissez votre mot de passe. S A continuación, introduce la contraseña.
P Em seguida, digite sua senha.）

⑪ □ クリック(する)（F clic S clic P clicar）

▶ダブルクリック（F double clic S doble clic P clicar duas vezes）

⑫ □ キー（F touche S tecla P tecla）

▶どのキーを押せばいいんですか。
お
（F Sur quelle touche dois-je appuyer? S ¿Qué tecla tengo que pulsar? P Qual tecla devo pressionar?）

⑬ □ 取り消す（F annuler S cancelar P cancelar）
と　け

⑭ □ 取り消し（F annulation S cancelación P cancelamento）

▶取り消しをしたいときは、どうすればいいんですか。
（F Que dois-je faire si je souhaite annuler? S ¿Qué tengo que hacer cuando quiera cancelar algo?
P O que devo fazer se quiser cancelar?）

⑮ □ 電源（F alimentation S alimentación, batería P fonte de alimentação）
でんげん

▶おかしいと思ったら、電源が入ってなかった。
おも　はい
（F J'ai pensé que c'était bizarre, puis j'ai réalisé que ce n'était pas allumé. S Pensaba que le pasaba algo, pero resultó que no estaba encendido. P Quando comecei a achar estranho, percebi que não tinha ligado.）

▶電源を入れる（F allumer S encender P ligar）
い

▶電源を切る（F éteindre S apagar P desligar）
き

⑯ □ 再起動(する)（F redémarrer S reiniciar P reiniciar）
さいきどう

⑰ □ **インターネット** （F internet S internet P internet）

⑱ □ ネット（F net, en ligne S internet P rede）

▶ネットでも買(か)えますよ。

（F Vous pouvez l'acheter aussi en ligne. S Puedes comprarlo en internet también.
P Você pode comprar pela internet.）

⑲ □ **接続(せつぞく)（する）** （F connexion S conexión P configuração）

⑳ □ **つながる** （F se connecter S conectar P conectar）

▶困(こま)ったなあ。ネットにつながらなくなった。

（F Mince, je ne peux plus me connecter à Internet. S Vaya. Me ha dejado de conectar a internet.
P Estou com problema. Não consigo me conectar com a rede.）

㉑ □ **サイト** （F site S sitio web P site）

▶人気(にんき)のレストランを紹介(しょうかい)しているサイトです。

（F Ce site présente les restaurants en vogue. S Es un sitio web con información de restaurantes populares. P Este site apresenta os restaurantes mais procurados.）

㉒ □ ウェブサイト（F site Web S sitio web P website）

㉓ □ **ホームページ** （F site Internet S sitio web P página na internet）

㉔ □ **アクセス（する）** （F accès (accéder) S acceso, visita P acessar）

▶会社(かいしゃ)のホームページには、一日(いちにち)に１万(まん)のアクセスがあります。

（F La page d'accueil de la société a 10 000 accès par jour. S El sitio web de la empresa recibe más de 10.000 visitas al día. P A página da empresa tem 10 mil acessos diários.）

㉕ □ **検索(けんさく)（する）** （F (faire une) recherche S buscar (en internet) P buscar）

▶検索して調(しら)べて。

（F Faites une recherche pour vérifier. S Haz una búsqueda de comprobación. P Acesse e procure.）

㉖ □ メール(する) (F (envoyer un) mail S correo electrónico P mensagem)

㉗ □ 添付(てんぷ)(する) (F pièce jointe (joindre) S adjuntar P anexar)

▶きのうの写真(しゃしん)、メールに添付しますね。

(F Je joins les photos d'hier à mon e-mail. S Te adjunto las fotos de ayer en el correo electrónico. P Eu anexei a foto de ontem na mensagem.)

▶添付ファイル (F pièces jointes S archivo adjunto P anexo)

㉘ □ 送信(そうしん)(する) (F envoi S enviado P enviar)

㉙ □ 受信(じゅしん)(する) (F réception S recibido P receber)

㉚ □ 転送(てんそう)(する) (F transfert S reenviado P repassar)

㉛ □ ソフト (F logiciel S software P programa)

㉜ □ ダウンロード(する) (F téléchargement S descarga P baixar)

㉝ □ ウイルス (F virus S virus P vírus)

㉞ □ 印刷(いんさつ)(する) (F impression S impresión P imprimir)

㉟ □ プリンター (F imprimante S impresora P impressora)

UNIT 48 仕事 しごと

(F Travail S Trabajo P Trabalho)

❶ □ 仕事 (F travail S trabajo P trabalho)

▶どんな仕事をしているんですか。
(F Quel genre de travail faites-vous? S ¿Qué clase de trabajo haces? P Que tipo de trabalho você faz?)

❷ □ 働く(はたら) (F travailler S trabajar P trabalhar)

❸ □ 勤める(つと) (F être employé(e) S trabajar P trabalhar)

▶旅行会社(りょこうがいしゃ)に勤めています。
(F Je travaille dans une agence de voyages. S Trabajo en una agencia de viajes.
P Eu trabalho em uma agência de viagens.)

❹ □ 会社(かいしゃ) (F entreprise S empresa P empresa)

❺ □ 事務所(じむしょ) (F bureau S oficina, despacho P escritório) 同オフィス

❻ □ 職場(しょくば) (F lieu de travail S lugar de trabajo P local de trabalho)

❼ □ 本社(ほんしゃ) (F siège social, maison-mère S oficina central P matriz)

▶支社(ししゃ) (F succursale, filiale S sucursal P filial)
▶本店(ほんてん)、支店(してん) (F magasin principal (agence centrale), magasin (agence) S tienda insignia, sucursal P sede, filial)

❽ □ 会議(かいぎ) (F réunion S reunión de negocios, conferencia P reunião) 同ミーティング

⑨ □ 出張(する)(しゅっちょう) (F voyage d'affaires S viaje de negocios P viagem de negócios)

⑩ □ 集合(する)(しゅうごう) (F rendez-vous S encuentro P reunião)

▶集合時間(じかん)
(F heure de rendez-vous S hora de encuentro P horário da reunião)

⑪ □ 遅刻(する)(ちこく) (F retard S retraso P atraso)

⑫ □ 遅れる(おく) (F être en retard S retrasarse P atrasar-se)

▶9時(じ)集合ですから、遅刻しないようにしてください。
(F L'heure du rendez-vous est à 9 heures, ne soyez pas en retard. S Hemos quedado a las 09:00, por favor, no te retrases. P Como a reunião será às 9 horas, procure não se atrasar.)

⑬ □ 休む(やす) (F être de repos S faltar (al trabajo), descansar P descansar)

▶あしたは会社(かいしゃ)を休みます。
(F Demain je suis de repos. S Mañana no voy a trabajar. P Amanhã a empresa não abre.)

⑭ □ 休み (F repos S baja, vacaciones P folga)

▶田中(たなか)さんは、きょうは休みです。
(F M.(Mme) Tanaka est de repos aujourd'hui. S Tanaka-san está hoy de vacaciones. P Tanaka-San, hoje é sua folga?)

⑮ □ 予定(よてい) (F plan(s) S planificación, agenda P plano)

▶来月(らいげつ)の予定は、どうなっていますか。
(F Quels sont vos plans pour le mois prochain? S ¿Qué tal tienes la agenda el mes que viene? P Quais são seus planos para o próximo mês?)

⑯ □ スケジュール (F programme S agenda, programa P programação)

▶詳(くわ)しいスケジュールを教(おし)えてください。
(F Donnez-moi le programme détaillé. S Dime el programa detallado. P Fale-me de sua programação detalhadamente.)

⑰ □ 計画(する)けいかく (F projet S planificación, programa P plano)

▶最初の計画とは、ちょっと違います。
(F C'est un peu différent du projet d'origine. S Difiere un poco de la planificación original. P Está um pouco diferente do primeiro plano.)

⑱ □ 係りかか (F responsable S encargado P responsável)

▶〈電話で〉係りの者に代わります。
(F <au téléphone> Je vous passe le (la) responsable. S (Al teléfono) Le paso con el encargado. P (Ao telefone) Vou transferir para a pessoa responsável.)

⑲ □ 上司じょうし (F supérieur(e) S jefe, superior P superior)

⑳ □ 新人しんじん (F nouveau (nouvelle) venu(e) S nuevo empleado P iniciante)

㉑ □ 資料しりょう (F document(s) S documento, material P documento)

▶あした会議があるから、資料を用意しなければならない。
(F Je dois préparer les documents car j'ai une réunion demain. S Hay que preparar los documentos para la reunión de mañana. P Haverá uma reunião amanhã, então devemos preparar os documentos.)

㉒ □ サンプル/見本みほん (F échantillon S muestra P amostra)

▶商品のサンプルを送ってもらえますか。
(F Pouvez-vous m'envoyer un échantillon du produit? S ¿Me puedes enviar unas muestras del producto? P Eu posso ter uma amostra do produto?)

㉓ □ カタログ (F catalogue S catálogo P catálogo)

▶カタログの中から好きなものを選べます。
(F Vous pouvez choisir ce que vous voulez dans le catalogue. S Puede elegir el que prefiera de entre los disponibles en el catálogo. P Escolha alguma coisa que você goste através do catálogo.)

㉔ □ コピー(する) (F copie S copia, fotocopia P cópia)

▶これを 10 枚(まい)コピーしてください。

(F Faites-en 10 copies. S Haz 10 fotocopias de esto. P Tire 10 cópias disto, por favor.)

㉕ □ コピーをとる (F faire une photocopie S fotocopiar P tirar cópia)

㉖ □ コピー機(き) (F photocopieuse S fotocopiadora P fotocopiadora)

㉗ □ 確認(かくにん)(する) (F vérification S comprobación P certificar-se)

▶時間(じかん)と場所(ばしょ)を確認しておいてください。

(F Vérifiez l'heure et le lieu. S Comprueba la hora y el lugar.
P Certifique-se do local e do horário, por favor.)

㉘ □ 確(たし)かめる (F vérifier S comprobar, asegurarse P checar)

▶よく確かめないで来(き)たので、場所(ばしょ)を間違(まちが)えてしまいました。

(F Je suis venu(e) sans vérifier, donc je me suis trompé(e) d'endroit. S Vine sin comprobarlo bien, así que me he equivocado de sitio. P Eu vim sem checar direito e acabei errando o lugar.)

㉙ □ 連絡(れんらく)(する) (F contact, contacter S contacto P avisar)

▶遅(おく)れるときは、必(かなら)ず連絡をしてください。

(F Si vous êtes en retard, assurez-vous de me contacter. S Asegúrate de contactarme en caso de que vayas a llegar tarde. P Caso se atrase, avise sem falta!)

㉚ □ 報告(ほうこく)(する) (F faire un rapport S informe P relatório)

▶あした、詳(くわ)しく報告します。

(F Demain, je ferai un rapport détaillé. S Mañana le informaré detalladamente.
P Amanhã relatarei detalhadamente.)

㉛ □ ミス(する) (F erreur S fallo, error P erro)

▶すみません、ちょっとミスをしてしまいました。

(F Je suis désolé(e), j'ai fait une erreur. S Perdona, he cometido un pequeño error.
P Desculpe-me, mas acabei errando.)

㉜ □ トラブル （F problème S problema P problema）

▶トラブルが起きたときは、上司に報告して、相談してください。
（F Si un problème survient, signalez-le à votre supérieur et discutez-en avec lui. S En caso de que ocurra algún problema, comunícalo a tu superior y consúltalo con él. P Caso haja algum problema, relate a seu superior e nos consulte.）

㉝ □ サイン（する） （F signer, signature S firma P assinatura）

▶ここにサインをお願いします。
（F Veuillez signer ici. S Por favor, firme aquí. P Assine aqui, por favor.）

㉞ □ 名刺 （F carte de visite S tarjeta de visita P cartão de visita）

▶名刺を交換する、名刺をもらう
（F échanger des cartes de visite, recevoir une carte de visite S intercambiar tarjetas de visita, recibir una tarjeta de visita P Trocar os cartões de visita; Receber o cartão de visita）

㉟ □ 残業（する） （F heures supplémentaires S horas extra P hora extra）

▶きょうも残業ですか。大変ですね。
（F Vous faites encore des heures supplémentaires aujourd'hui? C'est dur. S ¿También hoy haces horas extra? Qué duro. P Hoje também vai fazer hora extra? Que estorvo!）

㊱ □ ストレス （F stress S estrés P estresse）

▶毎日忙しくて、ストレスがたまっています。
（F Tous les jours je suis débordé(e), le stress s'accumule. S He estado muy ocupado todos estos días, se me acumula el estrés. P Estou estressado porque estou ocupado todos os dias.）

㊲ □ やめる （F démissionner, arrêter S dejar P desistir）

▶会社 / 仕事 / たばこをやめる
（F démissionner d'une entreprise, d'un emploi, arrêter de fumer S dejar la empresa, el trabajo, de fumar P desistir da empresa, do trabalho, do cigarro.）

㊳ □ 募集(する)ぼしゅう (F recruter S contratación P recrutamento)

▶そちらのお店(みせ)で、いま、アルバイトの募集をしていますか。

(F Ce magasin recrute-t-il des travailleurs à temps partiel actuellement? S ¿Están contratando en esa tienda a trabajadores a tiempo parcial? P Agora, aquela loja está recrutando funcionários para serviço temporário.)

㊴ □ 就職(する)しゅうしょく (F (chercher,trouver un) emploi S empleo P trabalho)

▶日本(にほん)で就職したいと思(おも)っています。

(F Je souhaite trouver un emploi au Japon. S Me gustaría trabajar en Japón.
P Eu quero trabalhar no Japão.)

㊵ □ 面接(する)めんせつ (F entretien S entrevista P entrevista de emprego)

▶あした、A社(しゃ)の面接を受(う)けます。

(F Demain, j'ai un entretien à la société A. S Mañana tengo una entrevista con la empresa A.
P Amanhã eu tenho uma entrevista de emprego na empresa A.)

57

UNIT 49

教室の言葉（きょうしつ ことば）

(F Mots utilisés en classe
S Palabras que se usan en el aula
P Palavras usadas na sala de aula)

❶ □ 授業（じゅぎょう） (F cours S clase P aula)

❷ □ 始める（はじ） (F commencer S comenzar P começar)

▶では、授業を始めます。

(F Alors, commençons le cours. S Voy a comenzar la clase. P Então, a aula vai começar.)

❸ □ 終わる（お） (F finir S terminar P terminar)

▶では、これで授業を終わります。

(F Bien, le cours est fini. S Pues con esto, termina la clase. P Então, a aula termina aqui.)

❹ □ 出席（しゅっせき）(する) (F être présent S asistencia P presente)

❺ □ 欠席（けっせき）(する) (F être absent S falta P ausente)

❻ □ 遅刻（ちこく）(する) (F en retard S retraso P atrasado (a))

▶遅刻したら、だめですよ。

(F Ne soyez pas en retard. S No debes llegar tarde. P Não pode se atrasar!)

❼ □ 時間割（じかんわり） (F emploi du temps S horario P horário)

❽ □ 教科書（きょうかしょ） (F manuel scolaire S libro de texto P livro didático)

❾ □ テキスト (F manuel scolaire S texto, libro de texto P livro didático)

❿ □ ページ (F page S página P página)

⓫ □ 開く(ひら) (F ouvrir S abrir P abrir)

▶テキストの 20 ページを開いてください。

(F Ouvrez la page 20 du manuel scolaire. S Abrid el libro de texto por la página 20. P Abra na página 20 do livro.)

⓬ □ 問題(もんだい) (F question S preguntas P questão)

▶問題は全部(ぜんぶ)で 10 問(もん)あります。

(F Il y a 10 questions en tout. S En total hay 10 preguntas. P Ao todo são 10 questões.)

⓭ □ 問題集(しゅう) (F cahier d'exercices S libro de ejercicios P caderno de exercícios)

⓮ □ 練習(れんしゅう)(する) (F s'entraîner S ejercicio P treinar)

⓯ □ ドリル (F exercice S ejercicio P exercícios)

⓰ □ もう一度(いちど) (F encore une fois S una vez más P mais uma vez)

⓱ □ くり返(かえ)す (F répéter S repetir P repetir)

⓲ □ くり返し (F répétition S repetidamente P repetição)

▶くり返し言(い)ってください。

(F Répétez s'il vous plaît. S Dilo repetidamente. P Repita por favor.)

⓳ □ ペア (F (par) deux S pareja P em par)

▶となりの人(ひと)と、ペアで練習(れんしゅう)してください。

(F Entraînez-vous par deux avec votre voisin. S Colóquense en pareja con el compañero de al lado y practiquen juntos. P Treine com a pessoa que está a seu lado, em par.)

⑳ □ グループ (F (par) groupe S grupo P grupo)

▶グループで練習(れんしゅう)しましょう。
(F Entraînez-vous par groupes. S Practiquemos en grupo. P Vamos treinar em grupo.)

㉑ □ 予習(よしゅう)(する) (F préparation (préparer) S preparación previa a la clase P pré-estudo)

▶あしたの予習はもうしましたか。
(F Avez-vous préparé la leçon de demain? S ¿Ya has terminado la preparación previa para la clase de mañana? P Já fez seu pré-estudo de amanhã.)

㉒ □ 復習(ふくしゅう)(する) (F révision (réviser) S repasar P treinar)

▶ここはよく復習しておいてください。
(F Veuillez réviser ceci attentivement. S Repasad esto bien. P Treine bem esta parte.)

㉓ □ 宿題(しゅくだい)(する) (F (faire ses) devoirs S tarea, deberes P dever de casa)

▶宿題はもうやった？
(F Tu as déjà fait tes devoirs? S ¿Ya has hecho la tarea? P Já fez o dever de casa?)

▶宿題を持(も)って来(く)るのを忘(わす)れた。
(F J'ai oublié d'apporter mes devoirs. S Se me ha olvidado traer la tarea. P Esqueci de trazer o dever de casa.)

㉔ □ 出(だ)す (F sortir, présenter S entregar P entregar)

▶先週(せんしゅう)の宿題を出してください。
(F Présentez les devoirs de la semaine dernière. S Entregad los deberes de la semana pasada. P Entregue o dever de casa da semana passada.)

㉕ □ 締(し)め切(き)り (F date limite S plazo de entrega P data de entrega)

▶レポートのしめきりは、あさってです。
(F La date limite du rapport est après-demain. S El plazo de entrega de la redacción es pasado mañana. P Depois de amanhã termina a data de entrega do relatório.)

㉖ □ 自習(じしゅう)(する) (F auto-apprentissage S estudio autónomo P estudo sozinho)

㉗ □ 試験（しけん） (F examen S examen P prova)

㉘ □ テスト(する) (F (faire un) test S prueba P teste)

㉙ □ 合格（ごうかく）(する) (F réussir S aprobado P aprovar)

▶試験に合格したんですか。

(F Avez-vous réussi l'examen? S ¿Has aprobado el examen? P Você foi aprovado na prova?)

㉚ □ 不合格（ふごうかく） (F échouer S suspenso, reprobado P reprovado)

㉛ □ 点数（てんすう） (F note S puntuación P pontuação, nota)

▶元気（げんき）がないですね。 —テストの点数がよくなかったんです。

(F Qu'est-ce qui ne va pas? — Ma note au test n'était pas bonne. S Se te ve desanimado. — No he sacado una buena puntuación en el examen. P Você não está bem, né? — É porque não tirei boa nota.)

㉜ □ 成績（せいせき） (F résultats, notes S nota P grau)

㉝ □ レポート (F rapport S redacción, reporte P relatório)

㉞ □ 発表（はっぴょう）(する) (F présentation S presentación P apresentar)

▶一人（ひとり）ずつ発表してください。

(F Faites la présentation un par un. S Hagan sus presentaciones uno a uno. P Apresentem-se um por um.)

㉟ □ 質問（しつもん）(する) (F (poser des) question(s) S pregunta P perguntar)

▶何（なに）か質問はありませんか。

(F Avez-vous des questions? S ¿Alguna pregunta? P Você tem alguma pergunta?)

36 □ 答（こた）える （F répondre S responder P responder）

▶質問（しつもん）に答えてください。
（F Répondez aux questions. S Responda a la pregunta. P Responda a pergunta.）

37 □ 答え （F réponse S respuesta P resposta）

38 □ 選（えら）ぶ （F choisir S seleccionar P escolha）

▶この中（なか）から一（ひと）つ選んでください。
（F Veuillez choisir (parmi les réponses proposées). S Seleccionen una de entre las siguientes.
P Escolha uma dentre as opções.）

39 □ 丸（まる）をつける （F entourer S marcar con un círculo P corrigir）

▶答えを言（い）いますから、自分（じぶん）で丸（まる）をつけてください。
（F Je vous donne la réponse, alors entourez-la vous-mêmes. S Voy a decir las respuestas, marcad las correctas con un círculo. P Eu vou dizer a resposta e você mesmo corrija por favor.）

★日本では、○（マル）＝正しい、×（バツ）＝まちがい（正しくない）

40 □ 考（かんが）える （F réfléchir S pensar P pensar）

▶よく考えて、答えてください。
（F Réfléchissez bien et répondez. S Pensad bien antes de responder. P Pense bem e responda.）

41 □ 覚（おぼ）える （F retenir S recordar, memorizar P lembrar-se）

▶大切（たいせつ）なところなので、覚えてください。
（F C'est un point important, alors retenez-le. S Esto es importante, así que recordadlo.
P Como é uma coisa importante, trate de se lembrar.）

42 □ 忘（わす）れる （F oublier S olvidar P esquecer）

㊸ □ わかる（F comprendre S entender P entender）

▶わかりましたか。　—いいえ、よくわかりません。
（F Vous avez compris? — Non, pas très bien. S ¿Lo has entendido? — No, no lo entiendo del todo. P Entendeu? — Não, não entendi bem.）

㊹ □ 説明(せつめい)（する）（F expliquer S explicación P explicar）

㊺ □ 漢字(かんじ)（F kanji, caractère S kanji (carácter chino) P ideograma）

㊻ □ ふりがな（F furigana (caractère de prononciation du kanji) S furigana (hiragana colocado sobre los kanji para indicar la lectura) P fonética）

㊼ □ 読(よ)み（F lecture S lectura P leitura）

㊽ □ 調(しら)べる（F chercher S investigar, comprobar P verificar）

㊾ □ チェック（する）（F vérifier, corriger S comprobar, revisar, repasar P checar）

▶宿題(しゅくだい)は、チェックして明日(あした)返(かえ)します。
（F Je corrige vos devoirs et je vous les rends demain. S Revisaré la tarea y os la devolveré mañana. P Eu vou checar o dever de casa e devolvo amanhã.）

▶これはテストによく出(で)るので、チェックしてください。
（F C'est quelque chose qui sort souvent à l'examen, alors vérifiez bien. S Esto suele salir en el examen, así que repasadlo. P Anote porque isto sempre cai na prova.）

㊿ □ 正(ただ)しい（F correct(e), juste S correcto P correto）

▶正しい答えはどれですか。
（F Quelle est la bonne réponse? S ¿Cuál es la respuesta correcta? P Qual é a resposta correta?）

51 □ 正解(せいかい)(する) (F bonne réponse S respuesta correcta P resposta correta)

▶正解は２番(ばん)の「インド」です。

(F La bonne réponse est la n ° 2: "Inde". S La respuesta correcta es la número 2, “India”.
P A resposta certa é “Índia”, a segunda opção.)

52 □ 合(あ)う (F être correct(e) S estar correcto P correto)

▶この答(こた)えは合っていますか。

(F Cette réponse est-elle correcte? S ¿Esta respuesta es correcta? P Esta resposta está correta?)

53 □ 間違(まちが)える (F se tromper S equivocarse P errar)

▶また間違ってしまった。

(F Je me suis de nouveau trompé(e). S Me he vuelto a equivocar. P Acabei errando de novo.)

54 □ 間違い (F erreur S equivocación P erro)

▶この中(なか)に、間違いが一(ひと)つあります。

(F Il y a une erreur là-dedans. S Hay una equivocación aquí. P Há um erro dentre as opções.)

55 □ 直(なお)す (F corriger S corregir P corrigir)

▶正(ただ)しい漢字(かんじ)に直してください。

(F Veuillez corriger avec le bon kanji. S Vuelve a escribirlo con el kanji correcto.
P Corrija para o ideograma correto.)

56 □ 単語(たんご) (F mot S palabra P palavra)

57 □ 意味(いみ) (F sens S significado P significado)

▶この単語の意味がわかりません。

(F Je ne comprends pas le sens de ce mot. S No entiendo el significado de esta palabra.
P Eu não sei o significado desta palavra.)

58 □ 表現(する)(ひょうげん) (F expression (exprimer) S expresión P expressão)

▶よく使う表現なので、覚えてください。
(F Retenez cette expression, elle est couramment utilisée. S Esta es una expresión de uso habitual, así que recordadla. P Procure se lembrar porque é uma palavra muito usada.)

59 □ 例(れい) (F exemple S ejemplo P exemplo)

▶例文(ぶん) (F exemple de phrase S frase de ejemplo P exemplo de sentença)

60 □ 例えば(たと) (F par exemple S por ejemplo P por exemplo)

▶例えば、a、c、f などです。
(F Par exemple, a, c, f, etc. S Por ejemplo, a, c, f, etc. P Por exemplo, a, c, f entre outros.)

61 □ 参考(さんこう) (F référence S referencia P consultar)

▶これを参考にするといいですよ。
(F Vous devriez vous y référer. S Es útil usar esto de referencia. P É melhor consultar sobre isso.)

62 □ 文(ぶん) (F phrase S frase P sentença)

63 □ 文章(ぶんしょう) (F phrase, texte S oración P oração)

▶長い文章だと、疲れます。
(F Les textes longs me fatiguent. S Me canso con oraciones largas. P Se for uma oração muito grande, eu esqueço.)

64 □ 行(ぎょう) (F ligne S línea, renglón P linha)

▶上から5行目です。
(F C'est la cinquième ligne en partant du haut. S Es la quinta línea desde arriba. P A quinta linha de cima para baixo.)

65 □ 黒板(こくばん) (F tableau noir S pizarra (negra para tiza) P quadro negro)

66 □ ホワイトボード（F tableau blanc S pizarra (blanca de diferentes materiales) P quadro branco）

67 □ プリント（F (documents) imprimés S impresos, fotocopias P cópia）

68 □ 配る（くば）（F distribuer S repartir P distribuir）

▶これからプリントを配ります。
（F Je vais vous distribuer les imprimés. S Voy a comenzar a repartir las fotocopias. P A partir de agora eu vou distribuir as cópias.）

69 □ 辞書（じしょ）（F dictionnaire S diccionario P dicionário）

70 □ 辞書を引く（ひ）
（F chercher dans le dictionnaire S consultar el diccionario P verificar no dicionário）

71 □ 作文（さくぶん）（F dissertation S redacción P redação）

▶自分（じぶん）の夢（ゆめ）について、作文を書（か）いてください。
（F Écrivez une dissertation à propos de votre rêve. S Escribid una redacción sobre vuestros sueños. P Faça uma redação sobre o seu sonho.）

72 □ 聞き取る（き・と）（F entendre S poder escuchar P ouvir）

▶よく聞き取れなかったので、もう一度（いちど）言（い）ってもらえませんか。
（F Je n'ai pas bien entendu, pouvez-vous répéter? S No puedo escucharlo bien, ¿podrías repetirlo una vez más? P Eu não ouvi direito, então você poderia repetir?）

73 □ 聞き取り（F écoute S escucha P audição）

74 □ 発音（はつおん）（する）（F prononciation (prononcer) S pronunciación P pronúncia）

75 □ 会話（かいわ）（する）（F (faire la) conversation, parler S conversación P conversação）

UNIT 50

58

あいさつ・よく使う表現

つか ひょうげん

(F Salutations et Expressions fréquentes S Saludos, Expresiones frecuentes P Cumprimentos, Palavras úteis)

❶ □ あいさつ (F salutation S saludo P cumprimentos)

❷ □ おはようございます。 (F Bonjour (matin). S Buenos días. P Bom dia.) 短おはよう。

❸ □ こんにちは。(F Bonjour. S Buenas tardes, hola. P Boa tarde.)

❹ □ こんばんは。(F Bonsoir. S Buenas noches. P Boa noite.)

❺ □ おやすみなさい。(F Bonne nuit. S Buenas noches, Que descanses. P Boa noite.) 短おやすみ。

❻ □ さようなら。(F Au revoir. S Adiós. P Adeus.)

❼ □ では (F Allez S Bueno P Então)

▶では、お元気で。 (F Allez, portez-vous bien. S Bueno, cuídate. P Então,cuide-se.)

❽ □ じゃあ／じゃ (F Allez S Bueno P Então)

▶じゃあ、また明日。
あした
(F Allez, à demain. S Bueno, pues hasta mañana. P Então, até amanhã.)

▶じゃあ、元気でね。
げんき
(F Allez, prends soin de toi. S Bueno, cuídate. P Então,se cuida!)

★「では」のカジュアルな言い方。
F Version décontractée de "では"
S Forma coloquial de "では".
P "では" é uma forma casual.

❾ □ 行(い)ってきます。(F J'y vais! S Hasta ahora. P Tchau.)

❿ □ 行ってらっしゃい。(F Bonne journée. (réponse) S Hasta luego. P Tchau.)

⓫ □ ただいま。(F Je suis de retour. S Ya estoy en casa. P Cheguei.)

⓬ □ お帰(かえ)りなさい。(F Content(e) de te (vous) retrouver. (réponse) S Bienvenido de vuelta. P Não tem em português.) 短おかえり。

⓭ □ いらっしゃい(ませ)。(F Bonjour. / Bienvenue. (commerce) S Bienvenido a nuestra tienda. P Termo usado em lojas para chamar os clientes. / Seria um "vamos chegar, Freguesa!")

⓮ □ いただきます。(F Merci et bon appétit. S Que aproveche. P Não tem em português.)

★食事を始めるときに言う。F Se dit quand on commence un repas S Se dice al comenzar a comer. P Dizemos antes de comer alguma coisa.

⓯ □ ごちそうさま。(F Merci pour ce repas S Estaba muy bueno. P Não tem em português.)

てごちそうさまでした。

★食事が終わったときに言う。F Se dit quand on termine un repas. S Se dice al terminar de comer. P Dizemos depois de comer alguma coisa.

⓰ □ はじめまして。(F Enchanté€. S Encantado. P Muito prazer.)

▶はじめまして。スミスと申(もう)します。
(F Enchanté(e), je m'appelle Smith. S Encantado. Me llamo Smith. P Muito praser. Eu sou o Smith.)

⓱ □ どうぞよろしくお願(ねが)いします。(F C'est un plaisir. S Encantado de conocerle. P Termo usado depois de uma autoapresentação.)

短よろしくお願いします。
短どうぞよろしく。

⑱ □ ありがとう。（F Merci. S Gracias. P Obrigado (a).）

▶手伝ってくれて、ありがとう。
（F Merci de m'avoir aidé(e). S Gracias por ayudarme. P Obrigado (a) por me ajudar.）

⑲ □ ありがとうございます。（F Je vous remercie, Merci beaucoup (poli). S Gracias. (forma educada) P Muito obrigado (a).）

▶メールをありがとうございます。
（F Je vous remercie de votre mail. S Gracias por su correo electrónico.
P Muito obrigado (a) pelo e-mail.）

て どうもありがとうございます
（F Merci infiniment. S Muchas gracias. P Muito obrigado (a).）

⑳ □ どうも。（F Merci. S Gracias. P Obrigado (a).）

▶荷物、ここに置きますね。
—あ、どうも。
（F Je pose vos affaires ici. —— Ah! Merci.
S Dejo el equipaje aquí, ¿vale? —— Ah, gracias.
P Eu vou colocar a bagagem aqui. —— Ah, obrigado (a)

★軽くお礼を言うときに使う。
（F Utilisé pour un remerciement simple. S Se usa para agradecer de forma sutil. P Diz-se quando queremos apenas agradecer por algo.）

㉑ □ どういたしまして。（F De rien, Je vous en prie. S De nada. P De nada）

▶ありがとうございました。
—いえ、どういたしまして。
（F Merci beaucoup. —— De rien, je vous en prie. S Muchas gracias. —— De nada.
P Muito obrigado (a) —— De nada.）

㉒ □ すみません。（F Pardon, Excusez-moi. S Disculpa, Lo siento, Gracias. P Desculpa.）

▶遅れてすみませんでした。
（F Pardonnez mon retard. S Disculpa por llegar tarde. P Desculpa pelo atraso）

㉓ □ ごめんなさい。（F Pardon, Je suis désolé(e). S Lo siento. P Desculpe-me.）

▶遅れてごめんなさい。
（F Je suis désolé(e) d'être en retard. S Siento llegar tarde. P Desculpe-me pelo atraso）

★友達や家族には「ごめんなさい」、知らない人・あまり親しくない人には「すみません」を使うことが多い。「申し訳ありません」は、主に客や上司に謝るときに使う。
(F "ごめんなさい" est utlisé principalement envers les amis et la famille alors que "すみません" est plus utilisé pour des gens que l'on connaît moins. "申し訳ありません" se dirige plutôt vers des personnes à qui on doit le respect (clients, supérieurs, etc.). S Para amigos y familiares se suele usar "ごめんなさい" y para conocidos y personas con las que no se tiene mucha confianza se suele usar "すみません". "申し訳ありません" se usa para disculparse principalmente frente a clientes y superiores. P Para amigos e familiares usamos "ごめんなさい"; para pessoas desconhecidas e não íntimas usamos "すみません".Usamos "申し訳ありません" principalmente para pedir desculpas a clientes e chefes.)

㉔ □ ごめん。(F Désolé(e). (familier) S Lo siento. (forma coloquial) P Desculpa.)

▶遅(おく)れてごめん。
(F Désolé(e) d'être en retard. S Siento llegar tarde. P Desculpa pelo atraso)

㉕ □ 申(もう)し訳(わけ)ありません。(F Veuillez m'excuser. S Mis disculpas. P Desculpe-me.)

▶申し訳ありません。すぐに直(なお)します。
(F Veuillez m'excuser. Je vais corriger ça tout de suite. S Mis disculpas. Lo arreglaré de inmediato. P Desculpe-me. Irei corrigir imediatamente.)

㉖ □ こちらこそ。(F De même. Tout le plaisir est pour moi. S (Gracias, encantado de conocerte, etc.) a ti. El placer es mío P Igualmente.)

㉗ □ お願(ねが)いします。(F S'il vous plaît. S Por favor, Podrías .... P Por favor.)

▶〈タクシーで〉駅(えき)までお願いします。
(F <dans le taxi> Jusqu'à la gare s'il vous plaît. S (En un taxi) Por favor, hasta la estación. P (No táxi) Até a estação de trem, por favor.)

㉘ □ ～をお願いします。(F ..., s'il vous plaît. S ..., por favor. P ..., por favor.)
▶予約(よやく)をお願いします。
(F Je voudrais faire une réservation s'il vous plaît. S Me gustaría hacer una reserva. P Uma reserva, por favor.)

㉙ □ 失礼(しつれい)します。 (F Pardonnez-moi. (de vous déranger) S Disculpe. (lit. me voy antes que usted) P Com licença.)

▶〈ドアをノックして〉失礼します。　―どうぞ。

(F <en frappant à la porte> Pardonnez-moi de vous déranger. ― Je vous en prie allez-y. S (Tras llamar a la puerta) Disculpe. ― Sí, adelante. P (Ao bater na porta) Com licença. ― Pois não.)

▶お先(さき)に失礼します。　―お疲(つか)れさまでした。

(F Pardonnez-moi de partir avant vous. ― Non, nous avons bien travaillé! S Perdona, me voy antes. ― Hoy ha sido un día duro. P Desculpe-me, mas voltarei mais cedo. ― Bom descanso!)

▶お名前(なまえ)を間違(まちが)えて書(か)いてしまい、大変(たいへん)失礼しました。

(F Je suis vraiment confus(e) d'avoir mal écrit votre nom. S Lo siento muchísimo por haber equivocado al escribir su nombre. P Desculpe-me por ter escrito o seu nome errado.)

> ★「失礼します」…部屋に入るときや部屋を出るとき、先に帰るとき、などに使う。
> 「失礼しました」…ミスをして、失礼になったときに使う。客などに謝る言葉。
> (F "失礼します" est utilisé lorsqu'on entre ou sort d'une pièce, ou lorsqu'on prend congé d'un lieu avant les autres. "失礼しました" est utilisé pour s'excuser d'une erreur ou d'une inconvenance impolie, auprès de clients notamment. S "失礼します"...Se usa al entrar o salir de una habitación, así como cuando se vuelve antes que otra persona, entre otras situaciones. "失礼しました"...Se usa cuando se ha cometido un error, y se ha causado una molestia. Es una palabra para disculparse frente a clientes. P Usa-se "失礼します" ao entrar ou sair de um lugar ou ao voltar para casa. Usa-se "失礼しました" quando se comete um erro ou um ato agressivo.Palavra usada quando se pede desculpas aos clientes.)

㉚ □ 失礼ですが… (F Veuillez m'excuser mais... S Perdona, pero... P Desculpe-me, mas...)

▶失礼ですが、お名前は？

(F Veuillez m'excuser mais comment vous appelez-vous? S Perdona, ¿cómo te llamas? P Desculpe-me, mas qual é o seu nome?)

㉛ □ お疲(つか)れさまです。 (F Nous avons bien travaillé. (expression utilisée à la fin du travail) S Debes estar cansado después de trabajar tan duro. (frase hecha) P Expressão usada para expressar gratidão à pessoa que se esforçou em alguma coisa.)

▶きょうは大変でしたね。お疲れさまです。
―いえいえ、田中(たなか)さんこそお疲れさまです。

(F C'était difficile aujourd'hui. Vous avez bien travaillé! ― Merci, vous aussi M.(Mme) Tanaka. S Qué día más duro ha sido hoy. ― Debes estar cansado después de trabajar tan duro. ― No, no es nada. Tanaka-san debe estarlo mucho más. P Hoje foi duro, não é nesmo? ― Obrigado pelo seu esforço. Não, o que é isso? Igualmente, Tanaka.)

㉜ □ けっこうです。 (F Non merci. / très peu pour moi. / on fera avec. S No pasa nada. / Está bien. P Não precisa.)

▶Mサイズはなくなってしまいました。　—じゃ、けっこうです。

(F Nous n'avons plus de taille M. —— Alors non merci. S Nos hemos quedado sin talla M. —— Vale, no pasa nada. P Não tem mais o tamanho M. Então, não precisa.)

▶Lでもいいですか。　—ええ、けっこうですよ。

(F Une taille L ça vous irait quand même? —— Oui, on fera avec. S ¿Está bien la talla L? —— Sí,está bien. P Pode ser L? Sim, tudo bem.)

㉝ □ よろしいですか。 (F Cela vous convient? S ¿Está bien? P Tudo bem?)

㉞ □ どうぞ (F Voici. / Allez-y. S Aquí tiene. P Por favor!)

▶そこ、空(あ)いてますか。　—空いてますよ。どうぞ、どうぞ。

(F Est-ce que c'est libre? —— Oui, allez-y! S ¿Está libre ese asiento? —— Sí está libre. Por favor, siéntese. P Ali está livre? —— Sim, por favor.)

▶コーヒーをどうぞ。　—あ、どうも。

(F Allez-y prenez du café! —— Ah! Merci. S Toma, un café. —— Ah, muchas gracias. P Beba o café.Obrigado (a)!)

㉟ □ ごめんください。 (F Excusez-moi. S ¿Hay alguien en casa? P Tem alguém em casa?)

★人の家を訪ねて、誰かを呼ぶときに使う。
(F Formule utilisée pour appeler la personne à qui on rend visite lorsqu'on arrive chez elle. S Se usa al dirigirse a alguien al visitar su casa. P Usa-se ao chamar pela pessoa quando visitamos a sua casa.)

㊱ □ ちょっと… (F Pas vraiment. (refus) S Uh... (seguido de una excusa) P Um pouco difícil.)

▶あした、カラオケに行きませんか。　—あしたはちょっと…。

(F Vous ne voulez pas aller au karaoké demain? —— Demain ce n'est pas vraiment euh... S ¿No te vienes mañana al karaoke? —— Mañana, uh... P Você não quer ir ao karaokê amanhã? Amanhã...um pouco difícil.)

★誘いを断るときや「だめ、よくない」と言うときなどに使う。
(F Formule utilisée pour refuser une invitation ou signifier un mécontentement.
S Se usa cuando se quiere rechazar una invitación o cuando se quiere mostrar el rechazo a algo. P Usa-se quando recusamos um convite ou dizemos "Não, não é bom".)

㊲ □ ください(〜を)。(F Donnez-moi... S Por favor, deme ... P ..., por favor.)

▶すみません。これをください。

(F Pardon, ceci s'il vous plaît. S Por favor, uno de esto. P Com licença! Um deste por favor.)

★何かを買うときや注文するときに使う。
(F Formule utilisée pour acheter ou commander quelque chose. S Se usa cuando se compra o pide algo. P Use-se ao comprar ou pedir algo.)

㊳ □ 教え(おし)てください。(F Indiquez-moi... S Enséñame. P Fale para mim.)

▶いい店(みせ)があったら、教えてください。

(F Indiquez-moi un bon restaurant si vous en connaissez. S Si conoces algún buen restaurante, dímelo. P Se tiver algum restaurante bom, fale para mim.)

㊴ □ おじゃまします。(F Pardonnez-moi de vous importuner. S Perdón por molestar. P Desculpe-me pelo incômodo.)

▶すみません、ちょっとおじゃまします。
—どうぞ。

(F Pardonnez-moi de vous importuner un petit peu. — Non, allez-y. S Perdón por molestar. — Pasa. P Desculpe-me pelo incômodo. — Por favor...)

★誰かの家や、誰かがいる場所に、"外"の人が入るときに使う。
(F Formule utilisée lorsqu'une personne extérieure entre chez quelqu'un ou pénètre un lieu où quelqu'un d'autre se trouve déjà. S Se usa al entrar en un lugar donde hay personas de fuera de su entorno como la casa de alguien o un lugar donde hay alguien más. P Usa-se quando não temos intimidade com a dona da casa ou quando estamos na presença de pessoas desconhecidas.)

㊵ □ いくらですか。(F Combien cela coûte? S ¿Cuánto cuesta? P Quanto é?)

㊶ □ おかげさまで。(F Heureusement. À merveille, Grâce à Dieu. S Gracias a ~. Por suerte. P Graças a Deus.)

▶お元気(げんき)ですか。 —ええ、おかげさまで。

(F Comment allez-vous? — À merveille merci. S ¿Qué tal estás? — Gracias a dios estoy bien. P Como vai? — Bem, graças a Deus.)

42 □ **お大事(だいじ)に。**(F Bon rétablissement. S Que te mejores. P Melhoras!)

▶どうぞお大事に。
(F Je vous souhaite un bon rétablissement. S Espero que te mejores. P Melhoras!)

43 □ **かしこまりました。**(F C'est noté, D'accord S Entendido. P Entendi.)

▶飲(の)み物(もの)はあとでお願(ねが)いします。
—かしこまりました。
(F Je prendrai ma boisson plus tard. — D'accord, c'est noté. S La bebida la pediré luego. — Entendido. P Traga-me a bebida depois. — Entendi.)

44 □ **もしもし** (F Allo. S Diga. (se usa al teléfono) P Alô?)

▶もしもし、佐藤(さとう)ですが、山田(やまだ)さん、いますか。
(F Allo? Sato à l'appareil. M.(Mme) Tanaka est là? S Diga, Sato al habla. ¿Está Yamada-san? P Alô, aqui é o (a) Sato. Tanaka está?)

45 □ **ようこそ** (F Bienvenue S Bienvenido P Bem-vindo)

▶ようこそ、いらっしゃいました。
(F Bonjour et bienvenue. S Bienvenido. P Seja bem-vindo!)

46 □ **久(ひさ)しぶり** (F Cela faisait longtemps S Cuánto tiempo P Quanto tempo!)

▶久しぶりですね。元気(げんき)でしたか。
(F Cela faisait longtemps! Vous allez bien? S Cuánto tiempo. ¿Qué tal estás? P Nossa, quanto tempo! Tudo bem?)

47 □ **おめでとうございます。**(F Félicitations S ¡Felicidades! P Parabéns!)

▶合格(ごうかく)おめでとうございます。
(F Félicitations pour votre réussite à l'examen. S Felicidades por el aprobado! P Parabéns pela aprovação!)

48 □ **あけましておめでとうございます。** (F Bonne année S Feliz año nuevo P Feliz Ano Novo!)

49 □ ああ (F Oh! Ah! Oui S Oh P Ah!)

50 □ ええと… (F Euh... S Bueno... / Déjame ver... P Deixe-me ver…)

51 □ あの… (F Euh... S Umm.... P É...)

▶あのう、お願(ねが)いしたいことがあるんですが……。

(F Euh... J'ai quelque chose à vous demander..... S Umm, hay algo que quiero pedirte. P É...Você poderia me fazer um favor?)

52 □ さあ (F Et bien... S No estoy seguro ... P Eu não sei bem...)

▶これは何(なん)に使(つか)うんですか。
—さあ、よくわかりません。

(F On l'utilise pour quoi ça? — Et bien... Je ne sais pas! S ¿Para qué se utiliza esto? — Pues, no estoy seguro ... P Para que serve isso? — Eu não sei bem.)

53 □ へえ (F Ça alors. S Oh. ¿en serio? P É mesmo?)

▶これもネットで買(か)えるよ。
—へえ、そうなんですか。便利(べんり)ですね。

(F C'est possible de l'acheter sur le net aussi. — Ça alors, vraiment? C'est pratique! S Esto también lo puedes comprar en internet. — Oh, ¿en serio? Qué útil. P Isto também pode ser comprado pela internet. — É mesmo? Que prático!)

54 □ 残念(ざんねん)ですね。 (F C'est dommage. S Qué pena. P Que pena!)

▶妹(いもうと)さんはパーティーに来られないんですか。残念ですね。

(F Votre grande sœur ne peut pas venir à la fête? C'est dommage. S ¿Entonces tu hermana menor no puede venir a la fiesta? Qué pena. P Sua irmã não poderá vir à festa? Que pena!)

PART 2

コツコツ覚(おぼ)えよう、基本(きほん)の言葉(ことば)

Vocabulaire basique, apprendre progressivement

Palabras básicas. Aprendizaje constante.

Vamos aprender as palavras básicas gradualmente

□ あ／あっ

(F Ah! S ¡Oh! P Ah!)

▶ あっ、思い出した！

(F Ah, je m'en souviens! S ¡Oh! Lo acabo de recordar. P Ah, lembrei!)

□ ああ

(F oh!, Ah! S ah, oh P nossa!)

▶ ああ、おいしかった。

(F Oh, c'était délicieux. S Ah, estuvo delicioso. P Nossa, estava gostoso!)

□ 遊ぶ（あそ）

(F jouer, rendre visite à quelqu'un S jugar, visitar P visitar)

▶ 土曜は、友達の家に遊びに行きます。

(F Samedi, nous allons chez un(e) ami(e). S El sábado voy a visitar a un amigo a su casa. P No sábado, eu vou visitar a casa do meu amigo.)

□ 集まる（あつ）

(F se rassembler S reunirse P reunir-se)

▶ じゃ、10分後にロビーに集まってください。

(F Alors, rassemblez-vous dans le hall dans 10 minutes. S Reúnanse en el vestíbulo dentro de 10 minutos. P Então, daqui a dez minutos vamos nos reunir na portaria.)

□ 集める（あつ）

(F rassembler S reunir P reunir)

▶ 荷物を運ぶから、5人くらい集めてくれる？

(F Tu peux rassembler 5 personnes pour porter les affaires? S Tenemos que mover el equipaje, ¿puedes reunir unas cinco personas? P Você pode reunir umas 5 pessoas para carregarem as bagagens?)

□ ある

(F être S ser, estar P ter)

▶ トイレは2階にあります。

(F Les toilettes sont à l'étage. S El baño está en la segunda planta. P Tem um banheiro no segundo andar.)

▶ 玄関に大きな荷物があります。

(F Il y a un gros paquet à l'entrée. S Hay un gran paquete en el zaguán. P Tem uma caixa grande na entrada.)

□ ある

(F avoir, il y a S haber P ter)

▶ うちにも、そのゲームがあります。

(F J'ai aussi ce jeu à la maison. S En mi casa también hay ese juego. P Na minha casa também tem um jogo desse.)

▶ あしたは仕事があるんです。

(F J'ai du travail demain. S Mañana tengo trabajo. P Amanhã eu tenho trabalho.)

□ あれ？

(F hein? S ¿Huh? P ué?)

▶ あれ？　ここにあった荷物は？

(F Hein!? Où sont les affaires qu'il y avait ici? S ¿Huh? ¿Y el paquete que estaba aquí? P Ué? Onde está a bagagem que estava aqui?)

□ 安心（あんしん）

(F rassurant, sans crainte S tranquilidad, alivio P despreocupado)

▶ 彼に頼めば、安心です。慣れてますから。

(F Vous pouvez être rassuré(e) si vous faites appel à lui. Il a l'habitude. S Me quedo más tranquilo si se lo pides a él. Él está acostumbrado. P Se você pedir a ele, pode ficar despreocupado. Ele tem experiência.)

□ 案内(する)（あんない）

(F guider S información P instrução)

▶ きょう、学校から入学の案内をもらいました。

(F Aujourd'hui, j'ai reçu un guide d'admission de l'école. S Hoy recibí la información de acceso a mi escuela. P Hoje eu recebi da escola as instruções do vestibular.)

▶ 原さんが京都を案内してくれました。

(F M.(Mme) Hara m'a guidé(e) à travers Kyoto. S Hara-san me guió por Kioto. P Hara-San me guiou por Quioto.)

□ ～以下（いか）
(F moins de, inférieur(e) ou égal(e), ~ ou moins S ~ o menos P abaixo de...)

▶ 59点（てん）以下は不合格（ふごうかく）です。
(F Vous n'êtes pas reçu(e) si votre note est de 59 ou moins. S Una puntuación de 59 puntos o menos es suspenso. P Uma pontuação abaixo de 59 será reprovado.)

▶ 以下が正（ただ）しい答（こた）えです。
(F La bonne réponse est ci-dessous. S Lo siguiente es la respuesta correcta. P As respostas corretas estão abaixo.)

□ 生（い）きる
(F vivre S vivir P viver)

□ いくら～ても
(F peu importe combien S no importa cuánto P por mais que...)

▶ 彼女（かのじょ）は、いくら誘（さそ）っても来（き）ませんよ。
(F Elle ne viendra pas, peu importe combien tu insistes. S No importa cuánto la invites, no va a venir. P Por mais que a gente a convide, ela não vem.)

□ いじめ
(F harcèlement (scolaire) S abuso P intimidação,assédio)

□ いじめる
(F harceler, tourmenter S abusar P intimidar)

▶ 弱（よわ）いものをいじめる人（ひと）は嫌（きら）いです。
(F Je déteste ceux qui tourmentent les faibles. S Odio a los que abusan a las personas más débiles. P Eu odeio aqueles que intimidam os fracos.)

□ ～以上（いじょう）
(F plus de , supérieur(e) ou égal(e), ~ ou plus S ~ o más P mais de...)

▶ 毎日（まいにち）８時間（じかん）以上働（はたら）いています。
(F Je travaille plus de 8 heures par jour. S Todos los días trabajo 8 horas o más. P Eu trabalho por mais de 8 horas todos os dias.)

□ ～以外（いがい）
(F à part, autre que S ~nada más que P fora isso)

▶ これ以外は見（み）たことがありません。
(F Je n'ai jamais rien vu d'autre que ça. S No he visto nada más que esto. P Eu não vi nada além disso.)

□ いたす
(F faire (forme de modestie) S hacer (forma humilde) P ajuda)

▶ よろしくお願（ねが）いいたします。
(F Merci d'avance. S Encantado de conocerles. P Estou pedindo a sua ajuda (tradução literal))

★丁寧（ていねい）に言（い）うときの言葉（ことば）。
(F expression polie S Palabra de registro humilde. P Expressão polida)

□ 一番（いちばん）
(F le plus S el mejor P o melhor)

□ いっぱい
(F plein de S un montón, lleno P muito)

▶ 花（はな）がいっぱい咲（さ）いていますね。
(F Il y a plein de fleurs écloses! S Hay un montón de flores florecidas. P Tem muitas flores floridas, não é mesmo?)

□ 糸（いと）
(F fil S hilo P fio)

□ ～以内（いない）
(F dans (pendant) S dentro de ~ P dentro de...)

▶ 30分以内（ぷんいない）に来（き）てください。
(F Venez dans la demi-heure. S Ven dentro de 30 minutos. P Volte dentro de 30 minutos.)

□ いなか
(F campagne S zona rural P interior)

☐ 祈(いの)る
(F prier S rezar, desear P rezar)

☐ 今(いま)
(F maintenant S ahora P agora)

☐ 嫌(いや)(な)
▶ 一人(ひとり)で行(い)くのはいやです。
(F non, ne pas vouloir, détestable S malo, odioso P não querer)
(F Je ne veux pas y aller seul(e). S No quiero ir solo. P Eu não quero ir sozinho.)

☐ いらっしゃる
★「いる」「来(く)る」の敬語(けいご)
(F être, venir (terme honorifique) S estar, venir (forma honorífica) P encontrar-se)
(F terme honorifique pour "いる", "来る" S Forma honorífica de "いる" y "来る" P Expressão polida para "Estar" e "Vir")

☐ いる
▶ いま、どこにいるんですか。 —家(いえ)にいますよ。
(F être S estar P estar)
(F Où êtes-vous maintenant? —Je suis à la maison. S ¿Dónde estás ahora? —Estoy en casa. P Onde você está agora. —Estou em casa.)

☐ 要(い)る
▶ コピーはいりますか。 —いえ、いりません。
(F avoir besoin de S necesitar P precisar)
(F Avez-vous besoin d'une copie? —Non, je n'en ai pas besoin. S ¿Necesitas una copia? —No, no la necesito. P Você precisa de uma cópia? —Não, não preciso.)

☐ ううん
▶ コーヒー、飲(の)む？ —ううん、いらない。
(F non S no P não)
(F Tu veux un café? —Non, ça va. S ¿Quieres café? —No, gracias. P Quer beber um café? —Não, não precisa.)

☐ 植(う)える
(F planter S plantar P plantar)

☐ 伺(うかが)う
▶ では、これからそちらに伺います。
(F aller, venir (voir, rendre visite) S ir, visitar P visitar)
(F Alors, je vais passer vous voir maintenant. S Ahora iré a visitarle. P Eu vou até aí te visitar.)
▶ すみません、ちょっと伺っていいですか。
(F Excusez-moi, je peux vous demander quelque chose? S Perdone, ¿le puedo preguntar una cosa? P Desculpa, mas eu posso fazer uma pergunta?)

☐ 受(う)ける
▶ 来年(らいねん)、A大学(だいがく)を受けます。
(F passer (un examen) S recibir, examinarse P ingressar)
(F Je vais passer l'examen d'entrée de l'Université A l'année prochaine. S El año que viene me examinaré para la universidad A. P No ano que vem, eu vou ingressar na universidade A.)

☐ 動(うご)く
(F bouger S mover P mover)

☐ 美(うつく)しい
(F beau (belle) S hermoso P lindo)

☐ 写(うつ)す
▶ 先生(せんせい)が書(か)いた答(こた)え、全部(ぜんぶ)写した？
(F recopier S copiar P copiar)
(F Avez-vous recopié toutes les réponses écrites par le professeur? S ¿Has copiado todas las respuestas que escribió el profesor? P Você copiou todas as respostas que a professora escreveu?)

□ 移る（うつ）

(F se déplacer S desplazarse P transmitir)

□ 売り場（うば）

▶ おもちゃ売り場、下着（したぎ）売り場

(F rayon S zona de ventas P seção)

(F rayon jouets, rayon sous-vêtements S zona de juguetes, zona de ropa interior P Seção de brinqedos, seção de roupas íntimas.)

□ 売る（う）

(F vendre S vender P vender)

□ 売れる（う）

▶ どれが一番（いちばん）売れていますか。

(F se vendre S venderse P vender)

(F Lequel (laquelle) se vend le mieux? S ¿Cuál es el que más se está vendiendo? P Qual está vendendo mais?)

□ うん

(F oui S sí P sei!)

□ ええ

(F oui S sí P ah é?)

□ えーっと

▶ 待（ま）ち合（あ）わせは何時（なんじ）でしたか。　—ちょっと待（ま）ってください。えーっと……3時（じ）です。

(F heu... S uh... P deixe-me ver...)

(F À quelle heure était le rendez-vous? — Heu, attendez voir... À trois heures. S ¿A qué hora habíamos quedado? — Espera un momento. Uh... A las tres de la tarde. P O encontro será a que horas? — Espere um momento. Deixe-me ver...às 3 horas.)

□ お祝（いわ）い

(F célébration S celebración P comemoração)

□ おかげ

(F grâce à S gracias a P graças a...)

□ 置く（お）

▶ それはテーブルの上（うえ）に置きました。

(F poser S colocar P deixar)

(F Je l'ai posé(e) sur la table. S Coloqué eso encima de la mesa. P Eu deixei isso em cima da mesa.)

□ 屋上（おくじょう）

(F toit S azotea P Último piso)

□ 起こす（お）

▶ お母（かあ）さん、あした、7時（じ）に起こして。

(F réveiller S levantarse P acordar)

(F Maman, demain réveille-moi à sept heures. S Mamá, levántame mañana a las siete. P Mamãe, me acorde amanhã às 7 horas.)

□ 行う（おこな）

▶ 大学（だいがく）でも、5月（がつ）に留学（りゅうがく）の説明会（せつめいかい）を行うそうです。

(F se tenir, se passer, avoir lieu S celebrar P acontecer)

(F Une séance d'information sur les études à l'étranger aura apparemment lieu en mai à l'université. S He escuchado que también celebran en la universidad una sesión informativa sobre estudiar en el extranjero en mayo. P Parece que em maio será realizada uma sessão informativa sobre os estudos no exterior nas universidades.)

□ 押す（お）

(F pousser S presionar, empujar P pressionar)

- □ 落ちる(お)
  (F tomber S caerse P cair)
  ▶ すみません、ハンカチが落ちましたよ！
  (F Excusez-moi, votre mouchoir est tombé! S Perdona, ¡se te ha caído un pañuelo! P Com licença, o seu lenço caiu.)

- □ おっしゃる
  (F dire (terme honorifique) S decir (forma honorifica) P dizer)
  ▶ 先生(せんせい)、いま、何(なん)とおっしゃいましたか。
  (F Professeur, qu'est-ce que vous venez de dire? S Profesor, ¿qué acaba de decir? P Professor, o que você disse?)

- □ 音(おと)
  (F bruit S sonido P som)

- □ 驚く(おどろ)
  (F être surpris(e) S sorprenderse, asustarse P assustar-se)

- □ 泳ぐ(およ)
  (F nager S nadar P nadar)

- □ おる
  (F être (forme de modestie) S estar (forma humilde) P estar)
  ▶ いま、どこにいますか。 ―会社(かいしゃ)におります。
  (F Où êtes-vous maintenant? — Je suis au bureau. S ¿Dónde estás ahora? — Estoy en la oficina. P Onde você está agora? — Estou na empresa.)

- □ 折る(お)
  (F plier S doblar P dobrar)
  ▶ 折らないと、封筒(ふうとう)に入(はい)らないですね。
  (F Ça ne rentre pas dans l'enveloppe sans plier. S Si no lo doblas, no entrará en el sobre. P Se não dobrar, não entrará no envelope.)

- □ お礼(れい)
  (F remerciement S agradecimiento P agradecimento)

- □ 折れる(お)
  (F se casser S romperse P quebrar-se)
  ▶ あっ、おはしが折(お)れちゃった。困(こま)ったなあ。
  (F Oh, ma baguette s'est cassée. Mince! S Ah, se me han roto los palillos. Qué fastidio. P Ah! O palitinho se quebrou. O que é que faço agora?)

- □ 終わり(お)
  (F fin S fin P terminar)

- □ ～終わる(お)
  (F finir de ~ S terminar ~ P terminar)
  ▶ その本(ほん)はもう読(よ)み終(お)わりました。
  (F J'ai fini de lire ce livre. S Acabo de terminar de leer ese libro. P Eu já acabei de ler esse livro.)

- □ ～会(かい)
  (F rassemblement, réunion S encuentro para ~ P encontro)
  ▶ 食事会(しょくじかい)、発表会(はっぴょうかい)
  (F repas, représentation S encuentro para comer, conferencia P Encontro para Jantar,para fazer uma apresentação)

- □ 外国人(がいこくじん)
  (F étranger (étrangère) S extranjero P estrangeiro)

- □ 買う(か)
  (F acheter S comprar P comprar)

- □ 帰り(かえ)
  (F retour S viaje de vuelta P voltar)

- □ 変える(か)
  (F changer S cambiar P mudar)
  ▶ ワンさん、髪型(かみがた)を変えましたね。
  (F M.(Mme) Wan, vous avez changé de coiffure! S Wang-san, te has cambiado de peinado. P Wan-San mudou o estilo de cabelo.)

- □ 科学(かがく)　(F science S ciencia P ciência)
- □ かかる　▶ ここから横浜(よこはま)まで1時間(じかん)かかります。
  (F coûter, prendre (du temps) S tardar P levar (tempo))
  (F Il faut une heure pour aller à Yokohama d'ici. S Se tarda una hora desde aquí hasta Yokohama. P Leva 1 hora daqui até Yokohama.)
- □ 書(か)く　(F écrire S escribir P escrever)
- □ 学部(がくぶ)　(F département (section) S facultad P faculdade)
- □ 掛(か)ける　▶ 壁(かべ)にかけてある絵(え)は何(なん)の絵(え)ですか。
  (F suspendre, accrocher S colgar P pendurar)
  (F Que représente le tableau qui est suspendu au mur? S ¿De qué es el cuadro colgado en la pared? P Que quadro é aquele que está pendurado na parede?)
- □ かける　▶ ちょっと電話(でんわ)をかけてきます。
  (F passer (un coup de téléphone) S llamar P telefonar,ligar)
  (F Je vais passer un coup de téléphone. S Voy a hacer una llamada. P Um momento que eu vou telefonar.)
- □ 心配(しんぱい)をかける　▶ 心配をかけて、すみませんでした。
  (F inquiéter, causer du souci S preocupar a alguien P causar preocupação)
  (F Je suis désolé(e) de vous avoir causé du souci. S Perdón por haberle preocupado. P Desculpe-me por lhe causar preocupação.)
- □ 飾(かざ)る　(F poser, accrocher (en décoration) S adornar P decorar)
- □ 火事(かじ)　(F incendie S incendio P incêndio)
- □ ～方(かた)　▶ あの方はどなたですか。
  (F personne S persona P pessoa)
  (F Qui est cette personne là-bas? S ¿Quién es esa persona? P Quem é aquela pessoa?)
- □ ～方(かた)　▶ コピー機(き)の使(つか)い方を教(おし)えてください。
  (F manière de, comment S cómo ~ P modo de...)
  (F Expliquez-moi comment utiliser la photocopieuse. S Enséñame cómo se usa la fotocopiadora. P Ensine-me o modo de usar aquela copiadora.)
- □ 勝(か)つ　(F gagner S ganar P vencer,ganhar)
- □ 家庭(かてい)　(F foyer, famille S familia P lar)
- □ かまう　▶ 赤(あか)と白(しろ)、どっちがいいですか。
  ―どっちでもかまいません。
  (F avoir de l'importance S importar P importar-se)
  (F Qu'est-ce que tu veux, rouge ou blanc? — Ça n'a pas d'importance. S ¿Cuál prefieres el tinto o el blanco? — No me importa, cualquiera está bien. P Você quer vinho branco ou tinto? — Não me importo; pode ser qualquer um.)

- ☐ かむ (F mordre S masticar P morder)
- ☐ ～がる (F vouloir ~ (tierce personne) S deseando de ~(tercera persona) P querer...)
  - ▶ 彼女(かのじょ)が会(あ)いたがってましたよ。
  - (F Elle voulait vous voir. S Ella estaba deseando de verte. P Ela queria te encontar.)
- ☐ 乾(かわ)く (F sécher S secarse P secar)
- ☐ 変(か)わる (F changer S cambiar P mudar)
- ☐ 頑張(がんば)る (F faire de son mieux S esforzarse P "boa sorte")
  - ▶ あしたの試験(しけん)、頑張ってくださいね。
  - (F Faites de votre mieux pour l'examen de demain. S Esfuérzate en el examen de mañana. P Boa sorte na prova de amanhã.)
- ☐ 厳(きび)しい (F sévère S estricto, duro P severo)
- ☐ 決(き)まる (F être fixé(e) S decidirse P decidir)
  - ▶ 待(ま)ち合(あ)わせの場所(ばしょ)が決まりました。
  - (F Le lieu de rendez-vous a été fixé. S Se ha decidido el punto de encuentro. P Eu decidi o local de encontro.)
- ☐ 君(きみ) (F tu (jeune homme) S tú (familiar,a alguien de nivel inferior) P você)
- ☐ 決(き)める (F décider S decidir P decidir)
  - ▶ 子(こ)どもの名前(なまえ)を決めました。さくらです。
  - (F J'ai décidé du prénom de mon enfant: Sakura. S Decidimos el nombre de nuestra hija. Se llamará Sakura. P Eu decidi o nome da criança. Será Sakura.)
- ☐ 客(きゃく) (F client S cliente P cliente (pessoa))
  - ▶ お客様(さま)は何名(なんめい)様ですか。
  - (F (s'adressant à des clients) Combien de personnes? S ¿Cuántos son? P Quantas pessoas?)
  - ▶ 午後(ごご)からお客さんが来(き)ます。
  - (F J'ai des invités cet après-midi. S Por la tarde vendrá un invitado. P O Cliente virá a partir da tarde.)
- ☐ 給料(きゅうりょう) (F salaire S salario P salário)
- ☐ 教会(きょうかい) (F église S iglesia P igreja)
- ☐ 競争(きょうそう) (F compétition S competición P competição)
- ☐ 興味(きょうみ) (F intérêt S interés P interesse)
  - ▶ 日本(にほん)のマンガに興味があります。
  - (F Je m'intéresse aux mangas japonais. S Estoy interesado en el manga. P Eu tenho interesse por mangá.)
- ☐ 近所(きんじょ) (F voisinage S vecindario P vizinho)
- ☐ 比(くら)べる (F comparer S comparar P verificar)

- □ 暮れる（く）　(F se coucher (soleil) S oscurecer P pôr-se)
- □ 経験（けいけん）　(F expérience S experiencia P experiência)
- □ 結果（けっか）　(F résultat S resultado P resultado)
- □ けれども／けど　(F mais S pero P mas,porém)
  ▶ 行ったことはないけど、パリは好きな街です。
  (F Je n'y suis jamais allé(e), mais Paris est une ville que j'aime. S Nunca he ido, pero me gusta París. P Eu ainda não fui, mas Paris é uma cidade da qual eu gosto.)
- □ 声（こえ）　(F voix S voz P voz)
- □ 公務員（こうむいん）　(F fonctionnaire S funcionario P funcionário público)
- □ ごちそう　(F délice, se faire offrir (un repas) S invitación, manjar P banquete)
- □ 事（こと）　(F chose S cosa P coisa)
  ▶ どんなことに興味がありますか。
  (F Vous vous intéressez à quel genre de choses? S ¿En qué clase de cosas estas interesado? P Por que tipo de coisa você tem interesse?)
- □ この間（あいだ）　(F l'autre jour S el otro día P outro dia)
  ▶ この間行ったお店はよかったですね。
  (F Le restaurant où nous sommes allé(e)s l'autre jour était bien. S El restaurante del otro día estuvo bien. P O restaurante que fomos outro dia era bom.)
- □ このごろ　(F ces jours-ci S últimamente P hoje em dia)
  ▶ このごろ、いやなニュースが多いですね。
  (F Ces jours-ci, il y a beaucoup de mauvaises nouvelles. S Últimamente hay muchas noticias desagradables. P Hoje em dia, há muitas más notícias.)
- □ 混む（こ）　(F être bondé(e) S abarrotarse P lotar)
  ▶ 電車が混んでいますね。
  (F Le train est bondé. S El tren va abarrotado. P O trem está lotado!)
- □ これから　(F dorénavant, à partir de maintenant S ahora, después de esto P a partir de agora)
  ▶ お店はどこ？
  ―まだ決まってない。これから予約する。
  (F Quel restaurant? ― Je n'ai pas encore décidé. Je vais choisir (réserver) maintenant.
  S ¿Cuál es el restaurante? ― Todavía no lo he decidido. Ahora voy a reservarlo.
  P Onde é o restaurante? ― Ainda não decidi. Vou reservar a partir de agora.)
- □ ころ／ごろ　(F quand ... S época P na época)
  ▶ 東京に住んでいたころ、よくそこに行きました。
  (F Quand j'habitais à Tokyo, j'y allais souvent. S En la época en la que vivía en Tokio, iba allí a menudo. P Na época em que eu morava em Tóquio, sempre ia ali.)
- □ 壊す（こわ）　(F casser S romper, destruir P quebrar)
- □ 壊れる（こわ）　(F se casser S romperse P quebrar-se)
- □ 探す（さが）　(F chercher S buscar P procurar)

☐ 下(さ)がる

▶ もうちょっと値段(ねだん)が下がったら、買(か)います。

(F baisser S bajar P baixar)

(F Je l'achèterai quand le prix aura baissé. S Lo compraré cuando baje un poco más el precio. P Se baixar um pouquinho o preço, eu compro)

☐ 盛(さか)ん(な)

▶ わたしの国(くに)でも、サッカーは盛んです。

(F être populaire, prospérer S popular P prosperar)

(F Le football est populaire dans mon pays aussi. S El fútbol es también popular en mi país. P O futebol está prosperando até mesmo no meu país.)

☐ 下(さ)げる

▶ 電話(でんわ)しているから、テレビの音(おと)をちょっと下げてくれない？

(F baisser S bajar P baixar)

(F Je suis au téléphone alors tu pourrais baisser un peu le son de la télé? S Estoy hablando por teléfono. ¿Puedes bajar un poco el volumen de la televisión? P Baixe o som da televisão porque eu estou ao telefone.)

☐ 差(さ)す

▶ 雨(あめ)、強(つよ)くなってきましたね。かさを差しましょうか。

(F insérer, ouvrir (un parapluie) S abrir (un paraguas) P (espetar) abrir)

(F La pluie s'intensifie, on utilise mon parapluie? S Ha empezado a llover fuerte. ¿Abrimos el paraguas? P A chuva apertou. Vamos abrir o guarda-chuva.)

☐ 騒(さわ)ぐ

▶ 近所(きんじょ)に迷惑(めいわく)だから、騒がないでください。

(F faire du bruit S hacer ruido P fazer barulho)

(F Ne faites pas de bruit car ça gêne les voisins. S No hagas ruido, que molestas a los vecinos. P Não faça barulho, porque vai atrapalhar os vizinhos.)

☐ 触(さわ)る (F toucher S tocar P tocar)

☐ 字(じ)／文字(もじ) (F lettre, caractère S letra; carácter P letra)

☐ しかし (F mais S sin embargo P mas,porém)

☐ 仕方(しかた) (F façon, manière S modo, medio P jeito)

☐ 叱(しか)る (F gronder S regañar P ralhar,brigar)

☐ 地震(じしん) (F tremblement de terre S terremoto P terremoto)

☐ しっかり

▶ ドアは、しっかり閉(し)めてください。

(F bien, correctement, sérieusement S bien, con firmeza P bem,com segurança)

(F Fermez bien la porte. S Cierra bien la puerta. P Feche bem a porta.)

☐ 自動販売機(じどうはんばいき) (F distributeur automatique S máquina expendedora automática P máquina de vendas)

☐ 自分(じぶん) (F soi S uno mismo P próprio)

☐ じゃま

▶ 急(いそ)いでるんだから、じゃまをしないで。

(F gêner S molestia P atrapalhar)

(F Je suis pressé(e), alors ne me gêne pas. S No me molestes que tengo prisa. P Estou com pressa, não atrapalhe.)

- □ 住所（じゅうしょ） (F adresse S dirección P endereço)
- □ 十分（じゅうぶん）(な) (F suffire S suficiente P suficiente)
  ▶ 1時間（じかん）あれば、十分です。
  (F Une heure suffit. S Es suficiente con una hora. P Uma hora é suficiente.)
- □ 承知（しょうち）(する) (F être d'accord S de acuerdo P entender)
  ▶ ・・・では、あした、2時（じ）に伺（うかが）います。
  ―承知しました。
  (F Alors, je viendrai demain à 14h00. ― D'accord. S ... Mañana le visitaré a las dos de la tarde. ― De acuerdo. P ...Então, eu volto amanhã às 2:00. ― Entendi.)
- □ 丈夫（じょうぶ）(な) (F solide S robusto P resistente)
  ▶ このバッグは、安（やす）いけど、丈夫です。
  (F Ce sac n'est pas cher mais il est solide. S Este bolso es barato, pero robusto. P Esta bolsa é barata, mas resistente.)
- □ ～人（じん） (F personne de nationalité ~ S persona de ~ P nacionalidade da pessoa)
  ▶ 日本（にほん）人、アメリカ人
  (F Japonais(e), Américain(e) S japonés, estadounidense P japonês, americano)
- □ 人口（じんこう） (F population S población P população)
- □ 水道（すいどう） (F approvisionnement en eau S suministro de agua P abastecimento de água)
- □ ずいぶん (F très, extrêmement S muy, sumamente P muito)
- □ 数学（すうがく） (F mathématiques S matemáticas P matemática)
- □ 過（す）ぎる (F dépasser, être après S pasarse P depois)
  ▶ お店（みせ）は、駅（えき）をちょっと過（す）ぎたところにあります。
  (F Le magasin est juste après la gare. S El restaurante está tras pasar un poco la estación. P A loja fica logo depois da estação.)
- □ ～過（す）ぎる (F trop S demasiado ~ P muito)
  ▶ 熱（あつ）すぎて、飲（の）めません。
  (F C'est trop chaud, je ne peux pas boire. S Está demasiado caliente. No puedo beberlo. P Está muito quente, por isso não consigo para beber.)
- □ 空（す）く (F ne pas être bondé(e) S vaciarse, estar libre P vazio)
  ▶ こっちのお店（みせ）はすいていますよ。
  (F Il y a de la place dans ce restaurant. S Esta tienda está libre. P Este restaurante está vazio.)
- □ 進（すす）む (F progresser S avanzar P avançar)
- □ ～ずつ (F chacun, un(e) par un (e) S ~ a la vez P cada)
  ▶ 一人（ひとり）ずつ呼（よ）ばれます。
  (F Vous serez appelés un par un. S Llamaremos de uno en uno. P Eu vou chamar cada pessoa.)

□ すべる (F glisser S deslizar, resbalar P escorregar)

□ 済み(すみ) (F être terminé(e) S terminado, completado P concluído)

□ 住む(すむ) (F habiter S vivir P morar)

□ すると ▶ 次(つぎ)に、「はい」を押(お)してください。
—すると、どうなるんですか。

(F alors, ensuite S entonces P então (e depois...))

(F Ensuite, appuyez sur "Oui" —Que se passe-t-il alors? S A continuación, presione Sí. —Y entonces, ¿qué ocurre? P Depois, pressione a tecla "sim". —Então, o que acontecerá?)

□ 座る(すわる) (F s'assoir S sentarse P sentar-se)

□ ～製(せい) ▶ 日本製(にほんせい)

(F fabriqué à (en, au) ~ S hecho en ~ P fabricado por...)

(F fabriqué au Japon S Hecho en Japón P Fabricado pelo Japão.)

□ 西洋(せいよう) (F occidental(e) S occidental P ocidental)

□ セット (F ensemble, pack S set P kit)

□ 線(せん) (F ligne S hilo, línea P linha)

□ 戦争(せんそう) (F guerre S guerra P guerra)

□ 専門(せんもん) ▶ 大学(だいがく)では何(なに)が専門でしたか。

(F spécialité S especialidad P especialidade)

(F Quelle était ta matière principale à l'université? S ¿En qué te especializaste en la universidad? P Em que você se especializou na universidade?)

□ 育てる(そだてる) ▶ 植物(しょくぶつ)が好(す)きで、部屋(へや)でたくさん育(そだ)てています。

(F faire pousser, élever S criar, cultivar P criar,cultivar)

(F J'aime les plantes donc j'en cultive beaucoup chez moi. S Estoy cultivando muchas plantas en mi casa. P Eu gosto de plantas e cultivo muitas em meu quarto.)

□ それで ▶ 彼(かれ)は先週(せんしゅう)も遅刻(ちこく)したんです。それで、先生(せんせい)が怒(おこ)ったんです。

(F alors, donc S por ello P por essa razão)

(F Il était déjà en retard la semaine dernière. Alors le professeur s'est mis en colère. S Él llegó tarde también la semana pasada. Por ello, se enfadó el profesor. P Ele chegou atrasado na semana passada. Por essa razão, o professor brigou com ele.)

□ それでは ▶ それでは、授業(じゅぎょう)を始(はじ)めます。

(F alors S entonces, pues P então...)

(F Alors, commençons le cours. S Pues, da comienzo la clase. P Então, vamos começar a aula.)

☐ **それに**

(F en plus S además P e além disso)

▶ あしたテストだから、セールに行(い)くの、やめようか。それに雨(あめ)だし。

(F J'ai un test demain, donc je vais laisser tomber les soldes. En plus, il pleut. S Mañana tengo un examen, ¿voy a las rebajas o mejor lo dejo? Además va a llover. P Vamos desistir de ir para a liquidação de vendas porque amanhã teremos um teste. E além disso, vai chover.)

☐ **それほど**

(F tant, si S tanto P nem tanto,não tão)

▶ 試験(しけん)、難(むずか)しかった？　―ううん、それほど難(むずか)しくなかった。

(F L'examen a été difficile? — Non, pas si difficile que ça. S ¿Fue difícil el examen? — No, no fue para tanto. P A prova estava difícil? — Acho que não estava tão difícil assim.)

☐ **タイトル**　(F titre S título P título)

☐ **タイプ**

(F type S tipo, clase P tipo)

▶ どんなタイプの人(ひと)が好(す)きですか。

(F Quel type de personne aimez-vous? S ¿Qué clase de personas te gustan? P Que tipo de pessoa você gosta?)

☐ **倒(たお)れる**　(F tomber, s'effondrer S caerse, derrumbarse P cair)

☐ **だから**　(F parce que S por eso P por isso)

☐ **～だけ**　(F seulement, juste S solo ~ P somente)

☐ **確(たし)か**

(F sans aucun doute, sûrement S ciertamente, si no me equivoco P sem dúvida)

▶ …えーっと、たしか、次(つぎ)の角(かど)を曲(ま)がると郵便局(ゆうびんきょく)です。

(F Euh, si je ne me trompe pas, le bureau de poste devrait être au coin suivant. S ...Eh, si no me equivoco, la oficina de correos está girando en la siguiente esquina. P Deixe ver... sem dúvida, a agência dos correios fica na próxima esquina.)

☐ **足(た)す**

(F ajouter S añadir P adicionar)

▶ 濃(こ)いから、もうちょっとお湯(ゆ)を足(た)してくれる？

(F Pouvez-vous ajouter un peu plus d'eau chaude? C'est trop fort. S Está espeso, ¿me puedes añadir un poco más de agua caliente? P Você poderia adicionar um pouco mais de água quente porque está muito forte?)

☐ **たたみ**　(F tatami S estera de tatami P tatami)

☐ **立(た)つ**　(F être debout S levantarse P levantar)

☐ **たて**　(F vertical S vertical P vertical,em pé)

☐ **たまに**

(F parfois S a veces, en ocasiones P Às vezes)

▶ いつも仲(なか)がいいですね。
―そうですね。でも、たまにけんかもします。

(F Vous vous entendez toujours bien. — C'est vrai. Mais parfois, on se dispute aussi. S Siempre os llevábais bien. — Lo cierto es que sí. Pero, a veces también nos peleamos. P Vocês sempre se dão muito bem, né. — É verdade. Mas, às vezes, a gente briga também.)

☐ **～ため**

(F pour ~ S para ~ P para)

▶ 合格(ごうかく)するために頑張(がんば)っています。

(F Je travaille dur pour réussir l'examen. S Me estoy esforzando para aprobar. P Vamos estudar para passar na prova.)

☐ 足(た)りる
(F suffire, être assez S ser suficiente P ser suficiente)

▶ どうしよう、お金(かね)が足(た)りない。
(F Qu'est-ce qu'on va faire? Il n'y a pas assez d'argent. S Qué puedo hacer. No tengo dinero suficiente. P O que eu faço? O dinheiro não é sufuciente.)

☐ 誰(だれ)か
(F quelqu'un S alguien P alguém)

▶ だれか英語(えいご)のわかる人(ひと)はいませんか。
(F Y a-t-il quelqu'un qui comprend l'anglais? S ¿Hay alguien que sepa inglés? P Tem alguém que entenda inglês?)

▶ だれか、ちょっと手伝(てつだ)ってくれない？
(F Quelqu'un peut-il me donner un coup de main, s'il vous plaît. S ¿Alguien que pueda ayudarme un momento? P Alguém pode me ajudar?)

☐ 血(ち)
(F sang S sangre P sangue)

☐ 違(ちが)う
(F différent(e) S ser diferente, equivocarse P diferente)

▶ 同(おな)じ名前(なまえ)ですが、字(じ)が違(ちが)います。
(F C'est le même nom mais avec des caractères différents. S Es el mismo nombre, pero los caracteres son diferentes. P É o mesmo nome, mas o ideograma é diferente.)

☐ 力(ちから)
(F force S fuerza P força)

☐ 使(つか)う
(F utiliser S utilizar P usar)

☐ つかまえる
(F attraper S capturar P pegar)

▶ クロがそっちに行(い)ったから、つかまえて！
(F Kuro est allé par là: attrape-le! S Kuro se fue por allí, ¡captúralo! P Se o "kuro" for para sua direção, pegue-o.)

☐ 作(つく)る
(F faire, fabriquer S hacer P fazer)

☐ つける
(F (faire) tremper S añadir P colocar)

▶ これは、しょうゆにつけて食(た)べるそうです。
(F Apparemment, vous êtes censé(e) tremper ça dans de la sauce soja. S Esto se puede comer añadiéndole salsa de soja. P Parece que isso se come colocando shoyu.)

☐ 都合(つごう)
(F circonstances, commodité S circunstancias, conveniencia P conveniência)

▶ すみません、あしたはちょっと都合が悪(わる)いんです。
(F Je suis désolé(e), demain ça ne m'arrange pas. S Lo siento, pero mañana no me viene bien. P Desculpe-me, mas amanhã não será muito conveniente para mim.)

☐ 続(つづ)く
(F continuer S continuar (intr.) P continuar)

▶ 寒(さむ)い日(ひ)が続きますね。
(F Les jours froids continuent. S Continúan los días fríos. P Os dias frios continuam.)

☐ 続(つづ)ける
(F continuer quelque chose S continuar (tr.) P continuar)

☐ ～続(つづ)ける
(F continuer de ~, ne pas arrêter de ~ S continuar ~ P direto)

▶ ずっと歩(ある)き続(つづ)けたから、疲(つか)れた。
(F Je suis fatigué(e) parce que je n'ai pas arrêté de marcher. S Como continué andando todo el día, me cansé. P Fiquei cansado porque andei direto, sem parar.)

□ **～って**

(F pour accentuer le sujet S marcador del sujeto P enfatizar algo, o que quer dizer..., forma casual)

▶ 沖縄(おきなわ)って、いいところですね。

(F Okinawa, c'est un bel endroit. S Okinawa es un buen sitio. P Okinawa? É um lugar muito bom!)

▶「牛(ぎゅう)どん」って、どんな食(た)べ物(もの)ですか。

(F Le "gyudon", c'est quel genre de plat? S ¿Qué clase de comida es el gyudon? P O que quer dizer "gyudon" ? Que tipo de comida é essa?)

★「～は」「～とは」のカジュアルな言(い)い方(かた)。

(F variante familière de "～は" et "～とは" S Forma casual de decir "～は" "～とは". P "～は" "～とは" é uma forma casual de dizer.)

□ **包(つつ)む**

(F envelopper S envolver P embrulhar)

□ **つもり**

(F intention S intención, plan P estar planejando)

▶ 卒業(そつぎょう)したら、国(くに)へ帰(かえ)るつもりです。

(F Après mes études, j'ai l'intention de rentrer dans mon pays. S Planeo volver a mi país cuando me gradúe. P Depois que me formar, estou planejando voltar para meu país.)

□ **釣(つ)る**

(F pêcher S pescar P pescar)

□ **適当(てきとう)(な)**

(F approprié(e), aléatoire S sin demasiada atención al detalle P oportuno)

□ **できる**

(F pouvoir faire S poder P conseguir)

▶ 簡単(かんたん)なので、だれでもできます。

(F C'est tellement facile que n'importe qui peut y arriver. S Es algo fácil, cualquiera podría hacerlo. P É muito fácil, por isso qualquer pessoa consegue.)

▶ 近(ちか)くにスーパーができて、便利(べんり)になったね。

(F Comme un supermarché a ouvert à proximité, c'est devenu bien pratique. S Han abierto un supermercado cerca. Qué conveniente. P Vão construir um supermercado perto e se tornará mais conveniente.)

□ **～てしまう**

(F faire malheureusement ~ S acabar (en un resultado negativo) P acabar...)

▶ 財布(さいふ)をなくしてしまいました。

(F J'ai malheureusement perdu mon portefeuille. S He perdido mi cartera. P Eu acabei perdendo a minha carteira.)

□ **ですから**

(F alors, par conséquent S por lo tanto P por isso)

□ **では**

(F alors S pues P então)

▶ 場所(ばしょ)がよくわからないんです。
──そうですか、では、駅(えき)まで迎(むか)えに行(い)きます。

(F Je ne sais pas où c'est. ── D'accord. Alors, je viens vous chercher à la gare. S No estoy seguro dónde es. ── Ah, pues, te llevaré hasta la estación. P Eu não sei bem onde é. ── Ah, é? Então, eu vou te buscar na estação.)

▶ 資料(しりょう)はありますね。では、会議(かいぎ)を始(はじ)めましょう。

(F Vous avez les documents? Alors, commençons la réunion. S Tenéis listos los documentos, ¿no? Pues, empezamos la reunión. P Todos estão com os documentos, né? Então, vamos começar a reunião.)

□ **～てみる**

(F essayer de ~ S probar a ~ P tentar)

▶ 交番(こうばん)で聞(き)いてみませんか。

(F Pourquoi ne pas (essayer de) demander au poste de police? S ¿Probamos a preguntar en la comisaría? P Você não quer tentar perguntar na guarita policial?)

□ **特(とく)に**

(F particulièrement S en especial P especialmente)

▶ どれも好(す)きだけど、特(とく)にこの歌(うた)が好(す)きです。

(F J'aime toutes ces chansons, mais particulièrement celle-là. S Me gustan ambas, pero en especial me gusta esta canción. P Eu gosto de qualquer uma, mas especialmente esta música.)

□ **特別(とくべつ)(な)**

(F spécial(e) S especial P especial)

□ **所(ところ)**

(F endroit S lugar P lugar)

□ **途中(とちゅう)**

(F au milieu de, en cours de S a la mitad P no meio do caminho)

▶ 途中でもいいですから、見(み)せてください。

(F Ce n'est pas grave si ce n'est pas encore terminé, montrez-moi quand même. S Como no importa que esté a la mitad, muéstramelo. P Pode ser no meio do caminho, mas me mostre por favor.)

▶ ここに来(く)る途中、スーさんに会(あ)いました。

(F Sur le chemin, j'ai rencontré Sue. S Cuando estaba viniendo aquí me encontré a Sue. P Quando estava vindo pra cá, eu encontrei a Sue-San.)

□ **届(とど)ける**

(F livrer, faire passer (objet) S entregar P entregar)

▶ この荷物(にもつ)を彼女(かのじょ)に届けてもらえますか。

(F Pourriez-vous lui faire passer ce paquet? S ¿Le puedes entregar este paquete a ella? P Você poderia entregar este pacote para ela?)

□ **泊(と)まる**

(F rester (dormir) S hospedarse P hospedar-se)

□ **取(と)り替(か)える**

(F remplacer S cambiar P trocar)

▶ 部品(ぶひん)を取り替えたら、まだ使(つか)えます。

(F Vous pourrez toujours l'utiliser si vous remplacez les pièces. S Si cambias las piezas, todavía puedes usarlo. P Depois de trocar as peças, você ainda poderá usar.)

□ **ない**

(F ne pas y avoir de S no tener P não ter)

▶ Ｍサイズがないです。Ｌだけです。

(F Il n'y a pas de taille M. Seulement du L. S No nos queda la talla M. Solo la L. P Não tem o tamanho M. Só L.)

□ **直(なお)る**

(F être réparé(e) S arreglar P consertar)

▶ このパソコンはもう直らないと思(おも)います。

(F Je ne pense pas que cet ordinateur puisse être réparé. S Este ordenador ya no tiene arreglo. P Eu acho que este PC não tem mais consertado.)

□ **～ながら**

(F en faisant ~ S mientras que ~ P enquanto)

▶ いつも音楽(おんがく)を聞(き)きながら勉強(べんきょう)します。

(F J'étudie toujours en écoutant de la musique. S Siempre estudio escuchando música. P Eu sempre escuto música enquanto estudo.)

- [ ] 亡くなる（な）

▶ 祖父（そふ）は去年（きょねん）、亡くなりました。

(F décéder S fallecer P falecer)

(F Mon grand-père est décédé l'année dernière. S Mi abuelo falleció el año pasado. P Meu avô faleceu no ano passado.)

- [ ] 投げる（な）

▶ ボールを投げる

(F lancer S lanzar P jogar)

(F lancer la balle S lanzar la pelota P Jogar a bola)

- [ ] なさる

▶ 先生（せんせい）がスピーチをなさったんですか。

(F faire (terme honorifique) S hacer (forma honorífica) P fazer (forma polida))

(F Professeur, c'est vous qui avez fait le discours? S Profesor, ¿ha dado un discurso? P O professor fez um discurso?)

▶ どれになさいますか。

(F Lequel (laquelle) voulez-vous? S ¿Cuál prefiere? P Qual você quer?)

- [ ] 名前（なまえ）

(F nom, prénom S nombre P nome)

- [ ] 並ぶ（なら）

(F s'aligner, faire la queue S hacer cola P enfileirar)

- [ ] 並べる（なら）

▶ テーブルに、お皿（さら）とグラスを並べてください。

(F disposer, aligner S colocar, ordenar P organizar)

(F Disposez les assiettes et les verres sur la table. S Coloca los platos y los vasos en la mesa. P Organize pratos e copos em cima da mesa)

- [ ] 鳴る（な）

▶ さっき、ケータイが鳴ってたよ。

(F sonner S sonar P tocar)

(F Ton téléphone portable a sonné tout à l'heure. S Tu teléfono móvil ha sonado hace un momento. P O celular tocou agorinha.)

- [ ] なるほど

▶ これはどうでしょう？
—なるほど。これなら見（み）やすいですね。

(F en effet, évidemment, être convaincu(e) S vale, ya entiendo P entendo, ter razão)

(F Et comme ça? — En effet, comme ça, on voit bien. S ¿Qué te parece este? — Vale. Se ve mucho mejor con este. P Que tal isso? Entendo. — Se for isto será fácil de ver.)

▶ 彼（かれ）の説明（せつめい）を聞（き）いて、なるほどと思（おも）いました。

(F Après avoir écouté son explication, j'ai été convaincu(e). S Después de escuchar su explicación, ya lo entendí. P Depois que escutei a explicação dele, achei que ele tinha razão.)

- [ ] ～にくい

▶ このハンバーガー、大（おお）きくて、食（た）べにくい。

(F difficile à S difícil de ~ P difícil para...)

(F Ce hamburger est si gros qu'il est difficile à manger. S Esta hamburguesa es demasiado grande, cuesta comerla. P Esse hambúrguer é muito difícil para comer porque é muito grande.)

- [ ] ～について

▶ テストについて、何（なに）か聞（き）いていますか。

(F concernant, à propos de S acerca de ~ P sobre...)

(F Avez-vous eu des informations concernant le test? S ¿Sabes algo acerca del examen? P Você já ouviu alguma coisa sobre o teste?)

□ ～によると

▶ 天気予報によると、週末は天気がいいそうです。

(F d'après, selon S según el ~ P de acordo com...)

(F D'après les prévisions météorologiques, il va faire beau ce week-end. S Según el pronóstico del tiempo, el fin de semana hará buen tiempo. P De acordo com a previsão do tempo, o tempo estará bom nos fins de semana.)

□ 似る

▶ 息子さん、お父さんによく似ていますね。

(F ressembler S parecerse P parecer)

(F Votre fils ressemble beaucoup à son père. S Tu hijo se parece mucho a su padre. P O filho se parece muito com o pai, né?)

□ 人気

▶ この店は若い人に人気があります。

(F être populaire S popular P ser popular)

(F Ce restaurant est populaire auprès des jeunes. S Esta tienda es popular entre los jóvenes. P Este restaurante é muito popular entre os jovens.)

□ ぬる

(F étaler, peindre S untar, pintar P passar,pintar)

□ ぬるい

(F tiède S tibia P morno)

□ ぬれる

▶ ちょっと雨にぬれました。

(F se (faire) mouiller S empaparse, mojarse P molhar)

(F Je me suis un peu fait(e) mouiller par la pluie. S Me empapé un poco por la lluvia. P Eu me molhei um pouco com a chuva.)

□ 熱心(な)

▶ みんな、先生の話を熱心に聞いていた。

(F avec intérêt, avec enthousiasme S entusiasmo P atenciosamente)

(F Tout le monde écoutait avec intérêt ce que disait le professeur. S Todo el mundo estaba escuchando con entusiasmo la historia del profesor. P Todos estavam ouvindo atenciosamente o professor.)

□ 寝坊／朝寝坊

▶ 寝坊しないように目覚まし時計を２個セットした。

(F rater l'heure, se lever tard S quedarse dormido, dormilón P perder a hora)

(F J'ai programmé deux réveils pour ne pas rater l'heure. S Puse dos despertadores para no quedarme dormido. P Eu coloquei o despertador para tocar 2 vezes para não perder a hora de acordar.)

□ はい

(F oui S sí P sim)

□ 倍

(F double (quantité) S doble, dos veces P o dobro)

□ 拝見

▶ お手紙を拝見しました。

(F regarder, lire (forme de modestie) S ver, mirar (forma humilde) P ver (forma polida))

(F J'ai lu votre lettre. S Leí su carta. P Eu vi sua carta.)

□ ～ばかり

▶ 起きたばかりで、まだ着替えていません。

(F venir de ~ S acabar de ~ P acabar de...)

(F Je viens de me réveiller, je ne me suis pas encore changé(e). S Me acabo de levantar, así que todavía no me he cambiado de ropa. P Acabei de acordar e ainda não me troquei.)

□ 運ぶ

(F porter S llevar P levar)

□ 始まる

(F commencer S comenzar P começar)

□ はず

▶ 大学生(だいがくせい)なら、わかるはずです。

(F être censé(e) S debería ~ P deve...)

(F C'est quelque chose que vous devriez savoir si vous êtes étudiant(e). S Los universitarios deberían saberlo. P Estudantes universitários devem saber.)

□ はっきり

▶ はっきりノーと言(い)ったほうがいい。

(F clairement S con claridad P claramente)

(F Tu devrais clairement dire non. S Es mejor que digas no con claridad. P "Você deveria dizer não, claramente.)

□ はる[切手(きって)を～] (F coller (un timbre), timbrer S pegar (un sello) P colar)

□ 番号(ばんごう) (F numéro S número P número)

□ 半分(はんぶん) (F moitié S mitad P metade)

□ 火(ひ) (F feu S fuego P fogo)

□ 冷(ひ)える

▶ ビールは冷(ひ)えていますか。

(F refroidir S enfriar P esfriar,gelar)

(F Les bières sont-elles fraîches? S ¿Está la cerveza fría? P A cerveja está gelada?)

□ 光(ひか)る (F briller S brillar P brilhar)

□ 必要(ひつよう)(な)

▶ 天気(てんき)が悪(わる)いみたいだから、かさが必要ですよ。

(F avoir besoin de ~ S necesario P necessário)

(F Il semble que le temps va être mauvais, nous aurons donc besoin de parapluies. S Parece que va a hacer mal tiempo, necesitaremos paraguas. P Parece que o tempo está ruim, então você precisa de um guarda-chuva.)

□ 増(ふ)える (F augmenter S aumentar P aumentar)

□ 普通(ふつう) (F ordinaire S normal P comum)

□ 太(ふと)る (F grossir S engordar P engordar)

□ 踏(ふ)む (F piétiner S pisar P pisar)

□ 文化(ぶんか) (F culture S cultura P cultura)

□ 文学(ぶんがく) (F littérature S literatura P literatura)

□ 文法(ぶんぽう) (F grammaire S gramática P gramática)

□ 別(べつ)(な)

▶ これも一緒(いっしょ)に入(い)れる？ ―いや、それは別(べつ)にしよう。

(F autre, différent(e), séparé(e) S separado P separado)

(F Dois-je mettre cela avec le reste? — Non, séparément. S ¿Pongo esto junto con los demás? — No, ponme este por separado. P Vai colocar isso também? — Não, isso é separado.)

□ ベル (F cloche S campana P sino)

□ ほう ▶ こちらのほうがよく似合いますよ。

(F plutôt ~ que S marcador de comparación P este,esta)
(F Celui-ci vous va mieux. S Este te queda mejor. P Este aqui combina mais.)

□ 僕(ぼく) (F moi, je (jeune homme) S yo P eu (usado por homens))

□ ほしい ▶ 何(なに)かほしいもの、ある？

(F vouloir S querer, desear P querer)
(F Y a-t-il quelque chose que tu veux? S ¿Hay algo que quieras? P Tem alguma coisa que você queira?)

□ ほど ▶ 時間(じかん)はどれくらいかかりますか。
— 1時間ほどです。

(F environ S aproximadamente P cerca de...)
(F Ça prend combien de temps? — Environ une heure. S ¿Cuánto se tarda aproximadamente? — Aproximadamente una hora. P Quanto tempo demora? — Cerca de uma hora.)

□ ほめる (F féliciter S adular, elogiar P elogiar)

□ 翻訳(ほんやく) (F traduction S traducción P tradução)

□ 参(まい)る ▶ 駅(えき)までお迎(むか)えに参ります。

(F venir (forme de modestie) S ir, venir (forma humilde) P ir (forma polida))
(F Nous viendrons vous chercher à la gare. S Iré a recibirle a la estación. P Vou te buscar na estação.)

□ 負(ま)ける (F perdre (défaite) S perder P perder)

□ まず ▶ すぐ人(ひと)に聞(き)かないで、まず自分(じぶん)で調(しら)べてください。

(F d'abord S primero P primeiro)
(F Ne demandez pas aux gens tout de suite, faites d'abord vos recherches. S Sin preguntarlo de inmediato a los demás, primero búscalo tú mismo. P Não pergunte logo para alguém. Primeiro, verifique você mesmo.)

□ まだ ▶ ご飯(はん)、もう食(た)べた？ —ううん、まだ。

(F encore, pas encore S todavía P ainda)
(F Tu as déjà mangé? — Non, pas encore. S ¿Ya has terminado de comer? — No, no todavía. P Já comeu? — Hum...ainda não.)

□ または (F ou bien S o P ou)

□ 待(ま)つ (F attendre S esperar P esperar)

□ 間(ま)に合(あ)う ▶ 走(はし)れば、急行(きゅうこう)に間に合うかもしれません。

(F arriver à temps S dar tiempo P dar tempo)
(F Si nous courons, nous pourrons peut-être arriver à temps pour l'express. S Si te das prisa, tal vez te da tiempo a montarte en el tren expreso. P Se correr, talvez consiga pegar o trem expresso.)

□ 回(まわ)る (F faire le tour S recorrer P rodar)

□ ～まま

(F comme ça, tel quel S así mismo ~ P deixar)

▶ 荷物は玄関に置いたままです。

(F Les bagages sont restés dans l'entrée. S Déjalo colocado así mismo en el zaguán. P A bagagem foi deixada na entrada.)

□ ～まま

(F comme ça, tel quel S así mismo ~ P assim mesmo)

▶ どうぞ、靴をはいたまま、入ってください。

(F Allez-y, vous pouvez entrer en gardant vos chaussures. S Por favor, entra así mismo con los zapatos puestos. P Por favor, entre, assim mesmo, de sapatos.)

▶ この荷物はどうしますか。
—そのままにしておいてください。

(F Que dois-je faire de ces bagages? — Laissez-les tels quels. S ¿Qué hacemos con este paquete? — Déjalo ahí mismo. P O que eu faço com esta bagagem? — Deixe assim.)

□ 見つける

(F trouver S encontrar P encontrar)

▶ いいレストランを見つけました。今度一緒に行きませんか。

(F J'ai trouvé un bon restaurant. On y va ensemble la prochaine fois? S He encontrado un buen restaurante. ¿Qué tal si vamos juntos la próxima vez? P Eu encontrei um ótimo restaurante. Você não quer ir comigo da próxima vez?)

□ 向かう

(F aller, se diriger vers S dirigirse P ir)

▶ いま、そっちに向かっています。もうちょっと待ってください。

(F Je suis en route vers chez vous. Veuillez patienter encore un peu. S Ahora me estoy dirigiendo hacia allí. Espérame un poco más. P Estou indo para aí agora. Por favor, espere um pouco mais.)

□ むこう

(F là-bas S por allí P lá)

▶ ここはせまいから、むこうに行きましょう。

(F C'est trop étroit ici, allons là-bas. S Por aquí es demasiado estrecho, vayamos por allí. P Aqui é muito estreito, então vamos por lá.)

□ メールアドレス／アドレス

(F adresse e-mail S dirección de correo electrónico P endereço de e-mail)

□ 召し上がる

(F manger (terme honorifique) S comer, beber (forma honorífica) P comer (forma polida))

▶ どうぞ、召し上がってください。

(F Mangez, je vous prie. S Por favor, comed. P Coma, por favor.)

□ 申す

(F s'appeler (poli) S ser llamado, decir (forma humilde) P chamar-se)

▶ わたくし、ABC 自動車の村田と申します。

(F Je suis Murata d'ABC Motors. S Soy Murata de ABC automóviles. P Eu me chamo Murata da ABC Motors.)

□ もし

(F si S si P se)

▶ もし誰かが来たら、私に連絡をください。

(F Si quelqu'un vient, veuillez me contacter. S Si viene alguien, contáctame. P Se alguém vier, entre em contato comigo.)

□	最も(もっと) (F le (la) plus S el que más P o mais)	▶「浅草寺(せんそうじ)」は、東京(とうきょう)で最も有名(ゆうめい)なお寺(てら)です。 (F "Sensō-ji" est le temple le plus célèbre de Tokyo. S "Senso-ji" es el templo más famoso de Tokio. P "Sensoji" é o templo mais famoso de Tóquio.)
□	役(やく)に立(た)つ (F être utile S ser de utilidad P ser útil)	▶あの本(ほん)、役に立った？ ―うん、役に立ってるよ。 (F Ce livre t'a aidé(e)? — Ouais, il m'est utile. S ¿Te fue de utilidad ese libro? — Sí, me fue útil. P Esse livro foi útil para você? — Sim, é útil.)
□	焼(や)ける	(F brûler S quemarse, quemarse con el sol P queimar)
□	～やすい (F facile à ~, facile de ~ S fácil de ~ P ser fácil)	▶このペンは書(か)きやすいですね。 (F C'est vraiment facile d'écrire avec ce stylo. S Este bolígrafo escribe bien. P Esta caneta é muito fácil de escrever)
□	やせる	(F maigrir S adelgazar P emagrecer)
□	家賃(やちん)	(F loyer S alquiler P aluguel)
□	やはり／やっぱり (F finalement S después de todo P como esperado)	▶ちょっと迷(まよ)いましたが、やはり行(い)くことにしました。 (F J'ai un peu hésité, mais finalement j'ai décidé d'y aller. S Dudé un poco, pero después de todo decidí ir. P Eu me perdi um pouco, mas decidi ir como esperado.)
□	止(や)む (F arrêter S parar, dejar P parar)	▶雨(あめ)がやんだら、出(で)かけましょう。 (F Allons-y quand il arrêtera de pleuvoir. S Salgamos cuando deje de llover. P Quando parar de chover, a gente sai.)
□	夕(ゆう)べ	(F (hier) soir S noche, anoche P noite passada)
□	揺(ゆ)れる (F trembler S temblar P balançar)	▶いま、揺れなかった？ ―地震(じしん)？ (F Ça n'a pas tremblé à l'instant? — Un tremblement de terre? S ¿Está temblando ahora? — ¿Un terremoto? P Não balançou agora? — É terremoto?)
□	よう[用]／用事(ようじ) (F avoir quelque chose à faire S recados P compromisso)	▶用があるので、ここで失礼(しつれい)します。 (F J'ai quelque chose à faire, alors je vais vous laisser maintenant. S Tengo un asunto que atender, así que me despido ya. P Eu tenho um compromisso, então eu tenho que ir embora.)
□	よう[様] (F comme ~, avoir l'air S parece, como si P parecer)	▶あの人(ひと)、いつも怒(おこ)っているような顔(かお)をしている。 (F Cette personne a toujours l'air en colère. S Esa persona siempre parece que esté enfadada. P Aquela pessoa sempre parece que está com cara de aborrecida.)

□	用意(する)（ようい）	(F préparer S preparar P tomar providência)
□	よく (F bien S bien P bem)	▶ よく聞(き)こえなかったので、もう一度(いちど)言(い)ってもらえますか。 (F Je n'ai pas bien entendu, pourriez-vous répéter? S No lo he podido escuchar bien, ¿podrías repetirlo una vez más? P Eu não escutei bem. Você poderia repetir, por favor?) ▶ 安(やす)くておいしいから、よくここに来(き)ます。 (F Je viens souvent ici car c'est bon et pas cher. S Este sitio es bueno y barato, vengo aquí a menudo. P Eu venho aqui com frequência porque é barato e gostoso.)
□	汚(よご)れる (F salir S ensuciar P sujar)	▶ あしたは、汚れてもいいかっこうで来(き)てください。 (F Demain, venez avec des vêtements qu'il n'est pas grave de salir. S Mañana venid con una ropa que no os importe que se ensucie. P Venha amanhã com boa aparência, mesmo que a roupa esteja suja.)
□	呼(よ)ぶ	(F appeler S llamar P chamar)
□	読(よ)む	(F lire S leer P ler)
□	理由（りゆう）	(F raison S razón P razão)
□	利用(する)（りよう）	(F utiliser S utilizar, emplear P usar,fazer)
□	両方（りょうほう）	(F les deux S ambos P ambos)
□	ローマ字(じ)	(F romaji (lettres de l'alphabet) S romaji P letra romana)
□	ワイシャツ	(F chemise blanche S camisa de vestir P camisa social)
□	若(わか)い	(F jeune S joven P jovem)
□	渡(わた)す	(F (faire) passer S pasar P entregar)
□	笑(わら)う	(F rire S reír P rir)
□	割(わ)れる	(F casser, briser S romperse P separar)

活用練習 (F Exercices pratiques (avec audio) S Ejercicios de práctica (con audio) P Exercícios de uso (áudio incluído))

59

①動詞(V) (F verbes S verbos P verbos)

		Vます	Vて	Vない	Vた	辞書形 dictionary form
I	行きます	いきます	いって	いかない	いった	いく
	帰ります	かえります	かえって	かえらない	かえった	かえる
	飲みます	のみます	のんで	のまない	のんだ	のむ
	買います	かいます	かって	かわない	かった	かう
	聞きます	ききます	きいて	きかない	きいた	きく
	話します	はなします	はなして	はなさない	はなした	はなす
	持ちます	もちます	もって	もたない	もった	もつ
	書きます	かきます	かいて	かわない	かいた	かく
	読みます	よみます	よんで	よまない	よんだ	よむ
	会います	あいます	あって	あわない	あった	あう
	わかります	わかります	わかって	わからない	わかった	わかる
II	見ます	みます	みて	みない	みた	みる
	着ます	きます	きて	きない	きた	きる
	食べます	たべます	たべて	たべない	たべた	たべる
	寝ます	ねます	ねて	ねない	ねた	ねる
	起きます	おきます	おきて	おきない	おきた	おきる
	出ます	でます	でて	でない	でた	でる
	忘れます	わすれます	わすれて	わすれない	わすれた	わすれる
III	します	します	して	しない	した	する
	来ます	きます	きて	こない	きた	くる

②形容詞・名詞 (F adjectifs, noms S adjetivos, substantivos P adjetivos, substantivos)

※否定形は、「〜ないです」と「ありません」の二つの形がある。

【い形容詞(A)】

あたらしい	おおきい	たかい	(とくべつなれい) いい
あたらしいです	おおきいです	たかいです	いいです
あたらしくないです (もう一つの形) あたらしくありません	おおきくないです	たかくないです	よくないです
あたらしかったです	おおきかったです	たかかったです	よかったです
あたらしくなかったです (もう一つの形) あたらしくありませんでした	おおきくなかったです	たかくなかったです	よくなかったです

【な形容詞(Na)】

※「じゃ」=「では」

きれい	べんり	しずか
きれいです	べんりです	しずかです
きれいじゃありません (もう一つの形) きれいじゃないです	べんりじゃありません	しずかじゃありません
きれいでした	べんりでした	しずかでした
きれいじゃありませんでした (もう一つの形) きれいじゃなかったです	べんりじゃありませんでした	しずかじゃありませんでした

【名詞(N)】

※「じゃ」=「では」

はれ
はれです
はれじゃありません (もう一つの形) はれじゃないです
はれでした
はれじゃありませんでした (もう一つの形) はれじゃなかったです

③文型 (F modèles de phrases S patrones de oraciones P padrãoes de sentenças)

【Ⅰグループ】

	Ⅰグループ	
	行く	乗る
Vます	行きます	乗ります
Vますか	行きますか	乗りますか
Vません	行きません	乗りません
Vました	行きました	乗りました
Vませんか	行きませんか	乗りませんか
Vています	行っています	乗っています
Vてください	行ってください	乗ってください
Vてくれませんか	行ってくれませんか	乗ってくれませんか
Vたほうがいいです	行ったほうがいいです	乗ったほうがいいです
Vてもいいです	行ってもいいです	乗ってもいいです
Vないでください	行かないでください	乗らないでください
Vなくてもいいです	行かなくてもいいです	乗らなくてもいいです
Vなければなりません	行かなければなりません	乗らなければなりません
Vたいです	行きたいです	乗りたいです
Vたくないです	行きたくないです	乗りたくないです
Vことができます	行くことができます	乗ることができます
V(可能形)ます	行けます	乗れます
Vたことがあります	行ったことがあります	乗ったことがあります
Vんです	行くんです	乗るんです
Vばいいです	行けばいいです	乗ればいいです

Iグループ		
飲む	聞く	買う
飲みます	聞きます	買います
飲みますか	聞きますか	買いますか
飲みません	聞きません	買いません
飲みました	聞きました	買いました
飲みませんか	聞きませんか	買いませんか
飲んでいます	聞いています	買っています
飲んでください	聞いてください	買ってください
飲んでくれませんか	聞いてくれませんか	買ってくれませんか
飲んだほうがいいです	聞いたほうがいいです	買ったほうがいいです
飲んでもいいです	聞いてもいいです	買ってもいいです
飲まないでください	聞かないでください	買わないでください
飲まなくてもいいです	聞かなくてもいいです	買わなくてもいいです
飲まなければなりません	聞かなければなりません	買わなければなりません
飲みたいです	聞きたいです	買いたいです
飲みたくないです	聞きたくないです	買いたくないです
飲むことができます	聞くことができます	買うことができます
飲めます	聞けます	買えます
飲んだことがあります	聞いたことがあります	買ったことがあります
飲むんです	聞くんです	買うんです
飲めばいいです	聞けばいいです	買えばいいです

	Ⅰグループ	
	話す	持つ
Vます	話します	持ちます
Vますか	話しますか	持ちますか
Vません	話しません	持ちません
Vました	話しました	持ちました
Vませんか	話しませんか	持ちませんか
Vています	話しています	持っています
Vてください	話してください	持ってください
Vてくれませんか	話してくれませんか	持ってくれませんか
Vたほうがいいです	話したほうがいいです	持ったほうがいいです
Vてもいいです	話してもいいです	持ってもいいです
Vないでください	話さないでください	持たないでください
Vなくてもいいです	話さなくてもいいです	持たなくてもいいです
Vなければなりません	話さなければなりません	持たなければなりません
Vたいです	話したいです	持ちたいです
Vたくないです	話したくないです	持ちたくないです
Vことができます	話すことができます	持つことができます
V(可能形)ます	話せます	持てます
Vたことがあります	話したことがあります	持ったことがあります
Vんです	話すんです	持つんです
Vばいいです	話せばいいです	持てばいいです

【Ⅱグループ】

	Ⅱグループ	
	見る	着る
Vます	見ます	着ます
Vますか	見ますか	着ますか
Vません	見ません	着ません
Vました	見ました	着ました
Vませんか	見ませんか	着ませんか
Vています	見ています	着ています
Vてください	見てください	着てください
Vてくれませんか	見てくれませんか	着てくれませんか
Vたほうがいいです	見たほうがいいです	着たほうがいいです
Vてもいいです	見てもいいです	着てもいいです
Vないでください	見ないでください	着ないでください
Vなくてもいいです	見なくてもいいです	着なくてもいいです
Vなければなりません	見なければなりません	着なければなりません
Vたいです	見たいです	着たいです
Vたくないです	見たくないです	着たくないです
Vことができます	見ることができます	着ることができます
V(可能形)ます	見られます	着られます
Vたことがあります	見たことがあります	着たことがあります
Vんです	見るんです	着るんです
Vばいいです	見ればいいです	着ればいいです

	Ⅱグループ	
	食べる	起きる
Vます	食べます	起きます
Vますか	食べますか	起きますか
Vません	食べません	起きません
Vました	食べました	起きました
Vませんか	食べませんか	起きませんか
Vています	食べています	起きています
Vてください	食べてください	起きてください
Vてくれませんか	食べてくれませんか	起きてくれませんか
Vたほうがいいです	食べたほうがいいです	起きたほうがいいです
Vてもいいです	食べてもいいです	起きてもいいです
Vないでください	食べないでください	起きないでください
Vなくてもいいです	食べなくてもいいです	起きなくてもいいです
Vなければなりません	食べなければなりません	起きなければなりません
Vたいです	食べたいです	起きたいです
Vたくないです	食べたくないです	起きたくないです
Vことができます	食べることができます	起きることができます
V(可能形)ます	食べられます	起きられます
Vたことがあります	食べたことがあります	起きたことがあります
Vんです	食べるんです	起きるんです
Vばいいです	食べればいいです	起きればいいです

63 【Ⅲグループ】

	Ⅲグループ	
	する	来る
Vます	します	来ます
Vますか	しますか	来ますか
Vません	しません	来ません
Vました	しました	来ました
Vませんか	しませんか	来ませんか
Vています	しています	来ています
Vてください	してください	来てください
Vてくれませんか	してくれませんか	来てくれませんか
Vたほうがいいです	したほうがいいです	来たほうがいいです
Vてもいいです	してもいいです	来てもいいです
Vないでください	しないでください	来ないでください
Vなくてもいいです	しなくてもいいです	来なくてもいいです
Vなければなりません	しなければなりません	来なければなりません
Vたいです	したいです	来たいです
Vたくないです	したくないです	来たくないです
Vことができます	することができます	来ることができます
V(可能形)ます	できます	来られます
Vたことがあります	したことがあります	来たことがあります
Vんです	するんです	来るんです
Vばいいです	すればいいです	来ればいいです

さくいん (Index/Índice/Índice)

＊少し難しいことば：un mot un peu difficile/una palabra un poco difícil/palavras um pouco difíceis

か

き

く

け

こ

さ

し

そ

た

ち

つ

て

と

な

に

ぬ

ね

の

は

ひ

ふ

む

め

も

や

ゆ

よ

ら

り

る

れ

ろ

わ

を

●著者

倉品さやか（くらしな　さやか）

筑波大学日本語・日本文化学類卒業、広島大学大学院日本語教育学修士課程修了。スロベニア・リュブリャーナ大学、福山 YMCA 国際ビジネス専門学校、仙台イングリッシュセンターで日本語講師を務めた後、現在は国際大学言語教育研究センター講師。

本文レイアウト　ポイントライン
DTP　平田文普
カバーデザイン　滝デザイン事務所
翻訳　Vincent Giry／Mireille Dambron／Hispánica（有限会社イスパニカ）／Andrea V. L. Monteiro

本書へのご意見・ご感想は下記 URL までお寄せください。
https://www.jresearch.co.jp/contact/

フランス語・スペイン語・ポルトガル語 版
日本語単語スピードマスター　BASIC 1800

令和 2年(2020年)　4月10日　初版第 1 刷発行

著　者　倉品さやか
発行人　福田富与
発行所　有限会社　Jリサーチ出版
〒166-0002 東京都杉並区高円寺北 2-29-14-705
電話　03(6808)8801(代)　FAX　03(5364)5310
編集部　03(6808)8806
https://www.jresearch.co.jp
印刷所　中央精版印刷株式会社

ISBN 978-4-86392-480-2　禁無断転載。なお、乱丁、落丁はお取り替えいたします。

Téléchargement des fichiers audio

Facile! Comment télécharger les fichiers audio

STEP1 Accédez au site “**https://audiobook.jp/exchange/jresearch**” sur internet!

※ Cliquez sur la bannière “音声ダウンロード” du site de J-research (https://www.jresearch.co.jp) ou accédez-y directement grâce au lien URL ci-dessus.

STEP2 Depuis cette page, accédez à la page d'inscription en ligne **audiobook.jp!**

※ Pour télécharger les fichiers audio il faut tout d'abord s'inscrire sur le service de livres audio (gratuit) audiobook.jp. Si vous êtes déjà membre d' audiobook.jp, passez directement à l'étape STEP3.

STEP3 Après inscription, revenez sur la page de l'étape STEP1, entrez le code “**24802**” dans le champ prévu à cet effet, puis appuyez sur “**送信**” (envoi)!

※ Un message indiquant que le livre est ajouté à votre librairie sera alors affiché.

STEP4 Téléchargez les fichiers audio nécessaires!

※ Depuis un smartphone, utilisez l'application portable audiobook.jp qui vous sera recommandée pour télécharger.
※ Depuis un PC, téléchargez les fichiers directement de votre librairie.

! 〈Attention!〉

- Il est possible de lire les fichiers audio aussi bien depuis un PC que depuis les smartphones iPhone et Android ainsi que les tablettes digitales.
- Il est possible de télécharger/lire les fichiers audio autant de fois que vous le souhaitez.
- Pour toute question concernant le téléchargement / l'application mobile, veuillez contacter **info@febe.jp** (de 10h à 20h hors week-ends et jours fériés).

Información de descarga de audio

Cómo descargar fácilmente los archivos de audio

PASO 1 Acceda a través de internet a la dirección URL "**https://audiobook.jp/exchange/jresearch**".

※ Haga clic en el banner "音声ダウンロード" (Descarga de audio) disponible en el sitio web de la editorial JResearch (https://www.jresearch.co.jp), o introduzca la dirección URL superior.

PASO 2 Desde la página que le aparecerá, acceda a la página de registro de **audiobook.jp**

※ Para descargar los archivos de audio es necesario registrarse como usuario (gratis) en el servicio de streaming de audiolibros audiobook.jp. En caso de que ya esté registrado en audiobook.jp, prosiga al PASO 3.

PASO 3 Tras registrarse, acceda de nuevo a la página del PASO 1, y tras introducir el código de serie "**24802**" en la casilla, haga clic en "**Enviar**".

※ Al añadir el título en la librería, le aparecerá una notificación.

PASO 4 Descargue los archivos de audio necesarios.

※ En caso de teléfono móvil, le aparecerá una notificación de la aplicación "audiobook.jp", así que reproduzca los archivos de audio desde la aplicación.

※ En caso de ordenador, descargue los archivos de audio desde la Librería para usarlos.

! 〈Atención!〉

- Puede reproducir los archivos de audio tanto desde su ordenador, como desde teléfonos inteligentes y tabletas con iOS y Android.
- Los archivos de audio pueden descargarse/reproducirse tantas veces como desee.
- Datos de contacto en relación a la descarga y la aplicación: info@febe.jp (Horario de atención: Días entre semana 10:00-20:00)